DIETERICH u. a.:
PSYCHOLOGISCHE PERSPEKTIVEN
DER ERWACHSENENBILDUNG

D1986370

PSYCHOLOGISCHE PERSPEKTIVEN DER ERWACHSENENBILDUNG

von
Rainer Dieterich
u. a.

KLINKHARDT

1987

VERLAG JULIUS KLINKHARDT · BAD HEILBRUNN/OBB.

Theorie und Praxis der Erwachsenenbildung

Herausgegeben von der
Pädagogischen Arbeitsstelle des Deutschen Volkshochschul-Verbandes

Die Pädagogische Arbeitsstelle des Deutschen Volkshochschul-Verbandes versucht als wissenschaftlicher Dienstleistungsbetrieb zwischen Forschung und Berufspraxis zu vermitteln. Sie stellt den Volkshochschulen und anderen Einrichtungen der Erwachsenenbildung Hilfen für ihre Arbeit zur Verfügung. Sie wird mit Mitteln des Bundesministeriums für Bildung und Wissenschaft und der Länder institutionell gefördert und gibt folgende Publikationsreihen heraus: Theorie und Praxis der Erwachsenenbildung – Dokumentationen zur Geschichte der Erwachsenenbildung – Berichte, Materialien, Planungshilfen – Forschung, Begleitung, Entwicklung.

CIP-Kurztitelaufnahme der Deutschen Bibliothek

Psychologische Perspektiven der Erwachsenenbildung /
von Rainer Dieterich u. a. – Bad Heilbrunn/Obb. :
Klinkhardt, 4987.
(Theorie und Praxis der Erwachsenenbildung)
ISBN 3-7815-1023-9
NE: Dieterich, Rainer [Mitverf.]

1987. 11. Kdg. Alle Rechte vorbehalten
Gesamtherstellung: Graphischer Großbetrieb Friedrich Pustet, Regensburg
Printed in Germany 1987
ISBN 3-7815-1023-9

Inhalt

Vorbemerkungen

Seit drei Jahrzehnten und das heißt seit den Tagen, an denen die PAS ihre Arbeit aufnahm, ist in der Literatur zur Erwachsenenbildung zu lesen, Lernen sei ein selbstverständlicher Bestandteil der Rollenerwartungen an einen Erwachsenen. Es ist Wolfgang Schulenberg gewesen, der aufgrund empirischer Untersuchungen diese These spruchreif gemacht hatte. Schaut man indes in Lokalzeitungen und liest, mit welch verkrampft albernen Worten dem örtlichen Leser etwas von Veranstaltungen zum Weiterlernen mitgeteilt wird, dann kommen Zweifel auf, ob sich das wissenschaftlich belegte Rollenbewußtsein wirklich so allgemein durchgesetzt hat. Denn immer noch wird in der Tagespresse mit einer Irritation unterschiedlichen Grades vermeldet, wie erstaunlich viel Erwachsene »die Schulbank drücken«. Unzählige Male wird wiederholt, daß der »alte Spruch«, der da lautet, »Was Hänschen nicht lernt, lernt Hans nimmermehr« der Wirklichkeit nicht entspricht. Das unaufhörliche Zitieren dieser einstimmigen Mahnung, auch wenn es mit der Geste des Widerspruchs geschieht, läßt indes den Verdacht aufkommen, es könne doch »etwas Wahres dran sein« an diesem Satz. Nicht bedacht wird dabei, daß die Hänse im Volksmund nicht unbedingt für alle ihres Geschlechts gestanden haben, sondern eher für ihren nicht ganz ernstzunehmenden Teil. So bleibt auch heute noch offen, ob das Zitieren des alten Sprichworts nun als Herausforderung verstanden wird, zum Trost gereicht oder als Entschuldigung dient.

Entschuldigung und Trost sind subjektive Reaktionen des Ruhebedürfnisses auf die gesellschaftlichen Herausforderungen, die eine Vermehrung der Kompetenz, gar ein Sich-Ändern notwendig erscheinen lassen. Auf welcher Seite da die Wissenschaft steht, scheint klar. Sie hat den Volksmund widerlegt. So ist es bis in die Volksblätter gedrungen, selbst wenn die Präsentationen des Fernsehens in ihrer Quantität andere Eindrücke hervorrufen und der Verdummung alle Chancen geben. Von der Psychologie hören wir indes, daß Erwachsene noch lernen können, zwar anders, aber nicht in geringerem Maße als in den Tagen der Kindheit und Jugend, in denen das Lernen die Hauptsache war. So jedenfalls ist es angekommen über die Lehrmeinungen in Publikationsorganen und über die Vermittlungsinstanzen der Wirklichkeit, sprich Sozialisation. Aber auch eine andere Psychologie ist abgesunken, so

heißt es. Der Beleg dafür dringt in alle Ohren. Es ist der »Frust«, der am Lernen hindert. Wer hat das nicht schon einmal gesagt. Und wer von sich behaupten kann, daß er tiefer blickt, der spricht von einem fundamentalen Dilemma unserer Zeit. Zwar leben wir in einer Gesellschaft, die zum Weiterlernen herausfordert, aber zugleich blockiert sie auch angesichts der Vergeblichkeit von Lernbemühungen die Lernenergie. Es ist die wachsende Komplexität, der wir nicht Herr werden. Da liegen dann Einsicht und Präferenz für den Optimismus im Widerstreit. Was aber heißt das für die, die sich für Erwachsenenbildung engagieren?
Hier eher mit dem Temperament als mit der Wissenschaft zu reagieren, liegt nahe. Und Temperamente sind kein Thema der Wissenschaft mehr. Sie hatten sich damit einmal Kanäle der Breitenwirkung eröffnet, die letztlich ihrem Ansehen nicht gut taten. Es ist dies aber nur ein Beispiel dafür, wie schwer es die Psychologie mit ihrer Öffentlichkeitsfunktion hat. Kaum eine andere Wissenschaft muß mit einem vergleichbar wirksamen Pendant im Alltagsleben rechnen. Nicht nur vergröbernde Rezeptionen entstellen ursprünglich Erkanntes. Nicht nur spezielle Fehldeutungen führen zu Mißverständnissen. Nicht allein, daß da Missionare wittern, mit ihrer Seelenkunde den nicht-verarbeiteten Säkularisierungsprozeß in Meditationen aufheben zu können. Was das Heikle ausmacht, ist noch allgemeinerer Natur. Psychologie ist die Wissenschaft, von der jeder sich einbildet, etwas zu verstehen, weil er sich als ihr Gegenstand und als der Betroffene empfindet. Und jeder lebt davon, daß er sich seine Sicht vom Menschen zurechtgelegt hat und seinen blinden Fleck ignorieren kann, weil er über ihn redet. Aber erst mit diesem blinden Fleck beginnt die Psychologie als Wissenschaft und wird so zum Ärgernis, wenn man sie nicht wieder zur Erhaltung dieses blinden Flecks nutzen kann. Die Wissenschaft, die dem Menschen am nächsten kommt, ist so auch die, bei der eine verfälschende Interpretation am nächsten liegt. Das geht so weit, daß wir fragen müssen, was Psychologie eigentlich ist.
»Psychologie als Problem« heißt nicht zufällig ein Buchtitel aus der jüngsten Zeit. Der Autor Theo Hermann weiß als Wissenschaftler, wovon er spricht. Zwar versucht er, Psychologie als »eine ganz durchschnittliche Wissenschaft« hinzustellen: »Gerade den Fehlschlag von Versuchen, für die Psychologie das Besondere, das Einzigartige zu finden, lege ich zugunsten dieser Wissenschaft aus« (S. 27). Aber er kann doch nicht umhin, sich immer wieder mit Verstrickungen der Psychologie auch als Wissenschaft auseinanderzusetzen, die auf Beson-

deres verweisen. Das beginnt mit dem Hinweis, daß »dem wissenschaftlich tätigen Psychologen zur Zeit der Wind ins Gesicht weht« (S. 169). Worin Hermann diese Einschätzung begründet sieht, verdient ausdrücklich zitiert zu werden: »... in der betonten Anerkennung von Religionen und Ideologien als lebensnotwendige Sinnsysteme (die durch die diskursiven Wissenschaften nicht ersetzbar sind) und in der wachsenden Akzeptierung kontemplativer und sogar meditativer und mystisch-gnostischer Erkenntnisverfahren« (ebda.). Globale Sinngebungen sind also gefragt. Die von den Wissenschaften mitverursachte »Entzauberung der Welt« (Max Weber) steht ebensowenig hoch im Kurs wie die oft als ›wissenschaftlich‹ bezeichnete Haltung, die Erkenntnispraxis nicht auf geschlossene, verbindliche und handlungssteuernde Weltkonzeptionen und Menschenbilder zu gründen. Soweit der ausdrückliche Verzicht auf die Präsentation ideologischer Lebenshilfe ebenso wie der konsequente Versuch, mit Machthabern und Glaubensproduzenten aller Art keine gemeinsame Sache zu machen, den Intellektuellen ausmacht, erscheint es für die Wissenschaftler nicht angezeigt, sich als Intellektuelle zu deklarieren (vgl. auch O. Bering, Die Intellektuellen 1978). Ihnen droht die Gegnerschaft von links ebenso wie von rechts« (S. 160). So generell diese Problematik gilt, für Intellektuelle bleibt doch im Falle der Psychologie eine besondere Variante, die aus der Sicht der Erwachsenenbildung und für ihre Handlungsmaßgaben, vor allem so weit sie sich, wie in jüngster Zeit nicht selten, als Medium »stellvertretender Deutung« versteht, ein merkwürdiges Gemisch von Verklemmung und Suggestion darstellt. Es rührt daher, daß »Sinnsysteme« sich scheinbar zeitgemäß als psychologisch legitimiert darstellen. So wird das Argumentative in seinem eigenen Namen ausgeschaltet.

Erwachsenenbildung ist ein Tätigkeitsfeld, in dem Verklemmungen und Suggestionen sich besonders deutlich bemerkbar machen und wirksam werden. Der Umgang mit ihnen ist geradezu ihre inhaltsübergreifende Aufgabe. Da erscheint es angebracht, die Frage nach der Leistungsfähigkeit von Psychologie als Wissenschaft noch weiter zu verfolgen. Dazu kann als erstes noch einmal Theo Hermann zitiert werden, wenn er sagt, daß »der wissenschaftlich tätige Psychologe ... zum ›geistigen Wegweiser‹ wenig geeignet ist« (S. 163). Das nötigt dazu, sich mit den Erwartungen auseinanderzusetzen, die an den Psychologen gerichtet werden. Er hat es mit Komplexionen zu tun, aber es wird ein Anwendungsbezug von ihm erwartet. Er muß versuchen, »bei seinen Situationsanalysen

Übersimplifizierungen zu vermeiden, neue Problemdimensionen zu sehen, feinere Unterscheidungen zu treffen und Strukturierungshilfen zu haben« (S. 155). Er kann durchaus »Pädagogische Psychologie konsequent als Technologie betreiben« (S. 154). Daraus werden dennoch nicht die gewünschten »Patentrezepte«. Denn noch so fundierte Handlungsregeln, ob »konkretisiert« oder »prinzipienartig« wollen immer in Relation zu den Randbedingungen gesehen sein. Für das »Generalisierungs-Konkretions-Dilemma« (S. 161) gilt es also zu sensibilisieren, eine Relevanz des Empfohlenen für den jeweiligen Kontext zu erkennen, will geleistet sein. Relationsbewußtsein ist das, was in der Handlungssituation verlangt wird. Dies gilt auch dann noch, wenn Hermann den wissenschaftlichen Anspruch so formuliert: »Explizite Handlungsregeln sollten also stets so formuliert werden, daß der Handelnde erfährt, unter welchen Bedingungen sich der Versuch der Regelbefolgung lohnt. Angemessene theoretische ›Fundierungen‹ solcher Regeln erfolgen ersichtlich auf der Basis von gesetzesartigen, empirisch hinreichend erhärteten Wenn-dann-Annahmen« (S. 161), denn es heißt zu Recht weiter: »Solche erforderlichen Eloborationen des Schemas für explizite Handlungsregeln und ihre ›Fundierung‹ haben zwar insofern ihren Sinn, als situationsklassenspezifische Restriktionen für Versuche der Regelverwendung angegeben werden. Doch bleibt das Konkretisierungsproblem auch hier bestehen« (ebda.).
Daß mancherlei Erwartungen an die Psychologie als Wissenschaft enttäuscht werden, ist schwer zu vermeiden. »Wissenschaftliche Problemlösungen sind nicht die Überbrückung der Kluft zwischen einem unbefriedigenden Istzustand und einem Zielzustand, der bereits bekannt und vorgegeben wäre« (S. 176). Dazu passend heißt es an anderer Stelle: »So muß die ›Relevanz‹ der Psychologie als Wissenschaft auch nicht dadurch gerechtfertigt werden, daß sie beispielsweise heilende, beratende oder erzieherische Tätigkeiten vorbereitet oder optimiert« (S. 25). Nichtsdestoweniger muß Psychologie als Wissenschaft die Hypothek aufnehmen, etwas »mit dem besseren Verständnis des Menschen zu tun« (S. 174) zu haben. Es sträubt sich dann das Alltagsinteresse, wenn es weiter heißt: »... dieses Verständnis solle mit methodischen Mitteln erreicht werden, die es erlauben, sich nachweislich zu irren. Fehlsamkeit, Kritisierbarkeit, Konkurrenz von Auffassungen und ›Fortschritt durch Veränderung‹ (Spinner) gehören danach zu den Normen, die den Kontext psychologischer Erkenntnistätigkeit bilden« (S. 174). Dennoch liegt gerade darin die Chance der Wissenschaft, denn

»Was man die wissenschaftliche Wahrheit zu nennen pflegt, sollte angesichts dieser Sachlage als eine stets nur zeitweilige, durch neue ›Wahrheiten‹ überholbare Konsistenz verstanden werden; als die logische Verträglichkeit der Teile theoretischer Problemrekonstrukte untereinander und als die Übereinstimmung zwischen theoriespezifischen Erwartungen und theoretisch konstituierten Ereignissen, die wir unter festgelegten Bedingungen wahrnehmen« (S. 177). So besteht Grund genug, die immer wieder zu hörende Frage nach dem Anwendungsbezug zu problematisieren. Dabei ist ihre Berechtigung durchaus anzuerkennen. Deutlich sollte jedoch werden, worin der Stellenwert der Psychologie als Wissenschaft liegen kann, nämlich in dem »psychologischen Hintergrundwissen, das in optimierender Absicht bei technisch-praktischen Problemlösungsprozessen eingesetzt werden kann« (S. 146f.). Dies gilt für die Pädagogische Psychologie in besonderem Maße (S. 152f.), die »aufklärender Verbreitung wissenschaftlicher Erkenntnis« (S. 26) bedarf.

Für diese Entfaltung von Hintergrundwissen ist das von Vorteil, was auf den ersten Blick als hinderlich erscheint und was dem, der nach Handlungswissen verlangt, auch durchgehend stört, der »Theorienpluralismus« (S. 48), der für die Psychologen nicht nur momentan kennzeichnend, sondern geradezu konstituierend ist. Damit wird eine Verständigung über die »Tauglichkeitskriterien für Theorien« (S. 49) erforderlich. Das leidige Thema des gespannten Verhältnisses von Theorie und Praxis sollte also immer in Relation zu der jeweiligen Problemart gesehen werden, die zur Untersuchung bzw. Bewältigung ansteht. Der ›Praktiker‹ kann so aber nicht davon dispensiert werden, sich mit der Vielfalt von Annahmesystemen auseinanderzusetzen, die ihm die Psychologie anbietet. Er muß begreifen, daß ihm mit expliziten aber kontextunabhängigen Handungsregeln nicht geholfen ist, gerade auch dann nicht, wenn sie empirisch begründet erscheinen. »... mit der Reduktion von Wissenschaft auf ›Angewendetwerdenkönnen‹, auf Technologie und Praxisvorbereitung, und vor allem mit der Neigung, Bewertungskriterien (Kriterienhierarchien), die für technisch-rationales Handeln und allenfalls auch für die technologische Forschung adäquat sind, auf die i. e. S. wissenschaftliche Forschung anzuwenden, schadet man nicht nur der wissenschaftlichen Entwicklung, sondern auch dem Anliegen, technisch-praktisches Handeln nachhaltig rationaler und effizienter zu machen.« (S. 146) Daß der Tauglichkeitsgrad wissenschaftlich begründeter Annahmen immer situationsspezifisch zu

bestimmen ist, macht ihre Wissenschaftlichkeit aus, nötigt aber auch, sich auf sie einzulassen, wenn man etwas von ihr ›haben‹ will. Sie bietet sich nicht zum Abholen von Wahrheiten an, sondern zur Auswahl für die Eignung als Erklärungshilfe. In diesem Sinne geht es um eine »Generierung von Hintergrundwissen«.
Wie nehmen sich diese Problematik und ein solches Funktionsverständnis von Wissenschaft aus der Sicht der Erwachsenenbildung aus? Ihr Verhältnis zu ihren Bezugswissenschaften ist noch wenig reflektiert. Das hier Gesagte macht begreiflich, warum Mißverständnisse auf Gegenseitigkeit allenthalben zu beobachten sind. Kurzschlüssige Rezeptionen gibt es ebenso wie Berührungsängste. Während die dabei auftretenden Probleme im Falle der Soziologie offen zu Tage treten, bleiben sie bei Phänomenen, die von der Psychologie bearbeitet werden könnten, eher verdeckt. Hier besteht unzweifelhaft ein Nachholbedarf. Es fehlt an einer produktiven Kommunikation. Zu dieser anzuregen, sieht die PAS als ihre Aufgabe an. Daß damit Komplikationen verbunden sind, ist täglich zu spüren. Wo sie herrühren, soweit es um die Relevanz von Theorie und empirischer Forschung geht, sollten die hier wiedergegebenen Zitate erkennen lassen. Was die Berufspraxis betrifft, so läßt der Handlungsdruck nach Handlungshilfen fragen. Situationseingebunden werden sie in Handlungsregeln gesehen. Eben diese Eingebundenheit macht aber nur das Hintergrundwissen zu einer wirklichen Hilfe. Wieweit es internalisiert ist oder internalisiert werden könnte, wird selten bewußt. Das macht das Spannungsverhältnis aus, das unter dem vergröbernden Titel »Theorie und Praxis« diskutiert wird. Hier zu differenzieren sieht die PAS als ihre Aufgabe an.
Es geht also nicht um schlichte Informationstransporte. Psychologie für Erwachsenenbildungsstrategien zu instrumentalisieren, würde zu kurz greifen. Es gilt, Beziehungen zu entdecken. Dabei wird das, was Psychologie als Wissenschaft zu bieten hat, in zweifacher Weise von anderen Erscheinungsformen überlagert, die ebenfalls als Psychologie firmieren. Das ist zum einen die Alltagspsychologie, die sich jeder zu seiner Lebenshilfe angeeignet hat und die in impliziten Handlungstheorien wirksam wird. Inwieweit sie das Erwachsenenbildungshandeln bestimmen, bedürfte der Untersuchung. Ansätze dazu hat die PAS denn auch in Gang gebracht. Hier wäre aber zweifellos noch mehr zu tun. Da sind zum anderen aber auch die Heilslehren, die sich als Psychologie ausgeben können und in der Erwachsenenbildung ein Wirkungsfeld sehen. Ihre mythisch attraktiven Reduktionen von Komplexität finden

gerade heute beträchtliche Resonanz in einer Zeit, in der die Ohnmacht des einzelnen gegenüber den ›Verhältnissen‹ besonders nachhaltig spürbar wird. Das Erzeugen von Stimmungslagen ersetzt dann für viele das Nachdenken und die Aneignung von Sachwissen, wenn es um konkrete Problemlösungen geht. Hier kann Psychologie als Wissenschaft ansetzen, hier könnte sie problemerhellend dienlich sein. Dabei zeigen sich jedoch zwei, das Kooperieren behindernde Problemfelder. Das eine ist mit dem Stichwort »Theorienpluralismus« angedeutet. Der in der Erwachsenenbildung Tätige sieht sich durch psychologische ›Schulrichtungen‹ verwirrt. Das andere sind die Standards, um die Psychologie als Wissenschaft bemüht ist.

Die Diskussion um die Standards erschöpft sich nicht in den bekannten Kontroversen um quantitative und qualitative Methoden, um den Stellenwert von Labor- und Feldforschung. Der Paradigmenstreit weist, wenn er das ernst nimmt, was Psychologie erforschen möchte, auf Komplexeres. Dem wird allzu oft ausgewichen und der Eindruck erweckt, als ginge es primär um die Evaluation von Untersuchungsinstrumenten, nicht aber um menschliches Leben. Wird dies als Einwand vorgebracht, kann dem mit guten Gründen entgegengehalten werden, eine wissenschaftliche Annäherung an das Leben sei nur auf im Detail kontrollierten Wegen möglich bzw. vertretbar. Daraus folgt aber die Frage nach den Kriterien der Kontrolle. Mit der Berechnung der üblichen Gütesiegel wie Objektivität, Validität und Reliabilität ist es dann nicht getan. Sie überprüfen zwar die interne Stimmigkeit, sagen aber nichts über die Eignung eines forschungsmethodischen Ansatzes für den Untersuchungs›gegenstand‹ aus. Das hat dazu geführt, in der Psychologie als Wissenschaft eine Maschinerie zur Aufdeckung von internen Relationen ohne Lebensrelevanz zu sehen oder von quantitativen Aussagen, deren Entstehung nicht nachvollziehbar ist. Dem steht dann eine hochstilisierte Alltagspsychologie gegenüber, die Intuitionen kombiniert und meistens auch schematisiert hat, wobei dann propagiert wird, damit eine Beratungsgrundlage für die Lebenshilfe bieten zu können. Eine solche Ausspreizung ist nicht nur für die Erwachsenenbildung fatal. Denn was fehlt, ist das Erschließen eines mittleren Erkundungsweges. Nur über ihn, der die Komplexität weder in isolierten Daten auflöst noch einer unangemessenen Generalinterpretation unterwirft, können psychologische Perspektiven zur Erwachsenenbildung entwickelt werden.

Ganz so hoffnungslos wie im ersten Anlauf skizziert, ist es nun aller-

dings auch wieder nicht. Das hier vorgelegte Buch könnte sonst nicht erscheinen. Es sollte aber auf die Schwierigkeiten aufmerksam gemacht werden, die bei dem Versuch bestehen, den Anforderungen zu entsprechen, die mit dem Titel des Bandes anklingen. Sie sind indes nicht allein im Entwicklungsstand der Psychologie als Wissenschaft begründet, sondern in dem, was sie ihrer allgemeinen Intention nach zu erforschen trachtet. Es überschreitet die Grenzen des Meßbaren. Deshalb müssen eigene Formen des Identifizierens dessen, was erforscht werden soll, gefunden werden. Dies gilt auch gerade für die Bandbreite der Probleme, derentwegen sich Erwachsenenbildung für das interessiert, was Psychologie zu sagen hat. Es ist dies vor allem die am Anfang sprichwörtlich aufgeworfene Frage nach der Lernfähigkeit von Erwachsenen. Vielleicht fällt es auf, daß dazu in diesem Buch explizit kein Beitrag enthalten ist. Immerhin läßt sich dazu auf andere Veröffentlichungen der PAS verweisen. Vor allem von Helmut Skowronek gibt es ausgewogene Darstellungen des Erkenntnisstandes. Sie signalisieren aber auch, wo die noch ungelösten Probleme stecken.
Wie es mit dem Lernen von Individuen bestellt ist, wird heute im Kontext der jeweiligen lebensgeschichtlichen Entwicklung gesehen. Solche Entwicklungen geschehen entgegen früherer Auffassungen auch im mittleren Lebensalter. Allerdings ist darüber noch wenig bekannt, weil sich die Psychologie zuerst vornehmlich für Kindheit und Jugend, später wohl auch für das Alter interessiert hat. Die Zwischenzeit blieb populären Slogans überlassen wie dem von der midlife-crisis. Was aber ist, genauer betrachtet, davon zu halten? In jüngster Zeit ist der wissenschaftliche Blick schon mehr auf die mittlere Lebenszeit gerichtet worden. Dabei stellen sich aber auch Bearbeitungsprobleme eigener Art ein. Nach dem, was wir wissen, kann Entwicklung nicht als eine lineare Fortführung dessen verstanden werden, was angebahnt worden ist. Es lassen sich keine generellen Entwicklungslinien aufzeigen, vielmehr ist mit nicht-voraussehbaren Einwirkungen und Brüchen zu rechnen. Veränderungen können sich vielschichtig bemerkbar machen. Sie lassen sich nicht monokausal erklären, sondern nur im Zusammenhang eines schwer durchschaubaren Beziehungsgeflechts. Das organismische Entwicklungsmodell ist zu den Akten gelegt, und die Verstehensversuche orientieren sich an entwicklungsspezifischen Lebensthematisierungen und Aufgaben, an Rollenwechseln und an den Formen des Umgangs mit bedeutsamen Lebensereignissen. Worauf sich das Erkenntnisinteresse dennoch richten muß, sind die Modalitäten der Austauschprozesse

von Person und Umwelt, die am angemessensten zu verstehen sind, wenn man ein dialektisches Verhältnis von Anpassung an und Anverwandlung von Welt annimmt.
So wie die Wechselwirkung von endogenen und exogenen Faktoren beachtet werden muß, so ist auch im Hinblick auf die Zeitdimension eine Verschränkung von Vergangenem und Projektiertem anzunehmen, die die Veränderungen im Entwicklungsprozeß mitbestimmt. So kommt bei aller Ereignisabhängigkeit Psychisches nachhaltig ins Spiel. Es ist aber ein reziprokes Beziehungsgefüge, worin es sich geltend macht. Das erschwert ein wissenschaftliches Identifizieren von Problemen. Manche kommen auch deshalb kaum in den Blick, weil die Tendenz der Lebenssteuerung auf ein Gleichgewicht abzielt. In Relation dazu stehen auch die Problemverarbeitungskapazität und die individuelle Belastbarkeit. Insofern sind Veränderungen als Ergebnis des Umgangs mit Ereignissen zu verstehen. Dieser Umgang ist über Wahrnehmungs- und Wertungsmuster von Zuschreibungen und Deutungen bestimmt. Sie dienen dazu, mit dem Anforderungscharakter der Umwelt zurechtzukommen und sie stützen zugleich die Selbstregulation.
Was hier zu den Implikationen der zeitgenössischen Entwicklungspsychologie nur angedeutet werden kann, gilt auch über diesen Teilbereich hinaus. Es zeigt zudem eine Affinität zu den Problemen, die heute von der Erwachsenenbildungswissenschaft als vorrangig angesehen werden. Man denke nur an das Schlüsselphänomen der Deutungen und an die Bildungsaufgabe der Deutungsdifferenzierung. Damit wird Bildung selbst zum Implikat der Veränderungen. Indessen sind zwischen tendenzieller Annäherung und konkreter Bezugnahme noch viele Teilschritte erforderlich. Ein solcher soll mit dieser Veröffentlichung getan werden. Dafür wurde ein gleichlautendes Anschreiben an die potentiellen Autoren mit folgendem Wortlaut gerichtet:
»Das Verhältnis der Erwachsenenbildung zu ihren Bezugswissenschaften ist noch wenig reflektiert. Mißverständnisse auf Gegenseitigkeit sind allenthalben zu beobachten. Kurzschlüssige Rezeptionen gibt es ebenso wie Berührungsängste. Während die dabei auftretenden Probleme im Falle der Soziologie offen zu Tage treten, bleiben sie bei Phänomenen, die von der Psychologie bearbeitet werden könnten, eher verdeckt. Hier besteht unzweifelhaft ein Nachholbedarf. Es fehlt an einer produktiven Kommunikation. Zu dieser möchte die PAS mit ihren Veröffentlichungen anregen. Daß es dabei nicht um schlichte

Informationstransporte gehen kann, sollte allerdings bewußt bleiben. Deshalb waren die ersten beiden Beispiele einer Umsetzung der Intention eher spärlich gehalten. Zum einen handelt es sich um eine Zusammenstellung bereits erschienener Aufsätze, deren Relevanz für die Erwachsenenbildung unverkennbar ist, die aber auch erkennen lassen, warum ihre Instrumentalisierung für Erwachsenenbildungsstrategien zu kurz greifen würde. Zum anderen ging es um einen sehr spezifischen Forschungsansatz aus dem Bereich der Unterrichtsaktionen, dessen Relevanz für verschiedene Anforderungssituationen in der Erwachsenenbildung zu interpretieren war. Mit dem nunmehr geplanten Band in der Reihe »Theorie und Praxis der Erwachsenenbildung« möchten wir einerseits den Diskussionshorizont erweitern, andererseits Problemfelder ansprechen, bei denen uns eine Fundierung aus psychologischer Sicht besonders dringlich erscheint. Selbst eine solche Orientierung der Komposition des geplanten Bandes kann nicht übersehen lassen, daß ›Psychologie‹ in verschiedenen ›Schulrichtungen‹ in Erscheinung tritt. Indessen können Affinitäten und Überlagerungen angenommen werden. Auf jeden Fall verfolgen wir mit der Veröffentlichung die Intention, mit einer Reihe von Originalbeiträgen aufzuzeigen, an welchen Fragestellungen und in welcher Weise das, was hier als produktive Kommunikation bezeichnet wurde, gefördert werden kann. Dementsprechend ist daran gedacht, exemplarisch darstellen zu lassen, worauf Psychologie verweisen kann, wenn es beispielsweise um die Frage nach der Medienwirkung, den Streit um das Begabungspotential, die Probleme des Verstehens, das Identifizieren von Lernproblemen, das Repertoire der Unterrichtsgestaltung, die Interventionsformen in der Lehr-Lern-Situation oder den Fall der Beratung geht. Ebenso sollte offengelegt werden, wie Psychologie von der Erwachsenenbildungswissenschaft gesehen wird, wenn es beispielsweise um Planungsaufgaben, Interaktionsfragen, Zielgruppenarbeiten, Fortbildungskonzepte oder um die Konsequenzen aus der technologischen Entwicklung geht.«

Versuche einer Systematisierung sind also nicht angestellt worden. Ansätze der Pädagogischen Psychologie dazu, wie sie zuletzt von M. Hofer in der »Psychologischen Rundschau« (2/1987) betrieben wurden, verwirren eher, als daß sie Perspektiven eröffnen. Einerseits streben sie Umfassendes an, andererseits verlieren sie dabei ihre Mitte aus dem Blick. Nicht zufällig fehlt es an einem kooperativen Forschungsprogramm. Hinzu kommt, daß es in der Erwachsenenbildung nicht um Erziehung geht, sondern um Vermittlung. Sie verweist auf eine facettenreiche Problematik, die noch wenig erschlossen ist. Sie kommt unter verschiedenen Aspekten in diesem Band zum Ausdruck, obwohl dabei die Kommunikationsprobleme im engeren Sinne noch ausgeklammert bleiben. Was aus psychologischer Sicht Vermittlung fördern oder behindern kann, steht als Frage und Herausforderung letztlich hinter allen Beiträgen.

Hinter den Klagen über eine zu geringe Kommunikation zwischen Psychologie und Erwachsenenbildung steht meist die Sorge um die Professionalität, mit der Erwachsenenbildung betrieben wird. Wird Professionalität im Sinne der Fähigkeit ausgelegt, abstrahierte und systematisierte wissenschaftliche Aussagen auf konkrete Handlungssituationen beziehen zu können, so beinhaltet dies allerdings auch eine Warnung, Psychologie, welcher Provenienz auch immer, nicht zu überfordern. Ein enges technologisches Verständnis ihrer Relevanz für die Erwachsenenbildung würde deren Anforderungen nicht gerecht. Ihr hoher Individualitätsgrad verlangt Transformationen, die der Komplexität der Situation gerecht werden, sie nicht vorschnell verkürzen. Dafür ist ein Bewußtsein vom Repertoire der Möglichkeiten menschlichen Verhaltens und der vielschichtigen Figurationen, in denen es zum Ausdruck kommt, unentbehrlich. Professionalität wird damit aber um so wichtiger. Das hat auch die Fragestellungen bestimmt, die für die Bearbeitung in diesem Band ausgewählt wurden. Ähnlich wie bei dem voraufgegangenen Reader »Denken, Handeln, Verstehen« waren die Handlungssituationen der in der Erwachsenenbildung Tätigen ausschlaggebend für die Komposition der Themen. Dabei wurde zwar auch darauf geachtet, daß unterschiedliche Ansätze der Psychologie zu Worte kommen, vorrangig aber war doch, was Psychologie für die Planungskompetenz und die Interaktionssensibilität zur Sprache bringen kann.

Es kann schon als ein erster Schritt der Annäherung angesehen werden, wenn die mit der Planung des Bandes vorgesehene Zweiteilung

- Probleme der Erwachsenenbildung aus der Sicht der Psychologie,
- psychologische Probleme aus der Sicht der Erwachsenenbildung

von den Autoren keineswegs konsequent eingehalten worden ist. Gerade Überschneidungen festzustellen, dürfte anregend sein. Sie signalisieren die Problemfelder, an denen weiter zu forschen und zu diskutieren ist. Warum dies mit Schwierigkeiten verbunden sein wird, machen allerdings zugleich die beiden ersten Beiträge deutlich. Sie wurden an den Anfang gestellt, weil sie in dem einen Fall auf Fundamentales, in dem anderen auf höchst Aktuelles verweisen. Insofern Erwachsenenbildung immer nur Exemplarisches bieten kann, stellt sich die Frage nach den Transfermöglichkeiten mit besonderer Dringlichkeit. Dabei gilt es, von überlieferten Vorstellungen über die besondere Transfereignung von Inhalten Abschied zu nehmen. Selbst wenn heute allerorten vom Stellenwert der Schlüsselqualifikationen die Rede ist, sollte man sich davor hüten, sie allein in operativen Elementen zu sehen. Die Frage nach den Transferchancen erweist sich vielmehr als eine nach der Relation von Lernen und Leben und als eine nach der didaktischen Strukturierung. Danach wäre auf eine reflexive Selbstkonstruktion der kognitiven Strukturen abzuzielen.

Mit der Ausbreitung der Medienangebote wird dies nicht gerade erleichtert. Dies ist jedenfalls aus dem zugleich austarierten und konzentrierten Überblick zu schließen, den Ulrich Saxer über die Medienwirkungsforschung gibt. Der Leser erhält damit zahlreiche Hinweise auf die Grenzen des bisher Erforschten, damit aber auch auf die Fragwürdigkeit mancher weit verbreiteter Vorstellungen über die Medienwirkung. Das nimmt allerdings nichts von ihrer Problematik, wenn es um das Erhalten und Entfalten von Lernpotential geht. Diese Mahnung muß jedenfalls ausgesprochen werden, wenn auch die Forschung gerade solche Fragestellungen unbeachtet gelassen hat, die für Leben und Lernen von besonderer Relevanz sind. So etwa die nach der Veränderung der Wahrnehmungsstrukturen gegenüber Zeit und Raum, die mit den Lebensvorstellungen auch die Einstellungen beeinflussen. Die Dichte des Berichts läßt so dennoch die Lücken im zu Berichtenden erkennen. Zwischen detaillierten Einblicken und globalen Aussagen fehlt es an Untersuchungen mittlerer Reichweite, bei denen die Vielfalt der Wirkungsfaktoren noch annähernd kontrollierbar ist.

So wie für die Planungskompetenz die Reflexion des Aufbaus kognitiver Strukturen von entscheidender Bedeutung ist, ist es für die Interaktionssensibilität der Nachvollzug der Probleme des Verstehens im Interesse der Verständigung. Dieses »fragile Geschäft«, mit Thomas Wegner zu sprechen, verliert nicht an Bedeutung durch das Gerede von der »Kolonialisierung der Lebenswelten«. Ohne hermeneutische Bemühung wirkt Erwachsenenbildung ins Leere. Es geht um eine Annäherung an die Zwischenwelt zwischen Subjekt und Objekt, die auch immer eine Variante des Verhältnisses von Besonderem und Allgemeinem ist. Dabei kann der Rückgriff auf klassische Denkmodelle als Korrektiv gegenüber Meßarrangements hilfreich sein. Mit der Betonung der Subjektivität wächst das Interesse an inneren Vorgängen. Auch die gesellschaftliche Entwicklung und ihre Konsequenzen der Verunsicherung fordern dazu heraus. Damit gewinnt zum einen die Problemlösepsychologie eine hervorragende Bedeutung, zum anderen stellt sich die Frage nach menschlich vertretbaren Interventionsformen und der dazu nötigen Beratungskompetenz. Es geht so um »Suchregeln« und »Findeverfahren«, wie es Ulrich Thiel formuliert, und um die Rückgewinnung des Selbstvertrauens gegenüber den Lernanforderungen bei H. J. Tymister. In beiden Fällen kommt der Relation von lebensgeschichtlicher Erfahrung und gegenwärtiger Verarbeitung und dem Wert von Umwegen eine entscheidende Bedeutung zu.

Der Stellenwert der internen Repräsentation und der Transparenz des Vorgehens will ebenfalls thematisiert sein, wenn die Strategien des Lehrens und Lernens in der Beruflichen Bildung zur Debatte stehen. Auch hier sind der Zeitfaktor und die Dosierung zu bedenken. Das wird an dem Beitrag von Jörg Munzert deutlich, der aus handlungstheoretischer Sicht Lernprozesse als Vermittlungsaufgaben zwischen Arbeit und Persönlichkeit zu identifizieren unternimmt. Sowohl materielle Handlungen als auch kognitive Akte sind an die Anerkennung von Regulationserfordernissen durch Arbeitsaufgaben gebunden. Dies bewußt zu machen, gewährleistet nicht nur die Verschränkung von Planungs- und Ausführungsprozessen, sondern eröffnet auch einen Spielraum des Denkhandelns. Insofern wäre das hier Gesagte auch für die Fortbildung der Mitarbeiter in der Erwachsenenbildung selbst relevant, leidet diese doch nicht unerheblich darunter, daß auch in ihrem Tätigkeitsbereich das Verhältnis von Arbeit und Persönlichkeit störanfällig ist.

Alle bislang angeführten Beiträge haben einen Überblickscharakter. Es sind Zusammenfassungen, die Forschungsfelder oder Denkbahnen betreffen, deren Ertrag oder Perspektive für Erwachsenenbildung aufschlußreich sein können. Hinsichtlich des Anwendens bieten sie eine nicht zu unterschätzende Offenheit. Das kann dazu verführen, sich als Leser nur bestätigt zu finden. Indes kann Forschung, wenn sie kritischen Fragen nachgeht, durchaus Unerwartetes hervorbringen. Dies wird an dem Beispiel über die Beispiele als »Lehrmittel« gezeigt. Was dabei herausgekommen ist, deckt sich nicht mit der seit langem und weithin herrschenden Lehrmeinung. So dürfte eine neu anzusetzende didaktisch-methodische Reflexion angebracht sein, die auch die viel diskutierte Relation des Induktiven und Deduktiven einbeziehen muß. Unter dem Aspekt der Deutungsdifferenzen scheint zumindest nicht mehr so selbstverständlich benennbar zu sein, was induktiv und was deduktiv ist.

Wie nun geht Erwachsenenbildung mit dem, was von der Psychologie entfaltet wird, um und was vermißt sie? Horst Siebert erläutert, warum dies nicht so einfach zu sagen ist. Er macht darauf aufmerksam, daß dafür angesichts des »Booms an psychologischen Veröffentlichungen« die Unbefangenheit verlorengegangen ist. Die Wiedererinnerung an das, was schon Ende der 50er Jahre von Günter Anders als »Antiquiertheit des Menschen« angezeigt wurde, dürfte indes, bedenken wir unsere Lebenslage, nicht verwundern. Sie fordert eine Pflicht zum Wissen heraus, die mit der Selbstreflexion als kritischem Potential korrespondiert. Daher hat die Erwachsenenbildung im Hinblick auf Bildungsanspruch spezifische Fragen. Dazu gehört vor allem die nach der subjektiven Verarbeitung von Wirklichkeit und nach den Kategorien der Krisenbewältigung. Sie erscheinen nur im Kontext einer Biographieforschung angehbar. Dem kommt eine Hinwendung zur qualitativen Forschung entgegen. Siebert hebt hervor, woran Erwachsenenbildung interessiert ist: an der Erforschung von Selbstkonzepten und Selbstmanagement, an der Metakommunikation und dem Umgang mit kritischen Lebensereignissen. Insofern sich dabei die Aufmerksamkeit auf Prozesse richten muß und nicht allein auf Zustände, sind Defizite bei den Aussagen der Psychologie festzustellen. Auch kommt noch zu kurz, daß Verarbeitung immer an Inhalten geschieht. So ist die Liste der Disiderate einer bildungsdidaktischen Psychologie recht lang. Zwar fehlt es dafür nicht an Konzepten, wohl aber an empirischer Forschung.

Wie sie in der Erwachsenenbildung aufgegriffen wird, ist oft nicht ohne Probleme. Darauf geht Detlef Knopf ein, wenn er sich mit dem Verhältnis von Altersforschung und Altenbildung als aktuellem Beispielfall auseinandersetzt. Er warnt vor eilfertigen Verallgemeinerungen, die überfordernd wirken und zum Missionieren verleiten. Stattdessen konkretisiert er, was schon Siebert vorschlägt, nämlich eigene und theoretisch begründete Fragen der Altenbildung an die Bezugswissenschaften zu entwickeln. Dafür muß allerdings die Altenbildung erst ihre eigenen Erfahrungen als originär verarbeiten. Dabei will die lebensgeschichtliche Dimension in ihrer Gesamtheit beachtet sein. Insofern damit Beziehungsarbeit ansteht, ist die Hilfe der Alternspsychologie derzeit noch begrenzt, deren Befunde nicht selten »eher eine Funktion ihrer theoretischen Orientierung sind« (Knopf). So klingt am Ende noch einmal an, was sich durchweg als problematisch herausstellt: die Diskrepanz zwischen Grundlagenforschung und Detailstudien zum einen, der forschungsmethodische Zirkel zum anderen. Damit ist aber auch angedeutet, worauf eine interdisziplinäre Kommunikation ihr Augenmerk richten müßte. Zugleich erscheint damit begründet, warum Herbert Gerl bei dem Thema Mitarbeiterfortbildung Schwierigkeiten der intersubjektiven Verständigung in den Vordergrund rückt und die Supervision als eine Möglichkeit der Fortbildung herausstellt, die der Deutungsgebundenheit menschlicher Situationsbearbeitung gerecht wird und auf die Alltagsprobleme des Planungshandelns in der Erwachsenenbildung einzugehen vermag. Den Leser mag es verwundern, daß trotz der aktuellen wissenschaftlichen Diskussion um den Stellenwert des Biographischen diesem kein eigener Beitrag gewidmet ist: Zu diesem thematischen Aspekt soll aber ein eigenes Buch in dieser Reihe erscheinen.

Hans Tietgens
Leiter der Pädagogischen Arbeitsstelle
des Deutschen Volkshochschul-Verbandes

Rainer Dieterich
Transferwirksames Lernen und Lehren

1. Begriff

»Lerntransfer« ist der Terminus zur Bezeichnung eines psychischen Vorgangs, der allen Ereignissen von Erziehung, Lernen und Bildung als Ausgangsbedingung zugrunde liegt. Immer wenn Bildungsgeschehen unter dem Aspekt der Auswirkung auf Persönlichkeit und Handeln analysiert wird, ist Lerntransfer Gegenstand der Betrachtung. Ein transferfreier Lernprozeß, dessen Ziel die Aneignung eines gleichbleibenden Ablaufs von Handgriffen in einer konstanten Situation darstellt oder eines unverändert zu reproduzierenden Wissensinhalts, ist allenfalls als seltener Ausnahmefall vorstellbar. Der pädagogische Normalfall ist hingegen das Anliegen, durch Lernen und Bildung Veränderung der Persönlichkeit zu bewirken, Wissen zur variablen Nutzanwendung in veränderlichen Situationen zur Verfügung zu stellen. In diesem Sinne ist Lerntransfer der Vorgang des Wirksamwerdens von Bildung und Lernen.
Aus psychologischer Sicht ist Lerntransfer Bestandteil der Wechselwirkung zwischen allen Variablen des psychischen Geschehens. Prozesse wie Wahrnehmung, Denken, Lernen, Motivation und Emotion beeinflussen sich gegenseitig und bilden eine Wirkungseinheit. Transfer ist der Prozeß jener Einheitsstiftung oder Einflußnahme einer Verhaltensweise A auf eine andere Verhaltensweise B. In diesem Sinne definiert Ferguson (1956) Transfer als (mathematische) Funktion der Abhängigkeit einer Variablen von einer unabhängigen Variablen.
Lerntransfer ist jener Spezialfall des Transfergeschehens, bei dem die unabhängige Variable A, deren Einfluß auf eine Variable B vermutet wird, ein Vorgang des Lernens ist. Wegen der Einbettung in den psychischen Gesamttransfer wäre es zu kurzschlüssig, Lerntransfer lediglich an den kognitiven Prozessen der Wissensaneignung zu verankern. Er ist in gleichem Maße an die motivationalen Rahmenbedingungen des Lernens und die Persönlichkeitsstruktur des Lernenden gebunden. In diesem umfassenden Wortsinne der Einflußnahme eines Lernprozesses A auf eine psychische Variable B wird der Transferbe-

griff gebraucht, wenn es um die Anwendung von Wissen oder um verhaltens- und persönlichkeitsbildende Wirkungen von Lernen geht. In einem engeren Sinn wird der Transferbegriff verwendet, wenn nicht nur die beeinflussende Variable A, sondern auch die beeinflußte Variable B einen Lernprozeß beinhaltet. »Transfer« als Einflußnahme eines Lernprozesses auf einen anderen wird dann im Sinne der Begriffe »Mitübung« oder »Übungsübertragung« verwendet. Derartige Prozesse werden unterstellt, wenn es um das »Lernen des Lernens«, die Entwicklung von Lerneinstellungen oder die Erleichterung neuen Lernens durch alte Bildungsgrundlagen geht.

Wenn der beeinflußte Lernprozeß B zeitlich nach dem beeinflussenden Lernprozeß A abläuft, spricht man von »proaktivem Transfer«. Es handelt sich dabei um die Beeinflussung neuen Lernens durch einen gegenwärtigen Lernprozeß. Im Falle der Einwirkung eines aktuellen Lernvorgangs A auf einen zurückliegenden Lernprozeß B ist von »retroaktivem Transfer« die Rede. Dieser ist von Bedeutung, wenn es um die Veränderung alter Lerngewohnheiten oder »Umlernen« geht.

Wenn die Lernprozesse A und B in einem hierarchischen Über- oder Unterordnungsverhältnis stehen, der eine etwa eine allgemeinere Regel oder abstraktere Wissensform des anderen darstellt, spricht man von »vertikalem Transfer«. Dabei kann der Wissensfortschritt von »unten nach oben«, d. h. induktiv vom Speziellen zum Allgemeinen fortschreiten oder deduktiv von »oben nach unten«, vom Allgemeinen zum Speziellen. Wenn die Lernvorgänge thematisch benachbart oder ähnlich sind, ohne in einem Inklusionsverhältnis zu stehen, ist von »horizontalem Transfer« die Rede. Die Auffassung etwa, Kenntnis von Latein erleichtere das Lernen der spanischen Sprache, geht von horizontaler Transferwirkung aus.

2. *Theorien und Theoriengeschichte*

Die außerordentliche Bedeutung des Transfergeschehens für Lern- und Bildungsprozesse wurde von seiten der Pädagogik und Psychologie frühzeitig erkannt. Leider hat sich dieses besonders relevante Gebiet als ungewöhnlich resistent gegenüber allen Erkenntnisbemühungen erwiesen. Tatsächlich sind wir von einem praktisch verwertbaren Transferkeit, Mitverantwortung, rationale Konfliktaustragung usw. – es handelt sich um unspezifische Allgemeinqualifikationen, formuliert auf einer Ebene psychologischer Konstrukte. Sie sind somit äquivalent zu den Zielobjekten der klassischen Formalbildung. Eine weitere Parallele liegt darin, daß allein durch den Nachweis des Bedarfes solcher Transferwirkungen noch kein Weg zu ihrer Realisierung aufgewiesen ist.

2.2 *Ähnlichkeit und identische Elemente: die »kleineren Brötchen« des Behaviorismus*

Die ersten empirischen Studien stellten die Gültigkeit der Formalbildungstheorie nachhaltig in Frage. Thorndike (1924) untersuchte 13 000 Schüler um herauszufinden, ob die Wahl bestimmter Unterrichtsfächer Einfluß auf die Entwicklung der Intelligenzstruktur nahm. Die Befunde sprachen für eine so geringfügige Transferwirkung, daß man sich endgültig von den Träumen der Formalbildungstheorie verabschiedete. Thorndike folgerte aus seinen Befunden, daß es keinen formalbildenden Transfer gibt, sondern allenfalls inhaltsspezifische Erleichterungen neuer Lernprozesse, die sich einstellen, wenn in dem neuen Lernstoff Elemente auftauchen, die in dem alten schon vermittelt wurden. Die Schwierigkeit, solche identischen Elemente zu identifizieren, führte zu der Ähnlichkeitstheorie des Transfers, die davon ausging, daß die Wirkung eines Lernprozesses auf einen anderen eine Funktion des Ausmaßes der Ähnlichkeit der Lernaufgabe und der zu erwerbenden Verhaltensweisen war.

Eine bildungspraktische Konsequenz könnte die Vermittlung vielfältig einsetzbarer »Wissens- und Fähigkeitselemente« sein. Solch ein Konzept müßte jedoch rasch auf Grenzen des Elementarismus stoßen. Lesen, Schreiben, Grundrechnungsarten wären zweifellos Elemente, die in fast alle Bildungsaktivitäten eingehen. Je komplexer aber das Bildungsanliegen ist, desto weniger wird die Gesamtkonstruktion des Wissensgefüges durch solche »elementaren« Elemente bestimmt. Es treten noch jene Konstruktionskompetenzen zur flexiblen und intelligenten Verknüpfung von Elementen hinzu, die nichts anderes wären als die allgemeinen Schlüsselqualifikationen der Formalbildungstheorie. Das Elementenmodell und das Modell der Schlüsselqualifikationen sind bildungskonzeptionelle Antipoden.

2.3 *Bereichsspezifisches Transfertraining: Ein Ausweg in die Sackgasse?*

Wenngleich es auch keinen persönlichkeitsübergreifenden Transfer zu geben schien, bestand Hoffnung auf eine bereichsspezifische Transferierbarkeit psychischer Vermögen. Die Ergebnisse solcher Trainingsversuche waren von Anbeginn an widersprüchlich. Während etwa Ebert und Meumann (1905) durchaus nennenswerte Verbesserungen von Behaltensleistungen als Folge von Gedächtnistraining berichten konnten, scheiterte der aufopferungsvolle Selbstversuch von W. James (1895) kläglich. James bestimmte den Lernaufwand zum Auswendiglernen des in zwei Hälften unterteilten »Satyr« von W. Hugo. Dazwischen schaltete er eine einmonatige Trainingsphase, in der er Milton's »Paradise lost« memorierte. Das Resultat war ein erhöhter Lernaufwand für die zweite Hälfte des »Satyr«.

Von besonderem Interesse ist die Frage einer Trainierbarkeit der Intelligenz. Die stark differierenden Ergebnisse solcher Studien lassen sich überwiegend auf unterschiedliche Distanzen zwischen der originalen Lernsituation und der transferfordenden Anwendungssituation zurückführen. Spektakuläre Ergebnisse sind zu erzielen, wenn ein Intelligenztest durchgeführt –, anschließend das Lösungsprinzip der Aufgaben geübt – und schließlich ein neuer Paralleltest durchgeführt wird, dessen verbesserte Resultate als Intelligenzwachstum angesehen werden. In Wirklichkeit lernen die Probanden nur, die Intentionen des Tests zu konterkarieren. Bei Studien, die nicht an trivialen Effekten interessiert sind (vgl. etwa Dittmann-Kohli 1986, Schwarck 1986), zeigt sich eine rasche Abnahme des Transfereffekts mit zunehmender Unähnlichkeit zwischen Lerninhalt und Anwendungsverhalten. Die Existenz bereichsspezifischer Transferwirkungen kann jedoch nicht bestritten werden. Im Falle der Intelligenz ist sie allein schon durch eine enge Sinnverwandtschaft der Begriffe »Intelligenz« und »Transfer« bedingt. Als intelligent bezeichnen wir jemanden, der sich rasch in neuen Situationen zurechtfindet. Transfer bedeutet die Mobilisierung von Lernerfahrungen zur Bewältigung neuer Situationen. Intelligenz ist somit auch Transferfähigkeit. Schon in der Studie von Thorndike (1924) zeigte sich, daß die formalbildende Wirkung von Unterrichtsfächern bei intelligenten Schülern größer war als bei weniger intelligenten. Die Korrelation zwischen Intelligenz und Transfer konnte inzwischen vielfach bestätigt werden (vgl. Gutacker 1976, Bernart 1978).

Eine Erkenntnis ist jedoch relevant für die Erwachsenenbildung: Die

Transferstreuung von Trainingsmaßnahmen ist schmaler als die Bedeutungsbreite der angepeilten Konstrukte: Durch Auswendiglernen von Gedichten trainiert man nicht sein »Gedächtnis«, sondern allenfalls die »Fähigkeit, Gedichte zu lernen«. Trainingswirkungen sind eng an die Inhalte der Trainingsaufgaben gebunden. Demnach gäbe es auch keinen inhaltsneutralen Transfer in Richtung auf Schlüsselqualifikationen. Die »Planungsfähigkeit« eines Offiziers ist eine andere als die eines Architekten, die »Konzentration« eines Lokomotivführers eine andere als die des Chirurgen. Die Konstruktion transferwirksamer Lernformen muß die inhaltliche Charakteristik der angestrebten Transferwirkung in dem Lernmaterial thematisieren.

2.4 Transfer von kognitiven Strukturen: Der Weg aus der Sackgasse?

Um die schmale Generalisierungsbreite des Transfers zu optimieren, bietet es sich an, die inhaltliche Entsprechung von Lernaufgabe und Anwendungsbereich so zu realisieren, daß sie in einem Inklusionsverhältnis zueinander stehen. Eines ist eine verallgemeinerte, übergeordnete Abstraktion, Regel oder Struktur, die das andere als Detail, konkrete Anwendung oder Spezialfall in sich enthält. Schon die ersten empirischen Versuche erbrachten positive Resultate. Judd (1908) ließ Probanden mit Speeren nach Unterwassserzielen werfen. Einer Versuchsgruppe wurde zuvor das Prinzip der Lichtbrechung im Wasser erklärt. Diese Gruppe lernte rascher, die Ziele zu treffen. Solche Ergebnisse wurden mit verfeinerten experimentellen Designs wiederholt bestätigt (vgl. Overing und Travers, 1973), so daß eine förderliche Wirkung allgemeiner, abstrakter Prinzipien auf spezifische Anwendungsbeispiele unterstellt werden muß. Somit wäre die Herausarbeitung allgemeiner Denkschemata eine erfolgversprechende Strategie transferwirksamen Lernens.

Der Aufbau von kognitiven Strukturen und Schemata vollzieht sich durch den Prozeß des Denkens – nach der Piaget'schen Tradition mit den Komponenten Akkomodation und Assimilation. Akkomodation ist die Anpassung von Schemata an neue Erfahrungen, Assimilation die Einordnung neuer Erfahrungen in die bestehenden Strukturen. Assimilation geht der Akkomodation voraus. Sie erfolgt durch denkendes und handelndes Einwirken auf das Objekt des Lernens. Insofern folgt aus dem Piaget'schen Ansatz eine umgekehrte Transferierungsstrategie im

Vergleich zum Judd'schen Vorgehen. Nicht die abstrakte Vermittlung eines allgemeinen Schemas und dessen deduktive Anwendung auf konkrete Aufgaben ist die Methode der Wahl, sondern der Aufbau eines zunächst einfachen Schemas und dessen sukzessive Anreicherung und Differenzierung. Bis heute stehen sich Ansätze deduktiver und induktiver Transferkonzepte konkurrierend gegenüber. Wiederum gilt, daß transferwirksame Strukturen meist enger an die Inhalte des Lernstoffes geknüpft sind als die formalen hierarchischen Inklusionsbeziehungen zwischen Lernsituation und Generalisierungsbereich reichen (vgl. etwa Schwarck 1986). Wenn bei der Konstruktion von Lehrstoff mitbedacht wird, daß das faktische Bestehen von Über- oder Unterordnungsbeziehungen noch nicht ausreicht, um transferhaltiges Lernen zu gewährleisten, sondern daß Transfer von der Überbrückung der Distanz zwischen Abstraktion und Konkretion abhängt, mag Transferwirkung in beide Richtungen ausgeübt werden.

2.5 Nicht »Strukturen« sondern »Strukturieren« lernen: Der Weg in die richtige Richtung?

Schon aus den älteren Versuchen des Gedächtnistrainings folgerten Ebert und Meumann (1905), daß die Probanden vermutlich gar nicht ihr Gedächtnis selbst erweiterten, sondern effizienteren Gebrauch von ihren Möglichkeiten machten. Sie lernten, mit ihren Kapazitäten besser umzugehen, Eselsbrücken zu bauen, Assoziationen zu stiften oder andere Hilfen zu verwerten. Mit anderen Worten: Sie lernten zu lernen.
Im Falle intelligenter Strukturbildung käme es darauf an, nicht immer weitere Strukturen aufzubauen, sondern zu lernen, wie man strukturiert. Nach Piaget'scher Terminologie wäre insbesondere die Akkomodation zu trainieren. In Anlehnung an Dörner (1979) pflegt man zwei Teilbereiche der kognitiven Struktur zu unterscheiden: die »epistemische Struktur«, die Lerninhalte als Datenbasis enthält und die »heuristische Struktur«, die Prinzipien der Aktivierung, Steuerung und Kombination der Informationen enthält. In der epistemischen Struktur spielt sich kognitive »Aufgaben«-Bearbeitung innerhalb der Denk- und Handlungsschemata nach Maßgabe vorhandener Erfahrung ab. Die heuristische Struktur aktiviert geistige Operationen, wie Abstraktion, Umorganisation usw., wenn die vorhandene epistemische Struktur bei der Lösung neuartiger »Probleme« nicht mehr ausreicht.

Da Anwendungstransfer insbesondere auf die Nutzbarmachung von Wissen in radikal veränderten und somit neuartigen Situationen abzielt, liegt es nahe, anstelle der inhaltlichen epistemischen Struktur die geistigen Operatoren der heuristischen Struktur zum Ziel von Transfertraining zu machen. Transfertraining stellt sich dann als Aufklärung über Möglichkeiten des Umgangs mit der eigenen epistemischen Struktur dar. Derartiges »Wissen über eigenes Wissen« wird als »Metakognition« bezeichnet. In einer Systematisierung unterscheiden Kluwe und Schiebler (1984) vier derartige »exekutive Prozesse«:

- Identifikation; d. h. die Reflexion über die Art geistiger Aktivität, »was mache ich eigentlich?«;
- Prüfung; d. h. die Erfassung des Problemlösefortschritts, »wie weit habe ich mich dem Ziel genähert?«;
- Bewertung; d. h. die Beurteilung des Erreichten, »taugt die Lösung etwas?«;
- Vorausschau; d. h. Suche und Abwägung alternativer Lösungswege, »soll ich diesen oder einen anderen Weg weiterverfolgen?«.

Exekutive Funktionen könnten die langgesuchten Schlüsselkompetenzen sein. Dörner (1976) und Kluwe (1979) liefern Hinweise, daß die Problemlöseeffizienz durch Training exekutiver Funktionen gesteigert werden kann. Auch hier gilt es, die inhaltliche Bindung formaler Strukturen im Auge zu behalten. Kluwe (1986) beurteilt den Wert allgemeinen Problemlösetrainings als begrenzt. Die Vermittlung spezifischer Operationen an konkreten Materialien müsse hinzutreten. Die kognitive Struktur ist nur effizient, wenn beide Teilbereiche (epistemische und heuristische Struktur) stark ausgeprägt sind. Kluwe verweist auf empirische Untersuchungen erfolgreicher Experten, deren Ergebnisse darin übereinstimmen, daß effizientere Problemlöser auch über hervorragendes Faktenwissen verfügen. Die Konzentration auf metakognitive Exekutivfunktionen könnte wohl als Training von Schlüsselqualifikationen verstanden werden. Es handelte sich aber um Schlüssel, die den Zugang zu einer leeren Schatzkammer öffnen. Erwachsenenbildung ist daher auf ein ausgewogenes Verhältnis zwischen Struktur- und Strukturierungstraining angewiesen.

3. *Transferorientierte Unterrichtskonzepte*

Die Unterrichtswissenschaft hat einige Lehrkonzepte hervorgebracht, die aus Transfertheorien hergeleitet sind oder ausdrücklich auf Transferwirksamkeit abzielen.

Die operative Didaktik nach Aebli (1983) beruht auf Piaget's denkpsychologischer Annahme, gemäß der sich die Entwicklung der kognitiven Strukturen durch den handelnden Umgang mit den Objekten des Denkens vollzieht. Demnach wird Wissen flexibel, wenn seine Inhalte (Begriffe und Operationen) netzartig miteinander verwoben sind, so daß sie in verschiedene Zusammenhänge eingebunden werden können. Dieses kognitive Netzwerk wird geknüpft, indem Begriffe und Operationen auf ihre Verwendbarkeit in verschiedenen Kontexten überprüft – und in solchen Inhaltsbereichen jeweils neu durchgearbeitet werden. Dies geschieht vornehmlich durch eine Form des Übens, bei der, etwa im Mathematikunterricht, anstelle mechanischen Einschleifens inhaltsleerer Zeichenfolgeregeln mit verschiedenen konkreten oder symbolisch kodierten Objekten gearbeitet wird.

Verbesserungen der Denkeffizienz streben verschiedene Konzepte des Aufweisens und Trainierens metakognitiver oder exekutiver Prozesse an (Polya 1967, Duncker 1974, Aebli 1981). Aebli liefert eine Taxonomie von Heuristiken, die auf eine Diagnose und Bearbeitung von Denkproblemen, sowie eine Auswertung des eigenen Problemlöseverhaltens hinauslaufen (vgl. auch Schwarck 1986):

- Definiere die Schwierigkeit sprachlich, begrifflich, anschaulich.
- Formuliere die Schwierigkeit alltagssprachlich.
- Präzisiere das Problem, den Zielzustand.
- Verschaffe dir den bestmöglichen Überblick über die Gegebenheiten.
- Kennzeichne den Problemtyp.
- Suche die geeignete Repräsentation für das Problem.
- Präzisiere deine Frage.
- Arbeite auch vom Gesuchten auf das Gegebene rückwärts.
- Prüfe deinen Lösungsfortschritt.
- Gehe auf Holzwegen nur soweit als nötig zurück.
- Benutze alle Daten.
- Wenn du ein Problem nicht lösen kannst, suche ein verwandtes Problem.
- Blicke auf die Problemlösung zurück und versuche, daraus zu lernen.

Im Bereich von Erwachsenenbildung mögen derartige Unterbrechungen eigentlicher Themenbearbeitung als lästiger Zeitverlust erscheinen. Sie sind aber erfolgversprechend. Der Erwachsene ist durch den Mangel an solchen Lerntechniken – bedingt durch oft großen zeitlichen Abstand von schulischer Lernroutine – gegenüber dem flexibleren Lernverhalten Jugendlicher stärker im Nachteil als durch die vielfach als Ursache angenommenen geistigen Abbauprozesse.

Das selbstentdeckende Lernen nach Bruner (1960) setzt ebenfalls auf die transferfördernde Wirkung des handelnden Umgangs mit Lerninformationen. Wissen ist demnach transferhaltig, wenn seine Elemente durch eigene Aktivität strukturiert werden, d. h. wenn die kognitive Struktur vom Lernenden selbst konstruiert wird. Daraus folgt, daß kein fertig strukturierter Stoff angeboten werden soll, der vom Lernenden unverändert in die kognitiven Strukturen aufzunehmen wäre, sondern absichtlich ungeordnet belassenes Material, dessen innere Zusammenhänge durch den Lernenden selber hergestellt werden.

Die Herstellungsaktivität ähnelt dem Systematisierungsbemühen eines Forschers, dessen Erkenntnisse nicht in der geordneten Strukturiertheit anfallen, in der er sie schließlich publiziert. Er ringt sie stückweise seinem Gegenstandsbereich ab und bringt sie erst in ihre innere Ordnung. Der Lernende soll die Rolle des Forschenden einnehmen und gegenüber dem Lehrstoff eine Fragehaltung entwickeln. Lernen geschieht durch Entdecken und Erforschen des Sachgebietes. Durch das entdeckende Lernen soll sich der Lernende nicht nur den Stoff aneignen, sondern zugleich die Fähigkeit des Entdeckens.

Die Übertragung dieser Didaktik in den Bereich des Erwachsenenlernens muß behutsam erfolgen, da ihr spielerischer Charakter und ein erhöhter Zeitbedarf den Lerninteressen des Erwachsenen entgegenstehen. (Zur Kritik an selbstentdeckendem Lernen siehe auch Dietrich 1970.) Dennoch sollte es möglich sein, Übungen mit eigenständigen Strukturierungsaufgaben in die Lernprogramme einzubeziehen.

Gagnés Theorie des Wissenserwerbs bezieht sich auf eine Form produktiven, d. h. transferhaltigen Wissens, das den Lernenden befähigen soll, nicht nur »isolierte Antworten« zu reproduzieren, sondern ganze »Klassen von Aufgaben« zu lösen (Gagné 1973, 1975). Eine Grundannahme ist dabei, daß die erfolgreiche Bewältigung einer Lernaufgabe von zwei Voraussetzungen abhängt: von der Instruktion und von Vorkenntnissen, die zum Verständnis der Instruktion erforderlich sind. Soll die Bewältigung einer Lernaufgabe sichergestellt werden, muß dafür gesorgt werden, daß der Lernende über die notwendigen Vorkenntnisse verfügt. Die Analyse erforderlicher Vorkenntnisse beginnt bei der Zielaufgabe mit der Frage: »Über welche Fähigkeiten muß ein Individuum verfügen, um diese Aufgabe erfolgreich durchzuführen, wenn wir ihm nur die Instruktion geben?« (Gagné 1973, S. 108). Mit der Beantwortung der Frage wird eine neue Klasse von Aufgaben umschrieben, die einfacher und allgemeiner sind und eine Art untergeordnetes Wissen darstellen. Auch diese Wissensklasse ist auf ihre Voraussetzungen zu prüfen usf., bis sich schließlich eine Hierarchie immer allgemeiner werdender Wissensgrundlagen (learning-sets) ergibt, deren Basis schließlich themenunspezifische, intellektuelle Grundfähigkeiten sind, wie Symbole erkennen, Strukturen erkennen, Verfügen über Zahlen usw.

Gagné's Theorie besagt, daß positiver Transfer von den learning-sets der niedrigeren Ebenen zu den Aufgaben der höheren Ebenen vermittelt wird (Gagné 1973, S. 112). Ob dies geschieht, hängt jeweils von der Erinnerbarkeit der niedrigeren learning-sets ab. Demzufolge bestünde eine Strategie transferwirksamer Instruktionsvermittlung aus einem Einstieg in die Aufgabe bei den grundlegenden Lernvoraussetzungen und der sukzessiven Abarbeitung erforderlicher, aber nicht erfüllter Lernvoraussetzungen, bis schließlich das Verständnis der eigentlichen Instruktion erwartet werden kann.

In der Praxis konkreter Unterrichtsvorbereitungen dürfte zwar die Präzision Gagné'scher Aufgabenanalysen nicht zu erzielen sein. Dennoch empfiehlt es sich, gelegentlich Konsequenzen aus der schlichten Frage zu ziehen: »Welche Vorkenntnisse setze ich bei den Teilnehmern meines Kurses voraus, wenn sie meine Ausführungen verstehen sollen?« In allen Bereichen des Erwachsenenlernens ist mit einer vergrößerten Streubreite individueller Lernvoraussetzungen zu rechnen. Maßnahmen zu ihrer Homogenisierung erhöhen daher die Transferwirksamkeit eines Kurses.

Ausubel's Theorie der Advance organizer enthält Vorstellungen vom Transfergeschehen, die eher in der Tradition der Judd'schen Überzeugung von einer besonderen Wirkung übergeordneter, abstrakterer Wissenselemente auf konkrete und spezifischere Anwendungen steht (vgl. Ausubel 1973). Lernen, im Sinne einer rezeptiven Aneignung bedeutungsvollen Materials, besteht demnach aus einer Einordnung neuer Wissenselemente in die kognitive Struktur. Es vollzieht sich, indem neues Wissen mit dem bisherigen in Beziehung gesetzt – oder indem neue Elemente in das Netzwerk der vorhandenen kognitiven Struktur eingeknüpft werden. Dies geht zwangsläufig leichter vonstatten, wenn »geeignete Ankerpunkte« verfügbar sind. Solche Ankerpunkte oder Ankerbegriffe sind die »Advance organizer«. Dem liegt wiederum die Annahme zugrunde, daß die kognitive Struktur nach sehr umfassenden Begriffen hierarchisch geordnet ist. Wenn Wissen aber nach dem Prinzip einer zunehmenden Differenzierung organisiert ist, kann man annehmen, daß neues Wissen einfacher in die kognitive Struktur integrierbar ist, wenn vorher für eine Verfügbarkeit stabiler und geeigneter Ankerbegriffe gesorgt wird. Ausubel (1973) konnte z. B. nachweisen, daß eine Studentengruppe Einzelheiten über metallurgische Eigenschaften von Kohlestahl besser behielt, wenn sie vorher auf höherem Abstraktionsniveau Hintergrundmaterial über Metallurgie erhielt.

Eine allgemeine Strategie zur Steigerung der Transferwirksamkeit von Lernkursen wäre demnach eine systematische Strukturierung des Materials nach einem Prinzip, das zunächst grobe Kategorien der Zu- oder Einordnung immer weiter differenziert, bis schließlich die relevanten Fakten und Details genügend kognitive Ankerpunkte erhalten.

Ausubel's Ansatz erscheint deshalb für die Erwachsenenbildung bedeutsam, weil das Lernen des Erwachsenen gerade durch den differenzierteren Ausbauzustand der kognitiven Struktur gekennzeichnet ist. Während das Kind sich die Ankerpunkte (durch Auswendiglernen) oft erst aneignen muß, ist der Erwachsene auf sinnvolles Lernen, d. h. Integration von neuem Material in vorhandene Kenntnisse orientiert. Gerade deshalb ist es erfolgversprechend, der Optimierung dieses Strukturierungsgeschehens einige Aufmerksamkeit zu widmen.

4. *Transferwirksame Faktoren und Maßnahmen*

Auch ohne Ausrichtung an elaboraten Gesamtkonzepten können Einzelmaßnahmen in Unterrichtsentwürfe eingeplant werden, die auf Transferwirksamkeit abzielen. Ebenso gibt es auf Seiten des Lernenden Faktoren, die mit dem Transfergeschehen in Zusammenhang stehen. Belege für die folgenden Beispiele finden sich vielerorts, u. a. bei Gagné (1975), Gutacker (1976), Bernart (1978), Belz (1981), Dieterich (1980, 1986).

Motivationale Faktoren, die den Lerntransfer beeinflussen, lassen sich schon an den originären Zielen und Intentionen identifizieren, die ein Individuum veranlassen, sich einer Lernaufgabe zuzuwenden. Einige Lernaktivitäten werden bereits im Hinblick auf Transferinteressen unternommen, z. B. um etwas anzuwenden, tun zu können oder in Zukunft auszuüben. Andere Lerngründe können geradezu transferhinderlich sein, z. B. prüfungsorientiertes Lernen, bei dem umfangreiches Detailwissen zum Zwecke möglichst originalgetreuer Reproduktion kurzfristig angelernt wird.

Das Sachinteresse eines Lernenden ist transferrelevant, insofern es die Nachhaltigkeit, Sorgfalt und Tiefgründigkeit seiner Zuwendung zum Lernstoff beeinflußt. Im gleichen Sinne wirken sich Motivationshilfen des Unterrichtenden aus, die durch attraktive, interessante Gestaltung, Erweckung von Neugier, Setzung von Anspruchsniveau, Erfolgserwartung und Zielanreizen die Lernintensität steigern.

Eine Ausprägung der Leistungsmotivation, bei der der Faktor »Hoffnung auf Erfolg« gegenüber der Komponente »Furcht vor Mißerfolg« überwiegt, wurde als personaler Motivationsfaktor, der Transfer begünstigt, identifiziert (vgl. Belz 1981).

Kognitive Faktoren im personalen Bereich, die Transfervorgänge fördern, sind Intelligenz, Bildungsstand und Vorkenntnisse, Routine im Lernen und das Verfügen über Lerntechniken, Organisationsmöglichkeiten des Lernens und metakognitive Techniken.

Transferwirksame kognitive Unterrichtshilfen sind alle Maßnahmen, die die Klarheit der Strukturen sichtbar machen, das Einordnen des Wissens erleichtern, Eigenaktivität bei der Wissensstrukturierung anregen, Lernvoraussetzungen und erforderliche Vorwissensbestände absichern. Neben den inhaltsbezogenen Kognitionshilfen sind auch allgemeinere Formen des Aufweisens und Trainierens metakognitiver Strategien des Problemlösens, des »Lernen des Lernens«, des Analysierens, des Variierens und Evaluierens eigener Lernaktivitäten erfolgversprechend.

Integrative Faktoren, die auf die Einprägung und Verfügbarkeit des neuen Wissens abzielen, sind die eigentlichen Träger des Transfergeschehens. Gedächtnis, Kreativität und Originalität sind personale Faktoren integrativer Transferwirksamkeit.

Auf Integration abzielende Unterrichtshilfen sind alle Formen der »Übungsgestaltung«. An erster Stelle steht hierbei das »Überlernen« – nicht im Sinne mechanischen Repetierens – sondern einer Weiterbeschäftigung mit Lernstoff, der prinzipiell bereits beherrscht wird, im Sinne von Weiterführen und Zuendedenken, Hinterfragen, Aufspüren von Voraussetzungen, Entdecken neuer Zusammenhänge usw. Ziel dieses Überlernens sollte eine Steigerung von Genauigkeit, Anwendungstempo, Leichtigkeit des Umgangs mit dem Wissen sein.

Variierende Übungsgestaltung ist die generelle Strategie zur Förderung transferierender Integration. Wenn bei der Planung von Lernprozessen mitbedacht wird, in welcher Hinsicht Lernsituation und spätere Anwendungssituation voneinander abweichen können, und wenn Formen der Übung einbezogen werden, die entlang der Dimension dieser Abweichungen variieren, ist dies eine gute Grundlage von Lerntransfer. Allgemein gilt, daß die Lernaufgabe und das konkrete Anwendungsziel möglichst ähnlich –, daß die Distanzen zwischen Abstraktion und Konkretion klein sein sollten. Nach Möglichkeit sollen alle Aspekte, hinsichtlich derer sich Lernhandlung und Verhaltensziel voneinander unterscheiden können, in variierenden Übungen thematisiert werden, auch wenn dies nicht in jeder Kombination oder Ausprägung geschehen kann. Das Ziel ist, daß der Lernende viele Aspekte der späteren Anwendungspraxis kennenlernt und von den Erscheinungsformen seiner Aufgaben nicht überrascht wird.

Lerntransfer erfolgt nicht automatisch. Seine Wirkungsbreite ist oft geringer als vermutet. Transferwirksamkeit zu gewährleisten, erfordert umfangreiche Unterrichtsplanung und einen erheblichen Anteil an dem gesamten Lernaufwand. Evtl. könnten dadurch auch andere Ausbildungsanliegen ins Hintertreffen geraten. Somit bedarf es bei einer konkreten Unterrichtsvorbereitung auch einer Evaluation des Stellenwerts von Lerntransfer insgesamt.

Literatur

Aebli, H.: Denken: Das Ordnen des Tuns. 2 Bde. Stuttgart 1980, 1981

Aebli, H.: Zwölf Grundformen des Lernens. Stuttgart 1983

Ausubel, D. P.: Die Verwendung von »Advance Organizers« beim Lernen und Behalten von bedeutungsvollem sprachlichen Material. In: Hofer, M. und Weinert, F. E.: Reader zum Funkkolleg Pädagogische Psychologie 2, Frankfurt 1973

Belz, Ch.: Förderung des Lerntransfers in der betrieblichen Weiterbildung von Marketing-Führungskräften. Uttwil 1981

Bernart, M.: Untersuchung zu Bedingungen beim Transfer der elementaren logischen Struktur der asymmetrischen transitiven Relation bei Schülern einer Schule für Geistigbehinderte (Sonderschule). Diss. PH Dortmund 1978

Bruner, J.: The Process of Education. Cambridge, Mass. 1970

Dieterich, R.: Entwicklungspsychologische Grundlagen des Erwachsenenlernens als Kriterien einer Marketingkonzeption für die Erwachsenenbildung. In: Sarges, W., Haeberlin, F.: Marketing für die Erwachsenenbildung. Hannover 1980

Dieterich, R.: Transfer. In: Sarges, W. und Fricke, R.: Psychologie für die Erwachsenenbildung. Göttingen 1986

Dietrich, G.: Das Problem des entdeckenden Lernens. In: Dietrich, G. (Hrsg.): Unterrichtspsychologie der Sekundarstufe. Donauwörth 1972

Dittmann-Kohli, F.: Intelligenzförderung im höheren Erwachsenenalter. In: Nolda, S.: Denken – Handeln – Verstehen. Bad Heilbrunn 1986

Dörner, D.: Problemlösung als Informationsverarbeitung. Stuttgart 1976

Duncker, K.: Zur Psychologie des produktiven Denkens. Berlin 1974

Ebert, E., Meumann, E.: Übungsphänomene im Bereich des Gedächtnisses. Arch. f. d. ges. Psychol. 4, 1905

Ferguson, G. A.: On Transfer and the Abilities of Man. Can. J. Psychol. 10, 1956

Gagné, R.: Der Erwerb von Wissen. In: Hofer, M. und Weinert, F. E.: Reader zum Funkkolleg Pädagogische Psychologie 2. Frankfurt 1976

James, W.: Principles of Psychology. 2 Bde. New York 1895

Judd, C. H.: The Relation of Special Training to General Intelligence. Educ. Rev. 36, 1908

Kluwe, R. H.: Wissen und Denken. Stuttgart 1979

Kluwe, R. H.: Denken und Problemlösen. In: Sarges, W. und Fricke, R.: Psychologie für die Erwachsenenbildung. Göttingen 1986

Kluwe, R. H. und Schiebler, K.: Entwicklung exekutiver Prozesse und kognitive Leistungen. In: Weinert, F. E. und Kluwe, R. H. (Hrsg.): Metakognition, Motivation und Lernen. Stuttgart 1984

Mertens, D.: Schlüsselqualifikationen. In: Siebert, H.: Begründungen gegenwärtiger Erwachsenenbildung. Braunschweig 1977

Overing, R. C. R., Travers, M. W.: Die Wirkungen verschiedener Übungsbedingungen auf die Übertragung des Gelernten (Transfer). In: Hofer, M. und Weinert, F. E.: Reader zum Funkkolleg Pädagogische Psychologie 2. Frankfurt 1973

Polya, G.: Schule des Denkens. Bern 1967

Schwarck, J. Ch.: Transfereffekte beim Lösen komplexer Probleme. Frankfurt 1986

Thorndike, E. L.: Mental Discipline in High School Studies. J. educ. Psychol. 15, 1924

Ulrich Saxer

Zur Frage nach den Medienwirkungen

1. Zum Stand der Medienwirkungsforschung

1.1 Entwicklung der Medienwirkungsforschung

Die Medienwirkungsforschung hat sich seit dem Ersten Weltkrieg eigentümlich diskontinuierlich (Saxer 1987, S. 67–114) entwickelt. Wohl wurde natürlich schon früher z. B. über die angeblich gefährlichen Effekte des Buchlesens, etwa unter dem Stichwort »Wirklichkeitsflucht«, spekuliert, aber stärker empirisch wurde die Frage, was Medien mit ihren Botschaften anrichten, erst unter dem Eindruck der massiven Presse-Kriegspropaganda 1914–1918 und dann der totalitären Agitation durch das neue Medium Radio angegangen. Motivierend für Anstrengungen im Bereich der Wirkungsforschung waren außer kommerziellen Interessen denn auch regelmäßig soziale Probleme, die im Zusammenhang mit Medienaktivitäten perzipiert oder wenigstens vermutet wurden. Und entsprechend den Wechseln der Problemperzeption änderten sich auch die Basiskonzepte, Ansätze und in ihrem Gefolge die Resultate der Medienwirkungsforschung. Bis hin zu den sog. Neuen Medien (Otto 1985) blieb hingegen die Überschätzung der Medienwirkungen im Guten wie im Bösen durch Nicht-Sozialwissenschaftler konstant.
Es lassen sich mithin die verschiedenen und höchst gegensätzlichen Phasen der Medienwirkungsforschung mit *epochaltypisch unterschiedlichen Medienerfahrungen* in Zusammenhang bringen: »Bis in die 40er Jahre diejenige von totalitärer Propagandamacht, bis in die 70er Jahre diejenige von demokratischer Selektivität und in den 80er Jahren diejenige von informationsgesellschaftlicher Abhängigkeit« (Saxer 1987). Entsprechend dominiert in der 1. Phase die These von der Medienallmacht. Diese leitet sich, im Sinne eines Transfermodells (»Bullet Theory«; Severin/Tankard 1979, S. 147f.), von der Annahme ab, die Medien wirkten über geschickt arrangierte Stimuli vornehmlich auf die Emotionen der Empfänger, die diese ähnlich und im Sinne der Urheber verarbeiteten, da sie ihnen, sozial weitgehend bindungslos in einer atomisierten Massengesellschaft, unmittelbar ausgeliefert seien. Die Falsifizierung dieser letzten – sozialstrukturellen – Annahme und das

Scheitern des empirischen Nachweises dieser mächtigen Medienwirkungen erzwangen dann freilich eine radikale Neuorientierung der Medienwirkungsforschung. Mit der Erkenntnis und der systematischen Erhellung der u. a. bezugsgruppengestützten Rezipientenselektivität wurde die These von der limitierten Medienmacht, ja der – relativen – Medienohnmacht zur kommunikationswissenschaftlich dominierenden bis Ende der 60er Jahre.
Es konnte indes nicht verborgen bleiben, daß Medien eben doch weitere als bloß vornehmlich bestätigende Wirkungen zeitigen, sobald es nicht um zentrale und damit sehr verfestigte Einstellungen geht. Angesichts immer stärkerer objektiver und subjektiver Abhängigkeit immer größerer Bevölkerungssegmente von Medienangeboten hat denn auch seit den 70er Jahren unter verschiedenen forschungsleitenden Konzepten wie Sozialisationsperspektive, Thematisierungsfunktion, Wissenskluft oder Schweigespirale (Winterhoff-Spurk 1987, S. 41) die Vorstellung zumindest *relativ mächtiger Medienwirkungen* unter den Kommunikationswissenschaftlern wieder entschieden an Boden gewonnen.

1.2 Probleme der Medienwirkungsforschung

Eine Hauptursache dieser doch eher befremdlichen Urteilsinkonstanz der Medienwirkungsforschung liegt in der *Totalität des Wirkungsgeschehens* (Kepplinger 1982, S. 106ff.; Schulz 1982, S. 51), die von der empirischen Wirkungsforschung, deren analytischem Zugriff entsprechend, nur höchst fragmentarisch erfaßt wird. Insbesondere operiert die nach den strengen Regeln herkömmlicher sozialwissenschaftlicher Methodologie verfahrende Medienwirkungsforschung weder auf der Linie der Problemperzeptionen sehr vieler nichtwissenschaftlicher Gruppen, etwa Politikern, noch in Abstimmung auf deren lebensweltliche Medienerfahrung. Politiker schreiben dem Fernsehen nach wie vor mehr Macht zu als der Großteil der empirischen Forscher, weil eben Politiker für die Realisierung ihrer Zwecke und ihrer Karriere viel elementarer von der Television abhängen als irgendwelche Freizeitrezipienten. Und so gibt es im Forschungsgebiet politische Kommunikation wohl eine sehr große Zahl von Detailstudien zum Thema Medienwirkungen bei Wahlen, aber über »die strukturelle Wirkung der Massenmedien auf die Demokratie« (Kaase/Langenbucher 1986, S. 14) weiß man nach wie vor fast nichts, weil Medienwirkungen überwiegend eng psychologisch verstanden werden und kaum im Sinne des Definitionsvorschlags von G. Maletzke: »Als Wirkungen bezeichnen wir alle Veränderungen bei Individuen und in der Gesellschaft, die durch Aussagen der Massenkommunikation oder durch die Existenz von Massenmedien entstehen« (Maletzke 1982, S. 10), der Wirkungen und Auswirkungen, psychologische und soziologische Dimensionen, Mikro- und Makroeinflüsse, die von den Medien ausgehen, einbegreift.

Die Folge dieses engen Wirkungsverständnisses und methodologischer Skrupelhaftigkeit sind vor allem oft gerügte *Einseitigkeiten der Medienwirkungsforschung* wie eben die Dominanz psychologischer Ansätze und die von Untersuchungen der politischen Kommunikation auf Kosten derjenigen der Kulturkommunikation, darunter Musikerlebnis und Unterhaltungskommunikation, und die Konzentration auf kurzfristige Medienwirkungen.

Als weitere Schwierigkeiten der Medienwirkungsforschung sind solche im Zusammenhang mit ihrem integrationswissenschaftlichen Status und bezüglich der Validität ihrer Befunde zu nennen. So wie die Erwachsenenbildung sich von der Sache her immer wieder verschiedenen Disziplinen öffnen muß, so müßte auch die Kommunikationswissenschaft verfahren: Je vollständiger sie das Totalphänomen Medienwirkungen erfassen will, desto transdisziplinärer muß sie operieren. Dies tut sie aber eben noch, wie die genannten Einseitigkeiten belegen, in ungenügendem Ausmaß (DFG, Deutsche Forschungsgemeinschaft 1986, Bd. 1, S. 6), und wenn überhaupt, dann ist es alles andere als gewiß, ob sie die richtige fremddisziplinäre *Basistheorie* ihren Zwecken dienlich macht. So führte offenbar das erwähnte soziologische Konzept der atomisierten Massengesellschaft, das die Medien-Allmachtsthese mitfundieren mußte, ihrer Strukturblindheit wegen die Medienwirkungsforschung ebenso in eine Sackgasse wie die einseitige Projektion behavioristischer Stimulus-Response-Modelle auf Prozesse der Symbolinterpretation, wie sie für die Rezeption von Massenkommunikation charakteristisch sind.

Validitätsprobleme wiederum stellen sich bei Laborexperimenten, in denen man zwar einzelne Wirkungsfaktoren isolieren kann; ihre Eintretenshäufigkeit in der Realität bleibt indes ungewiß. In langfristigen Entwicklungen und im Makrobereich intervenieren vollends so viele Faktoren, daß den spezifischen Beitrag von Medien an indi-

viduelle und kollektive Veränderungen empirisch zuverlässig zu ermitteln, auf größte Hindernisse stößt (Mahle 1986).
Diese hier sehr verkürzt dargestellten Probleme werden von der Gemeinschaft der Medienwirkungsforscher keineswegs verdrängt, wenn auch zum Teil kontrovers diskutiert. Immerhin zeichnen sich starke *Konvergenzen* unter Konzepten wie »Medienrealität« und »Medien als Umwelt« ab (Mahle 1986, S. 11ff.). Ebenso läßt die Fixierung auf einen engen, dafür leichter operationalisierbaren Wirkungsbegriff nach. In diesem Sinn werden im Folgenden weitere Ansätze als bloß diejenigen der klassischen Medienwirkungsforschung referiert.

2. *Medien als Umwelt*

2.1 *Medien als Konstituenten der Umwelt*

Die Massen- und Spezialmedien, also Presse, Radio und Fernsehen oder etwa Fachzeitschriften und vermehrt auch neue Kommunikationstechniken wie Bildschirmtext, konstituieren eine immer dichtere Umwelt sui generis innerhalb der Gesamtumwelt. Die Verwandlung moderner Gesellschaften in *Informations- oder Mediengesellschaften* (Schulz 1984) vollzieht sich dabei in komplementären und einander entsprechend verstärkenden Prozessen: Zum einen offerieren immer mehr Medien ihre kommunikativen Vermittlungsdienste, zum anderen integrieren immer mehr Leute immer selbstverständlicher diese Angebote in ihre Alltagsroutinen, mögen auch Sättigungserscheinungen sich abzeichnen (Kiefer 1987, S. 138ff.). Die moderne Lebenswelt ist jedenfalls stets auch maßgeblich durch Medienkultur und Medienrealität gebildet, und entsprechend der Lockerung sozialer Bindungen in städtischen Milieus und der Reduktion von kontinuierlichen persönlichen Netzen der Bedeutungsvermittlung steigt der Einfluß der Medien auf die Realitätsperzeptionen der Bevölkerung (Schenk 1986, S. 59).
Vor allen konkreten Medienangeboten, ihren jeweiligen Sendungen und Artikeln, und unabhängig von diesen müssen mithin die Medien als zweifellos *mächtige ökologische Gegebenheiten* gewürdigt werden. Rein der Tatbestand ihrer Etablierung hat ja einen »Strukturwandel der Öffentlichkeit« (Habermas 1962) zur Folge. Die Drohung oder Chance, von Medien überhaupt wahrgenommen zu werden, hat mas-

sivste Verhaltensänderungen, die massenhafte Entwicklung von neuen Tarn- und Publizitätsstrategien gezeitigt. Dem trägt offenbar der von G. Maletzke formulierte Wirkungsbegriff Rechnung, nicht aber die Forschung, die den sozialen Effekt des publizistischen Potentials der Medien statt bloß ihrer konkreten Programme zu bestimmen, kaum methodische Instrumente entwickelt hat. Ebensowenig hat eine auf vermutete negative Wirkungen des Fernsehens fixierte Forschung sich um die systematische Ermittlung des Beitrags dieses Mediums an die Stabilisierung von Gesellschaften bemüht. Der Satz von W. Langenbucher: »Die Industriegesellschaften konnten in den letzten 30 Jahren ihre Freizeitprobleme psychologisch, ökonomisch und ökologisch lösen, weil der größte Teil der freien Zeit durch das Fernsehen absorbiert wurde« (Langenbucher 1986), formuliert im Grunde genommen ein ganzes, weitgehend noch ausstehendes Forschungsprogramm bezüglich der gesellschaftlichen Auswirkungen dieses Mediums, das unter Konzepten wie »Fernsehen als Handlungsentzug« (D. Baacke) oder aber auch »Fernsehen als Kompensation fehlender Alternativen« (M.-L. Kiefer) komplementär angegangen werden könnte.

Was nun die *Gesamtstruktur des massenmedialen Angebots* betrifft, so hat dieses in demokratischen Gesellschaften vornehmlich offerierenden, gegebenenfalls suggestiven, aber in sehr, sehr viel geringerem Maß direktiven Charakter als in autoritären politischen Systemen. Statt Lernwiderstände aufzubauen (Sturm 1968, S. 112ff.), die zu bewältigen der Großteil der (Freizeit-)Rezipienten ohnehin wenig Bereitschaft zeigt, bezieht die typisch massenmediale Kommunikationsofferte in möglichst entgegenkommender Weise das Publikum und seine vermuteten oder erhobenen Lese-, Hör- und Sehvorlieben und -gewohnheiten bereits in seine Machart ein; es respektiert Mehrheitsvorurteile, befriedigt durch die Themenauswahl und -präsentation in der Berichterstattung gemäß journalistischen Nachrichtenwerten ein gewisses Neugierverhalten etc., ist aber nach dem Ausweis unzähliger Wirkungsstudien wenig tauglich, zusammenhängende und abrufbare Wissensbestände in den Rezipienten aufbauen zu helfen. Es vermittelt eher ein vages Bescheidwissen, daß es dieses und jenes gebe. Und Medien als Umwelt haben z. B. durch die dauernde Bereitstellung von Musik als Alltagsbegleitung auch zu einer viel zu wenig erhellten Umgestaltung des Musikerlebnisses geführt. Bereits bei dieser Grobcharakterisierung des massenmedialen Angebots muß indes hervorgehoben werden, daß Medienkultur auch schichtspezifisch strukturiert ist und in ausgebauten

Mediensystemen die Angebote natürlich vom Elitären bis zum Populären reichen.

2.2 *Medien als Wirkfaktoren der Umwelt*

Mit der Vergrößerung der modernen Gesellschaften und der Zunahme ihrer internen Arbeitsteilung wächst ihr Bedarf nach medienvermittelter Kommunikation nicht bloß linear, sondern exponentiell, denn jedes neue gesellschaftliche Teilsystem, z. B. eine weitere wissenschaftliche Disziplin, benötigt interne wie externe Kommunikationskanäle, die von einer bestimmten Größe an überpersonell, also eben Medien sein müssen. Unter den Medienleistungen muß denn auch als erstes ihr Beitrag an die *Organisation der Gesellschaft* durch die dauernde und rasche Versorgung ihrer Mitglieder mit Informationen über deren nähere und weitere Umwelt und durch eine gewisse Vereinheitlichung der Bewußtseinsgehalte dank dem massenhaft Identischen dieser Botschaften, die überhaupt erst koordiniertes soziales Handeln gestattet, erwähnt werden. Bereits die neuen kleinen schweizerischen Lokalradiostationen haben z. B. durch ihre Vorankündigungen fast jeden dritten Hörer zum Besuch eines oder mehrerer Kulturanlässe animiert (Bulletin 5, S. 5). Daß andererseits auch desorganisierende Wirkungen von den Massenmedien ausgehen können, haben immer wieder Paniken gezeigt, die durch sensationelle Medienberichterstattung oder auch -fiktionen (Cantril 1940) ausgelöst wurden. Das soziale Wirkungsvermögen von Medien ist eben grundsätzlich ambivalent und hängt von der jeweiligen institutionellen Verfaßtheit eines Mediums und vielen situativen Faktoren ab.

Ähnlich elementar fungieren die Medien dank ihrer auf den Lebensrhythmus der Bevölkerung abgestimmten Programmierung als Gestalter von deren Alltag. Schließlich ist ja die durchschnittliche Nutzung der drei tagesaktuellen Massenmedien Fernsehen, Hörfunk und Tageszeitung pro Werktag durch die deutsche Bevölkerung 1964–1985 relativ stetig von 3 Std. 8 Min. auf 4 Std. 55 Min. angestiegen, womit die Medien eben nach wie vor die weitaus häufigste Freizeitbeschäftigung sind, aber auch zunehmend die Arbeitszeit begleiten, allen voran das Radio. Das *zeitstrukturierende Vermögen des Medienangebots*, vom morgendlichen Muntermacher-Radio bis zum rituellen Feierabendbeginn mit der Tagesschau, und dann auch noch Musik für Nachtarbeiter, für Einsame oder zum Träumen, stellt einen Wirkfaktor von unabschätzbarer Tragweite dar. Und daß jene Bevölkerungskategorien mit viel disponibler Zeit, vorrangig die nicht oder nicht mehr Berufstätigen (Schulz 1987, S. 15), das Fernsehen besonders intensiv nutzen, verrät unterschiedliche Angewiesenheit auf diese zeitstrukturierende Hilfe durch Fernseh-Alltagsvorprogrammierung; auf sie werden zumal Angehörige der Unterschicht auch im Zeitalter des Videorecorders weiterhin angewiesen sein. Mediennutzung erfolgt nämlich in starkem Maß nach sozialstrukturell vorgegebenen Mustern und perpetuiert ihrerseits sozialstrukturelle Verhaftung, und so kommt es, »daß z. B. Personen mit niedriger Bildung (Hauptschule) und hohem Alter (55 Jahre und darüber), die in einer Großstadt in Niedersachsen, Schleswig-Holstein oder Bayern leben, eine wöchentliche Fernsehnutzungsdauer von rund 24 Stunden angeben, während die entsprechende Kontrastgruppe (höhere Bildung, geringeres Alter, weder in einer Großstadt noch in den genannten Ländern wohnhaft) nur auf einen Durchschnittswert von unter 13 Stunden kommt.« (Schulz 1987, S. 19). Bereits die Auswirkung der Television als Freizeitofferte ist also höchst unterschiedlich.

Zeitstrukturierung ist aber auch wieder nur eine unter sehr vielen weiteren Medienfunktionen für die Bewältigung aller erdenklichen Lebenssituationen. Allein schon die Bedeutung medienvermittelter Pop-/Rockmusik für Jugendliche reicht vom Erkennungszeichen für bestimmte Subkulturen, über die Information bezüglich neuer Lebensstile, Geselligkeitsstiftung oder Fluchtmöglichkeit vor Alltagsproblemen bis zur Geräuschkulisse beim Lösen von Schulaufgaben (Bonfadelli 1986, S. 179). Eine solche *Funktionsfülle* pädagogisch zu kanalisieren und möglichst auf das Wünschbare zu reduzieren, bereitet offenbar allergrößte Schwierigkeiten, ganz abgesehen von der Frage, wie intensiv eine solche medienpädagogische Beeinflussung überhaupt sein soll. Die Redeweise von den Medien als Umwelt-Wirkfaktoren besagt eben auch, daß sie in mannigfaltigster Art die Rezipienten an die Umwelt anschließen, durch Ratgebersendungen wie durch die Möglichkeit, daß einsame Herzen mittels Zeitungsanzeigen persönliche Kontakte finden (Berghaus 1987, S. 166ff.) oder ganz simpel auch als überaus häufiger Gesprächsgegenstand (Kepplinger/Martin 1986, S. 118ff.), aber auch, etwa in Form des Walkman, gegen diese abzudichten vermögen.

Eine der wichtigsten Erkenntnisse der neueren Forschung im Bereiche der politischen Kommunikation ist denn auch, daß den Medien ein

Definitions- und Thematisierungsvermögen und -privileg eignet, das vielfach die nichtmediale Realität auch im Bewußtsein des Publikums überlagert. Diese definieren nicht nur große Teile der von uns nicht direkt erlebbaren Realität gemäß ihren eigenen Nachrichtenwerten vor, sondern legen auch durch ihr massenhaftes und sehr ähnliches öffentliches Aufgreifen von Themen diese gewissermaßen auch als Soll-Gehalte der öffentlichen Meinung fest und machen sie damit sozialpsychologisch und gesellschaftspolitisch dringlich. Die politische Agenda, die politischen Prioritäten werden so unter Umständen dem Bewußtsein der Bürger stärker von den Medien als von den politischen Institutionen vorgegeben, und entsprechend paßt sich ja auch das politische Geschehen mehr und mehr den Medienbedingungen an. Allerdings ist der strikte Kausalnachweis dieses sog. Agenda-Setting der Medien wie im Falle so manch anderer Medienwirkung mit erheblichen methodologischen Schwierigkeiten verbunden (Saxer 1983, S. 53).

3. *Medien als Sozialisationsinstanzen*

3.1 *Typen von Sozialisation durch Medien*

Immerhin ist dieser Agenda-Setting-Effekt der Medien, die Beeinflussung der Problemsicht der Rezipienten durch diese, verschiedentlich nachgewiesen. Über ständige, aber unsystematische und überwiegend beiläufige Lernprozesse, die ihre Botschaften auslösen, drängen diese auf solche Weise die Gestaltungsmacht der politischen und kulturellen Institutionen zurück. Realkultur wird auf jeden Fall immer dichter von Elementen der Medienkultur durchsetzt. Umgekehrt darf gerade im Zusammenhang mit diesen Lernprozessen natürlich nicht außer acht gelassen werden, daß jede Person Medienbotschaften gemäß ihrem sozial typischen, aber auch individuellen Medienmix empfängt und verarbeitet, wobei neben dem Unterschied von Viel- und Wenignutzern derjenige von Viellesern und Vielsehern besonders erheblich zu sein scheint. Medienwirkungen kommen schließlich nur durch das normalerweise freiwillige Mitwirken des Publikums zustande, das die immer kompaktere Medienumwelt immer selektiver zur Kenntnis nimmt. Im Zuge einer radikalen Umorientierung nach der 1. Phase der Wirkungsforschung haben denn auch viele Forscher die herkömmliche Perspek-

tive umgekehrt (Katz/Foulkes 1962, S. 377–388) und fragen nicht mehr, was die Medien mit den Leuten, sondern was die Leute mit den Medien tun. Diese Forschungsrichtung, der sog. *Nutzenansatz*, geht von der einleuchtenden Grundannahme aus, Medienangebote könnten keinen beeinflussen, der keinen Gebrauch, kein Bedürfnis für sie habe.
Von diesem Ansatz aus ist die erwähnte Funktionsfülle des Medienangebots für die kognitive, affektive und soziale Befindlichkeit der Empfänger alles andere als erstaunlich und von der Forschung letztlich nicht auslotbar. Auch Sozialisation, verstanden als »Prozeß der Entwicklung der Persönlichkeit im Sinne der Herausbildung einer sozialkommunikativen Kompetenz in Abhängigkeit von den verschiedenen sozialen Umwelten« (Bonfadelli 1981, S. 42), durch Medien vollzieht sich auf den allerverschiedensten Ebenen, von denen hier nur einige wenige angesprochen werden können. Den Ausgangspunkt hat aber auf jeden Fall die Feststellung zu bilden, daß sich die Medien neben Elternhaus, Schule und Peers als vierte *mächtige und zum Teil gegenläufige Sozialisationsinstanz* etabliert haben. Zwar leistet das Freizeitangebot Massenmedienkommunikation vergleichsweise wenig im Sinne intentionaler Sozialisation, wie z. B. der beschränkte Erfolg von Kultur- und Bildungsprogrammen belegt. Der Erwerb von Qualifikationswissen durch Medien setzt eben schon in erheblichem Maß eine Aufsteigermotivation voraus. Auch können Medien, selbst bei immer genauerer Zielgruppenorientierung, auf Sozialisanden nie so spezifisch und flexibel eingehen wie etwa Eltern. Um so vielfältiger und vielfach auch indirekt sind hingegen Medien-Sozialisationswirkungen nichtintentionaler Art, von der Förderung der noch unvollkommenen Lesekompetenz aufgeweckter Neunjähriger durch Comics (Saxer/Bonfadelli/Hättenschwiler 1980, S. 115 ff.) bis zu einer gewissen Entdifferenzierung der Perzeption, später, durch Vielsehen (Bonfadelli/Saxer 1986, S. 177). Die Eltern, aber auch die Lehrer wiederum sind ihrerseits in ihrem eigenen Welt- und häufig auch Erzieherverständnis stark von der Medieninformation abhängig. Daß davon so wenig die Rede ist, dafür umso mehr von unerwünschten Erziehungseinflüssen des Fernsehens auf die Kinder, verrät im übrigen wie gering das medienpädagogische Bewußtsein gemeinhin ist.
Wirkliches und vermutetes *soziales Lernen* durch Mediennutzung, von sozialen Stereotypen bis zur Brutalisierung durch mediale Gewaltdarstellungen, bildet ja einen Hauptinhalt der pädagogisch orientierten öffentlichen Diskussion über Medienwirkungen und auch seit langem

einen Schwerpunkt der – wie erwähnt – problemorientierten einschlägigen Forschung. Bereits in den 40er Jahren wurden die Wirkungen von sog. soap operas, von gesponserten Radio-Familienserien untersucht und dabei einigermaßen unerwartete Lerneffekte wie die Aneignung tröstlicher Formeln des Weltverständnisses von der Art eines primär verbalen Happy-End-Optimus' oder einiger belangloser Äußerlichkeiten des Verhaltens ermittelt (Herzog 1944, S. 2–23). Spätere Analysen bestätigten vornehmlich ephemere Einflüsse analoger Fernsehserien auf die Perzeption der sozialen Realität, aber kaum Auswirkungen auf das tatsächliche Verhalten (Cantor/Pingree 1983), so wie auch »Dallas« für deutsche Zuschauer noch maßgeblich »ein willkommener Beschäftigungsersatz«, ein Zeitvertreib ist, »wenn sie einmal alleine sind« (Schenk/Rössler 1987, S. 228).
Noch viel größere Besorgnis galt und gilt freilich den Wirkungen *medialer Gewaltdarstellungen*, vor allem von solchen im Fernsehen. Erwiesenermaßen spielen ja Kinder Verhalten nach, das sie an der Television gesehen haben, lernen also von Fernseh-Rollenbildern (Fritz 1984, S. 71). Auch bezüglich der Wirkung medialer Gewaltdarstellungen verbieten sich indes monokausale (Schuld-)Zuschreibungen und rasche Schlüsse vom Wahrnehmen aufs Nachahmen. Was über die Wirkung von – als Gegensteuerung gedachten – pro-sozialen Programmen festgestellt wurde, nämlich, es handle sich »nur um begrenzte Wirkungen ... Anscheinend findet nicht ohne weiteres eine Übertragung von Fernsehmaterial auf andere prosoziale Verhaltensweisen oder soziale Situationen statt« (Stürzinger 1986, S. 38), läßt sich bis zu einem gewissen Grad analog auch von ihrem negativen Gegenstück sagen: »Aggressionen werden langfristig nicht in erster Linie durch Gewaltdarstellungen erzeugt, sie entwickeln sich zunächst durch Erziehungs- und konkrete Umwelteinflüsse. Die Medien können aber nicht zu unterschätzende Verstärkungsfunktionen haben und in einzelnen begrenzten Bereichen auch originär wirken.« (Groebel 1986, S. 57). Um so wichtiger ist es, daß Eltern ihren Kindern helfen, positive Rollenmodelle im Medienangebot zu identifizieren (Dorr 1987, S. 144ff.).

3.2 Typen von Rezipienten als Sozialisanden

Die einseitige Problemperzeption hinsichtlich Medienwirkungen hat dazu geführt, daß die Sozialisationsperspektive fast nur für die Analyse von Jugendlichen und familiärer Kontexte gewählt worden ist. Dabei finden natürlich lebenslänglich Sozialisationsprozesse hinsichtlich neuer Gegebenheiten statt, über die einem von den Medien berichtet wird und bezüglich derer man noch keine oder zumindest noch keine verfestigte Einstellung hat. Grundsätzlich vermindert sich ja das Wirkungsvermögen der Medienkommunikation mit zunehmender Verfestigung von *Einstellungen* und je zentraler ein Einstellungsobjekt für ein Individuum ist. Radikale Konversionen, etwa von politisch weit rechts zu weit links, durch Medienkommunikation allein sind daher praktisch kaum denkbar und Medienkampagnen gegen hochhabitualisierte Verhaltensweisen, wie z. B. Drogenmißbrauch oder Fahrlässigkeit im Verkehr bzw. im Umgang mit der Natur, ohne zusätzliche Stützung, etwa durch Sanktionen, nur sehr beschränkt wirksam (Rice/Paisley 1981). Aus eben diesem Grunde sind andererseits Kinder der Einstellungsbeeinflussung durch Massenkommunikation, soweit sie deren Botschaften überhaupt verstehen, besonders zugänglich.

Was Beiträge der Medien an die *Erwachsenensozialisation* betrifft, so ist davon auszugehen, daß das Mediennutzungsverhalten mit Ende der Schulpflicht schon weitgehend festgelegt ist und sich nachher vor allem noch mit der Gründung einer eigenen Familie verändert. Schon an jungen Erwachsenen zeigt sich ferner, daß vergleichsweise elementare Weltorientierungen wie der Grad der Weltoffenheit einer Persönlichkeit durch Medienkommunikation nur wenig beeinflußbar sind, auch wenn dank der Nutzung ausländischer Medien das Wissen um dortige Probleme ansteigt (Frei/Meier/Saxer 1983, S. 241 ff.; Meier/Reimann S. 237). Das Informierungsvermögen der Massenmedien, wiewohl beschränkt, ist eben gesamthaft doch größer als ihre Überredungsmacht. Und es bleibt als ständiger und wohl wichtigster Sozialisationseffekt der Medien die lebenslange Konditionierung des Rezipientenbewußtseins durch die von journalistischen Selektionsroutinen gestaltete Medienrealität.

Dieser Umstand hat denn auch zu einer – nach wie vor umstrittenen – Forschungsrichtung hinsichtlich langfristiger Sozialisationswirkungen des Fernsehens unter dem Stichwort »*Kultivierungshypothese*« geführt. Sie geht eben von der Fernsehrealität und dem inhaltsanalytisch vielfach erhärteten Befund aus, daß die Fernsehberichterstattung und vor allem -unterhaltung Gesellschaftsbilder entwirft, die ständig und in konstanter Weise von der Alltagsrealität abweichen. Die Perzeptionen der sozialen Realität von Vielsehern dürften da, so die Hypothese, in analoger Weise verzerrt sein. Tatsächlich konnte festgestellt werden, daß amerikanische Vielseher z. B. entsprechend der überproportional hohen Rate an Gewaltdarstellungen in der dortigen Television auch die reale Welt als gewalttätiger einschätzen als Wenigseher und auch mehr Angstgefühle äußerten als jene. Allerdings ist die Richtung des Einflusses noch unklar. Ängstlichkeit könnte auch ein häufiges Persönlichkeitsmerkmal von Vielsehern sein, das ihre Sozialkontakte reduziert und sie stärker auf das Fernsehen verweist, das dann möglicherweise zirkelhaft ihre Ängstlichkeit wieder bekräftigt. Jedenfalls wurden zwar in manchem analoge Resultate in Zürich gefunden, aber diese problematischen Kultivierungseffekte erwiesen sich als stark schichtabhängig; für Jugendliche aus der Unterschicht scheint die Gewalt in der TV-Welt in erster Linie bereits bestehende Perzeptionsmuster zu bestätigen und zu verstärken. In Deutschland wiederum wurde die These von der Fernseh-Paranoia weitgehend widerlegt (Schulz 1986, S. 61 ff.). So verdeutlicht die vieldiskutierte und in manchem plausible Kultivierungshypothese einmal mehr, wie unstatthaft »der direkte Schluß vom untersuchten (Fernseh-(U.S.)Material auf entsprechende Vorstellungen in den Köpfen der Zuschauer« (Winterhoff-Spurk 1986, S. 100) und gar auf entsprechende Verhaltensweisen ist und wieviele weitere Faktoren im Medien-Wirkungsgeschehen berücksichtigt werden müssen.

Eindeutiger sind viele Befunde, die die Sozialisationswirkungen von Medien im *familiären Kontext* betreffen. So beeinflussen allein schon die übliche Plazierung des Fernsehgeräts im Wohnzimmer und der ständige Einbezug seiner Programme ins familiäre Gespräch natürlich die Kinder in vielfältigster Weise (Fritz 1984, S. 70). Für die Ausbildung von deren Medien-Nutzungsmustern und für ihren Erwerb von Medienkompetenz ist im übrigen das elterliche Vorbild von ausschlaggebender Bedeutung. Das häusliche Milieu macht recht eigentlich spätere Leser und Fernseher, und zwar, freilich im Verein mit der Schule, schichtspezifisch: Unterschichtzugehörigkeit und hoher Fernsehkonsum gehen zusammen. Weil eifriges Lesen, zumal Bücherlesen, den Schulerfolg begünstigt, kann hier im Zusammenhang mit Sozialisationseffekten von Mediennutzung recht eigentlich von Privilegierungs- und Unterprivilegierungszirkeln gesprochen werden. Andererseits beschert Mediennutzung auch immer wieder Kompensationserlebnisse, gestattet etwa Fernsehen die Flucht aus familiärer bzw. schulischer Belastetheit – und vermehrt diese so wieder – und gewährt Kennerschaft von Popmusik Schulversagern kompensatorisches Prestige bei ihren Kameraden (Saxer/Bonfadelli/Hättenschwiler 1980, S. 208).

4. Sozialstruktur und Medienwirkungen

4.1 Wissenskluft

Bereits mehrfach wurde die *Bedeutung sozialstruktureller Faktoren,* allen voran des Schichtungssystems, für das Eintreten von Medienwirkungen erwähnt. Die Medien sind ja nur in dem Maß Gleichmacher, als sie verschiedene Bewußtseinswelten, z. B. durch ihr Agenda-Setting, vereinheitlichen. Im übrigen aber profitieren die Angehörigen der verschiedenen sozialen Schichten höchst unterschiedlich von ihren Angeboten. Deren unterschiedliche soziale Herkunft und Lebensbedingungen führen zu je anderer Mediennutzung nach Art und Intensität und diese wiederum zu unterschiedlichen Medienwirkungen. Schon der skizzierte Sozialisationszusammenhang hat zur Folge, daß Unterschichtangehörige zum vornherein geringere Chancen haben, differenziertere Wissensbestände dank Medienkommunikation aufzubauen als Mitglieder der Oberschicht. Eine Hauptrolle bei diesen Unterschieden in der Aneignung von Wissen, das die Medien anbieten, spielen die Lesekompetenz und -bereitschaft. Unterschicht, Schul- und Leseschwäche bilden dabei einen starken Wirkungszusammenhang, der auch noch zu geringeren Rezeptionsleistungen von Vielsehern selbst beim Fernsehen führt. Anläßlich eines vergleichenden Experiments zwischen Vielsehern und Viellesern erbrachten die letzteren deutlich bessere Verstehensleistungen beim Fernsehen und ebenso Gymnasiasten, die ja weniger fernsehen, als gleichaltrige Volksschüler. Nur 4% der letzteren wiesen nach dem Ansehen einer Sendung einen hohen Gesamt-Wissensstand bezüglich des Vorgeführten auf, verglichen mit 45% der ersteren. Eifrige Leser, und damit natürlich erneut vor allem Gymnasiasten, bezeugten ein erheblich vertieftes Strukturwissen bezüglich der gesehenen Sendung, also Einsicht in Beziehungen, Motive, Ursachen und Folgen des Gezeigten, während die Vielseher viel

eher bei den elementaren Fakten, dem simplen Plot der Erzählhandlung blieben (Bonfadelli/Saxer 1986, S. 121 ff.).
Solche Phänomene ungleichen Wissenserwerbs aus einem identischen Medien-Gesamtangebot greift die sog. *Wissenskluft-Forschung* auf und erklärt diesen mit Kommunikationsbarrieren personaler, sozialstruktureller und medialer Art. Bescheideneres Informationsangebot des Fernsehens im Vergleich zu den Printmedien, geringere Medienkompetenz, vor allem Lesefertigkeit, der Unterschicht und kleine Motivation von Angehörigen eines tiefen Sozial-, insbesondere Bildungsstatus, u. a. mangels Vorwissens, anspruchsvollere Medieninformation aufzunehmen und zu verarbeiten, wirken sich zusammen dahin aus, daß immer wieder ein medienverursachtes Wissensgefälle sich zwischen den verschiedenen Statusniveaus auftut (Bonfadelli 1985, S. 65 ff.).
Eine gewisse Wertung ist in dieser Argumentation allerdings nicht zu übersehen. Die These orientiert sich ja an gewissen Wissensbeständen und beurteilt entsprechendes Nichtwissen als soziales Defizit. Dabei läßt es sich durchaus fragen, wie lebensdienlich die in Frage stehenden Wissensbestände für diejenigen sind, die sie nicht erwerben mögen. Entsprechend neigt man heute in der Wissenskluft-Forschung dazu, statt von »Defiziten« neutraler von »Wissensdifferenzen« zu sprechen und auch deren Ursachen zu suchen. Und was das *Grundprinzip der Hypothese* von der wachsenden Wissenskluft zwischen verschiedenen Kategorien von Mediennutzern betrifft, das populär jeweils auf die Formel gebracht wird: »Die Klugen werden klüger, die Dummen werden dümmer«, so läßt sich Vergleichbares auch vom Schulbesuch sagen, da hier allgemeine psychologische Konstellationen zum Tragen kommen (Erbring 1986, S. 42). Beides gemahnt erneut daran, Vor- und Umsicht bei der Interpretation von Befunden der Wirkungsforschung walten zu lassen.

4.2 Politikverständnis

Trotzdem konnten in der Schweiz, wo die Wissenskluft-Forschung seit einiger Zeit besonders aktiv ist, *Wissensdifferenzen von politischer Tragweite* im Gefolge unterschiedlicher Leseintensität ermittelt werden. Bei einer der Abstimmungen, die das dortige anspruchsvolle politische System in regelmäßigen Abständen organisiert, konnte nachgewiesen werden, daß der Einfluß der Zeitung unter den vier Medien

Fernsehen, Radio, Zeitung und Zeitschrift auf den Wissensstand in der betreffenden Materie am größten war und dank Zeitungslesen gerade Angehörige des tiefsten Bildungssegmentes Wissensvorsprünge anderer Bevölkerungskategorien in besonders hohem Maße wettmachten (Bonfadelli 1985, S. 79ff.). Auch außen-, energie- und medienpolitische Kenntnisse wurden gemäß verschiedenen Untersuchungen (Frei/Meier/Saxer 1983, S. 231; Saxer et al. 1986, S. 14ff.; Saxer/Bonfadelli 1986) durch Lesen am stärksten vermehrt, so daß als politisch besonders wichtiger Wirkungsbefund bleibt, verschiedene Medien hätten ungleiche Wissensvoraussetzungen politischer Partizipation zur Folge.

Dies muß aber überdies mit dem Umstand in Zusammenhang gebracht werden, daß es den Medien insgesamt nur in bescheidenem Maß gelingt, politisches Wissen zu vermitteln und den Bereich »Politik und öffentliches Leben« als mehr denn marginal erscheinen zu lassen, jedenfalls nicht dauernd (Kiefer 1987, S. 142). Überhaupt steht die *Rationalisierbarkeit von Politik durch Medienkommunikation* sehr ernsthaft zur Diskussion, wenn »Das Syndrom der Unregierbarkeit und die Macht der Medien« (Ronneberger 1983, S. 487ff.) im gleichen Atemzug genannt werden und festgestellt wird: »Der Zuwachs an Informationsquantität führt ab einem bestimmten Punkt zum Verlust an Informationsqualität« (Schulz 1986, S. 27). Von einem bestimmten Komplexitätsgrad der Gesellschaft an scheinen Massenmedien immer weniger imstande zu sein, diese für das breite Publikum auf sachlich angemessene und zum Nachvollzug veranlassende Sinnstrukturen zu bringen. Im Zuge der Entwicklung zur Informationsgesellschaft steigen denn auch Angebot und Nachfrage nach individualisierterer Kommunikation, freilich auch wieder keineswegs gleichmäßig über die Bevölkerung verteilt. Weiterhin ist vielmehr mit einem unterschiedlich rationalen Politikverständnis nach Maßgabe der Lesehäufigkeit zu rechnen: »Bei schwachen Lesern ruft das Fernsehen den Eindruck hervor, daß Politik doch eine recht unterhaltsame Sache sei und außerdem leichter als gedacht. Es gehe sehr aktiv zu, und es komme viel Streit vor. Der Eindruck, Politik sei weitblickend, wird durch das Fernsehen eher abgeschwächt. Für den schwachen Leser sind die Vorgänge auf dem Bildschirm von der Ästhetik des Kasperletheaters nicht sehr weit entfernt. Es geht dort sehr lebendig, unterhaltsam zu, die Leute dreschen aufeinander ein, was auch den Eindruck des Mutes begünstigt, aber das Verständnis des Sinnzusammenhangs bleibt

schwach. Bei eifrigen Lesern dagegen verschiebt sich das Bild der Politik in eine eher realistische Richtung« (Schmidtchen 1977, S. 56f.).
Wie sehr sozialstrukturelle Gegebenheiten die Entstehung und den Verlauf von Medienwirkungen beeinflussen, erhellt schließlich aus dem Umstand, daß Angehörige von *Minoritäten* politische Medieninhalte durchaus anders empfangen können als solche von *Majoritäten*. So erfahren Rekruten der deutschsprachigen Majorität durch Auslandnachrichten in viel höherem Maß eine Bestätigung der Güte der einheimischen schweizerischen Zustände als die Angehörigen der französischsprachigen Minorität, die sich offenbar weniger intensiv als Staatsvolk definiert (Frei/Meier/Saxer 1983, S. 204). Unterschiedliche sozialstrukturell vermittelte Selbstbilder können mithin zu überraschend unterschiedlichen Interpretationen ähnlicher oder auch gleicher Medieninhalte führen.

5. Medienangebote und Medienwirkungen

5.1. Medienspezifische Wirkungen

So ungenügend wie jene Ansätze von Medienwirkungsforschung waren, die die Rezipientenperspektive vernachlässigten, so mangelhaft sind auch jene, die nicht das jeweils am Wirkungsgeschehen beteiligte Medienangebot konsequent berücksichtigen. Medienwirkungen sind ja, genau besehen, dynamische Kommunikationssysteme, gebildet aus Medienangeboten und auf sie bezogenem Rezipientenverhalten, und beide müssen natürlich zur Erfassung solcher Systeme analysiert werden. Dabei muß weiter bedacht werden, daß die affektiven Medieneffekte gesamthaft viel weniger erforscht sind als die kognitiven und daß die Intensität und Ausschließlichkeit der Bindung an Medien und die Sensibilisierung von Rezipienten bezüglich eines Themas z. B. deren Agenda Setting-Effekt mitbestimmen.
Diese methodologischen Gesichtspunkte stets mitberücksichtigend, lassen sich die medienspezifischen Hauptwirkungen der Buch- und Zeitungslektüre bzw. des Fernsehens folgendermaßen umreißen:
– *Lesen* muß auf non-verbale Ausdrucksmöglichkeiten verzichten; die schriftliche Kommunikation gestattet daher zwar »eine immens gesteigerte Widergabetreue des Inhalts« (Merten 1977, S. 140), aber da der

schriftsprachlich fixierte Text grundsätzlich abstrakt ist, erheischt er komplexe konkretisierende Verarbeitungsleistungen. Wohl sagt ein Bild mehr als 1000 Worte, aber 1000 Bilder mit vielen Leuten vermögen z. B. nicht den Gehalt des soziologischen Begriffs »Masse« widerzugeben. Beim Lesen sind wir aktiver als beim Fernsehen (Fritz/Suess 1986, S. 31 ff.), nehmen wir als Leser doch gemäß selbstgesteuertem und individualisiertem Rhythmus die Informationen auf und sind überdies ständig gezwungen, die schriftliche Abstraktion in konkrete Vorstellungen umzuwandeln. Leser sind dementsprechend nach internationalen Befunden besonders aktive Persönlichkeiten und zur Meisterung der Anforderungen einer komplexen Zivilisation dank dem durch Lesen ständig geübten eigenständigen In-bezug-Setzen und Schaffen von Zusammenhängen speziell gut gerüstet. Bücher im besondern, weil sie kaum »auf einen Sitz« zu bewältigen sind, implizieren langfristige Handlungsziele und weniger unmittelbar-leichte Befriedigung als die Rezeption elektronischer Medien (Wissenschaftliche Kommission Lesen 1987, S. 10 ff.).

– *Fernsehen,* wiewohl z. B. nicht zwingend schwächere Schulleistungen implizierend (Winterhoff-Spurk 1986, S. 75 f.), stellt einen grundsätzlich weniger aktivierenden kognitiven Handlungskontext dar. Wesentlich ist, daß auch sehr selektives, ja rudimentäres Verstehen des Gezeigten durchaus befriedigende Fernseherlebnisse beschert. Fernsehen gilt trotz der Komplexheit seines Codes als leicht verständlich, denn man hangelt sich einfach dem Bekannten entlang (Sturm 1971, S. 301). Unterstützt wird diese Art von oberflächlichem Empfang noch durch die gängige Fernsehdramaturgie mit ihren rasanten Bild-, Schnitt-, Situationswechseln, die keine »innere Verbalisierung« (Sturm 1984, S. 58 ff.) des Geschehens, keine erkennende Vergegenwärtigung zuläßt. Regelmäßiges Fernsehen bedeutet also ein ständiges Einüben und Praktizieren eines defizienten Verstehensmodus. Um so stärker ist die emotionale Bindung, die Fernsehen zu den Rezipienten zu schaffen vermag, bleiben doch die emotionalen Eindrücke im Unterschied zu den kognitiven überaus stabil im Gedächtnis, und die »laufbildvermittelte hochgezüchtete physiologische Erregung« des Zuschauers (Sturm 1986, S. 10) erschwert diesem das Abschalten selbst einer als unangenehm empfundenen Sendung. Was endlich die Wirkung nonverbaler Faktoren anbelangt, so steht die Forschung erst am Anfang. Immerhin lassen Untersuchungen vermuten, »daß die Wirkung des Fernsehens und anderer optischer Medien (Illustrierten) vor allem im Bereich der

Personenwahrnehmung und der Zuschreibung von Handlungen (Attribution) besteht.« (Kepplinger 1985, S. 32).

5.2 *Situative Medienwirkungen*

Medienwirkungen sind schließlich auch *situationsabhängig* in einem sehr umfassenden Sinn, weshalb es schwer fällt, zu Verallgemeinerungen über ihr Eintreten und ihren Verlauf zu kommen. Die Geschichte der Medienwirkungsforschung ist denn auch eine der ständigen Falsifikation allzu generalisierender Annahmen. Auch die vorher erläuterten Befunde gelten ja stets nur unter bestimmten – in einer solchen Zusammenfassung allerdings nicht ausreichend spezifizierbaren – Bedingungen. Wie welcher Personentyp in welcher Situation Lektüre, Radiomusik oder Fernsehen erlebt, ist immer noch zu wenig erforscht. Sicher ist nur, daß Medien in Entwicklungsländern zum Teil entschieden andere, zum Teil aber auch überraschend ähnliche Verhaltensfolgen wie in Industrie-, ja Informationsgesellschaften zeitigen (Saxer/Großenbacher 1987). Ferner entwickeln verschiedene Generationen, je nachdem ob sie mit dem Fernsehen aufwuchsen oder es erst als Erwachsene kennenlernten, unterschiedliche Mediennutzungsmuster (Kiefer 1987, S. 145), aus denen zum Teil wieder andere Medienwirkungen resultieren. Neben diesem mediengeschichtlichen Situationswandel, der sich im Zusammenhang mit den sog. Neuen Medien wohl nicht ähnlich intensiv wiederholt, sind auch sozialpsychologische Veränderungen in Rechnung zu setzen, die für das Medien-Wirkungspotential relevant sind und umgekehrt durch die Medien auch mitverursacht werden. Die zwei häufigst gebrauchten Stichworte in diesem Zusammenhang lauten: Wertewandel und Meinungsklima.

Zwar sind Realität und Bedeutung sog. postmaterialistischer *Werte,* solche der Selbstentfaltung auf Kosten von Pflicht- und Akzeptanzwerten, noch keineswegs endgültig nachgewiesen, aber einige interessante Erkenntnisse fallen von der These des Wertewandels doch für das Thema Medienwirkungen ab. So sehen Anhänger postmaterialistischer Werte weniger fern, lesen mehr und nehmen auch mehr am organisierten gesellschaftlichen Leben teil als Träger materialistischer Werte (Kiefer, Manuskript). Andererseits sind gerade bei »postmateriellen« Themen größere Medienwirkungen festzustellen als hinsichtlich direkter erfahrbarer »materieller« wie Arbeitslosigkeit oder Preissteigerung

(Schönbach 1981, S. 541 f.). Von einer Vermehrung von Trägern postmaterialistischer Werthaltungen ist also eine Verstärkung des Medien-Wirkungspotentials zu gewärtigen.

Das *Meinungsklima* schließlich, d. h. Art und Grad der Verfestigung dominierender Meinungen, ist natürlich in stärkstem Maß Voraussetzung wie Resultat von Medienwirkungen. Aus dieser dynamischen Gesamtkonstellation wird im Zusammenhang mit dem Medieneinfluß auf Wahlen in letzter Zeit besonders die doppelte Mitteilungsstruktur von Massenmedien beachtet, nämlich außer Meinungspositionen zu umreißen, auch Meinungsverteilungen zu suggerieren. Geht man davon aus, seine soziale Natur veranlasse den Menschen, Isolation zu fürchten, so erhalten durch Massenmedien verbreitete Meinungen um so mehr Bedeutung, je überzeugender sie als Mehrheitsmeinungen ausgegeben werden. Geschieht dies mit einer Minderheitenmeinung einigermaßen konstant in einem Leitmedium wie dem Fernsehen, so kann eine »Schweigespirale« insofern in Gang gesetzt werden, als unter dem irrigen Eindruck, auf der Verliererstraße zu sein, ursprüngliche Mehrheitsmeinungen verstummen und dadurch sich tatsächlich schwächen (Noelle-Neumann 1980; Saxer 1983, S. 133 ff.). Selbst wenn ein Meinungsklima auf diese Art umkippt, so folgert daraus allerdings noch lange nicht eine entsprechende Veränderung des Wahlverhaltens. Es beleuchtet indes diese Medienwirkung über eine Art quasistatistischer Wahrnehmung der öffentlichen bzw. veröffentlichten Meinung, durch die Meinungssysteme destabilisiert, aber auch stabilisiert werden können, noch einmal die verschlungenen Wege der Medienwirkung. Und die Umstrittenheit der politischen Relevanz falscher Darstellung von Meinungsverteilungen durch Medien verrät noch einmal die Schwierigkeit, diese Wirkungen angemessen zu gewichten.

Literatur

Berghaus, M.: »Einsame Herzen«. Die Zeitung als Vermittler von persönlichen Kontakten. In: Grewe-Partsch, M./Groebel, J. (Hrsg.): Mensch und Medien. München–London–New York–Oxford–Paris 1987, S. 166–180

Bonfadelli, H.: Der Einfluß des Fernsehens auf die Konstruktion der sozialen

Realität: Befunde aus der Schweiz zur Kultivierungshypothese. In: Rundfunk und Fernsehen, 31. Jg. (1983), H. 3–4, S. 415–430
Bonfadelli, H.: Die Sozialisationsperspektive in der Massenkommunikationsforschung. Berlin 1981
Bonfadelli, H.: Die Wissenskluft-Konzeption: Stand und Perspektiven der Forschung. In: Saxer, U. (Hrsg.): Gleichheit oder Ungleichheit durch Massenmedien? München 1985, S. 65–86
Bonfadelli, H. et al.: Jugend und Medien. Frankfurt a. M. 1986
Bonfadelli, H./Saxer, U.: Lesen, Fernsehen und Lernen. Zug 1986
Cantril, H.: The Invasion from Mars. A Study in the Psychology of Panic. New York 1940
DFG Deutsche Forschungsgemeinschaft (Hrsg.): Medienwirkungsforschung in der Bundesrepublik Deutschland. 2 Teile. Bonn 1986
Dorr, A.: Die Bedeutung positiver Rollenmodelle für das Publikum der Massenkultur. In: Grewe-Partsch, M./Groebel, J. (Hrsg.): Mensch und Medien. München–London–New York–Oxford–Paris 1987, S. 144–151
Erbring, L.: Langfristige Medieninhalte: Ein Archivdefizit für die Medienwirkungsforschung. In: Mahle, W. A. (Hrsg.): Langfristige Medienwirkungen. Berlin 1986, S. 39–46
Frei, D./Meier, W./Saxer, U.: Die Schweiz und ihre Nachbarn. Aarau-Frankfurt a. M. – Salzburg 1983
Fritz, A./Suess, A.: Lesen. Konstanz 1986
Fritz, A.: Die Familie in der Rezeptionssituation. München 1984
Greenberg, B. S. et al.: The Soaps: What's On and Who Cares? In: Journal of Broadcasting, vol. 26, No. 2 (Spring 1982), S. 518–535
Groebel, J.: Medien und Gewalt. In: DFG Deutsche Forschungsgemeinschaft. Bonn 1986. Teil 1, S. 47–60
Habermas, J.: Strukturwandel der Öffentlichkeit. Neuwied–Berlin 1962
Herzog, H.: What Do We Really Know About Daytime Serial Listeners? In: Lazarsfeld, P./Stanton, F. (Hrsg.): Radio Research 1942–43. New York 1944, S. 2–23
Kaase, M./Langenbucher, W. R.: Medienwirkungen auf Gesellschaft und Politik. In: DFG Deutsche Forschungsgemeinschaft (Hrsg.): Medienwirkungsforschung in der Bundesrepublik Deutschland. Bonn 1986, Teil 1, S. 13–28
Katz, E./Foulkes, D.: On the Use of the Mass Media As »Escape«: Clarification of a Concept. In: Public Opinion Quarterly, vol. 26 (1962), S. 377–388
Kepplinger, H.M./Martin, V.: Die Funktionen der Massenmedien in der Alltagskommunikation. In: Publizistik, 31. Jg. (1986), H. 1–2, S. 118–128
Kepplinger, H.-M.: Die Grenzen des Wirkungsbegriffs. In: Publizistik, 27. Jg. (1982), H. 1–2, S. 98–113
Kepplinger, H.-M.: Die Wirkung nonverbaler Faktoren. In: Mahle, W. A. (Hrsg.): Fortschritte der Medienwirkungsforschung? Berlin 1985, S. 29–33
Kiefer, M.-L.: Massenkommunikation 1964 bis 1985. Trendanalyse zur

Mediennutzung und Medienbewertung. In: Media Perspektiven 1987, H. 3, 137–148
Kiefer, M.-L.: Massenkommunikation III. Manuskript 1987
Langenbucher, W. R.: Fernsehen als epochales Phänomen. Oder: Vom Nutzen der Kulturkritik für die Erforschung langfristiger Medienwirkungen. In: Mahle, W. A. (Hrsg.): Langfristige Medienwirkungen. Berlin 1986, S. 69–81
Mahle, W. A. (Hrsg.): Langfristige Medienwirkungen. Berlin 1986
Maletzke, G.: Medienwirkungsforschung. Gedanken zu einer Forschungsstrategie in der Bundesrepublik Deutschland. In: Publizistik, 27. Jg. (1982), S. 9–20
Meier, W./Reimann, W.: Zum Einfluß ausländischer Medien auf Einstellungsbildung und Themenstrukturierung. In: Schweizerisches Jahrbuch für Politische Wissenschaft 22 (1982), S. 225–244
Merten, K.: Kommunikation. Eine Begriffs- und Prozeßanalyse. Opladen 1977
Noelle-Neumann, E.: Die Schweigespirale. München–Zürich 1980
Otto, O. (Hrsg.): Weiterbildung und neue Medien. Frankfurt a. M. 1985
Rice, R./Paisley, W.: Public Relations Campaigns. Beverly Hills–London 1981
Ronneberger, F.: Das Syndrom der Unregierbarkeit und die Macht der Medien. In: Publizistik, 28. Jg. (1983), H. 4, S. 487–511
RVO-Begleitforschung: Informationsbulletin Nr. 5, Februar 1986
Saxer, U.: Medienwirkungsforschung und Erfahrung. In: Rühl, M. (Hrsg.): Kommunikation und Erfahrung. Kommunikationswissenschaftliche Studien. Bd. 4. Nürnberg 1987, S. 67–114
Saxer, U. (Hrsg.): Politik und Kommunikation. München 1983
Saxer, U. et al.: Massenmedien und Kernenergie. Bern–Stuttgart 1986
Saxer, U./Bonfadelli, H.: Kommunikation. In: UNIVOX. Zürich 1986
Saxer, U./Grossenbacher, R.: Medien und Entwicklungsprozeß. Köln–Wien 1987
Schenk, M.: Langfristige Medienwirkungen: Sozio-kulturelle Effekte. In: Mahle, W. A. (Hrsg.): Langfristige Medienwirkungen. Berlin 1986, S. 55–60
Schenk, M./Rössler, P.: »Dallas« und »Schwarzwaldklinik«. In: Rundfunk und Fernsehen, 35. Jg. (1987), H. 2, S. 218–228
Schmidtchen, G.: Irrational durch Information. In: Reimann, H./Reimann, H. (Hrsg.): Information. München 1977, S. 51–67
Schönbach, K.: Agenda-Setting im Europawahlkampf 1979: Die Funktionen von Presse und Fernsehen. In: Media Perspektiven 1981, H. 1, S. 537
Schulz, W.: Ausblick am Ende des Holzweges. Eine Übersicht über die Ansätze der neuen Wirkungsforschung. In: Publizistik, 27. Jg. (1982), H. 1–2, S. 49–73
Schulz, W.: Determinanten und Folgen der Fernsehnutzung. In: Grewe-Partsch, M./Groebel, J. (Hrsg.): Mensch und Medien. München–London–New York–Oxford–Paris 1987, S. 9–32
Schulz, W.: Fernseh-Paranoia und andere psychische Auffälligkeiten: Langzeitwirkung des Vielsehens? In: Mahle, W. A. (Hrsg.): Langfristige Medienwirkungen. Berlin 1986, S. 61–68

Schulz, W.: Geht die Wirklichkeit verloren? In: pr-magazin 1986, H. 9, S. 27–30
Schulz, W.: Politik in der Mediengesellschaft. Veränderungen der politischen Realität durch Massenkommunikation. Erlangen–Nürnberg 1984
Severin, J. W./Tankard, J. W., Jr.: Communication Theories. New York [2]1979
Sturm, H.: Die grandiosen Irrtümer des Neil Postman. In: epd Kirche und Rundfunk Nr. 71 vom 10. September 1986, S. 2–13
Sturm, H.: Fernsehen und Entwicklung der Intelligenz. Kritische Überlegungen zu medienspezifischen Sozialisationswirkungen. In: Ronneberger, F. (Hrsg.): Sozialisation durch Massenkommunikation. Stuttgart 1971, S. 290–304
Sturm, H.: Masse – Bildung – Kommunikation. Stuttgart 1968
Sturm, H.: Medienwirkungen auf Kinder und Jugendliche. In: DFG Deutsche Forschungsgemeinschaft. Bonn 1986. Bd. 1, S. 29–46
Sturm, H.: Wahrnehmung und Fernsehen: Die fehlende Halbsekunde. In: Media Perspektiven 1984, H. 1, S. 58–65
Winterhoff-Spurk, P.: Fernsehen. Psychologische Befunde zur Medienwirkung. Bern– Stuttgart–Toronto 1986
Wissenschaftliche Kommission Lesen: Buch als Kommunikationsmedium – Lesen als Kulturtechnik. In: Deutsche Lesegesellschaft e. V. (Hrsg.): Plädoyer für Buch und Lesen. Bonn 1978, S. 9–24

Thomas Wegner
Probleme des Verstehens

Verstehen, so heißt es bei Dilthey, »erwächst zunächst in den Interessen des praktischen Lebens. Hier sind die Personen auf den Verkehr miteinander angewiesen. Einer muß wissen, was der andere will. So entstehen zunächst die elementaren Formen des Verstehens. Sie sind die Buchstaben, deren Zusammensetzung höhere Formen desselben möglich macht« (VII, 207). Wir verstehen die Lebensäußerungen von Mitmenschen aufgrund einer gemeinsam geteilten Lebenspraxis. Eingetaucht in ein Medium von Gemeinsamkeiten, ordnen wir problemlos Gebärden, Bewegungen, Ausrufe, Worte und Sätze einer selbstverständlich gesetzten Struktur zu. Als Autofahrer entnehmen wir beispielsweise aus dem Kontext der jeweiligen Situation, ob das Betätigen der Lichthupe als aggressives »Weg da, ich komme« oder freundliches »ich laß dich einfädeln« zu verstehen ist. Oder wir entziffern die Frage eines Kursteilnehmers in der Erwachsenenbildung »könnten Sie das bitte wiederholen?« entweder als harmlose Verständigungsschwierigkeiten oder aber als subtilen Angriff. Greifen zu Verstehendes und Verstandenes fraglos ineinander, sprechen wir von Verständigung.

Freilich weiß nun jedermann, daß dieses elementare Verstehen, das ich mit Verständigung gleichsetze, schon im Alltag ein höchst fragiles Geschäft ist. Interpretiere ich das Lichtzeichen des erwähnten Autofahrers falsch, kann das erhebliche Folgen haben. Desinteresse, Unwissenheit, List, Lügen, allerlei menschliche Leidenschaften, physische Behinderungen u. a. drohen stets, unsere alltägliche Verständigung zu unterlaufen. »Das sagt er« – »aber was meint er?«. Diese Frage plagt uns und stößt uns auf die Probleme des Verstehens. Diese Probleme werden uns umso deutlicher, je mehr Störungen in die heimische Welt des Alltäglichen eindringen oder je weiter wir uns von dieser fortbewegen. Sie werden explizite, wenn sich das Verstehen teilweise oder gar ganz vom Prozeß der Verständigung abkoppelt. Besonders deutlich wird dies, wenn wir uns mit Texten längst verstorbener Menschen oder mit Lebensäußerungen aus uns fremden Kulturen beschäftigen. Was fängt man etwa mit folgender Beobachtung des Ethnologen und Psychoanalytikers Devereux an: Eine polynesische Frau erlaubt ihrem weißen Liebhaber, der auf Urlaub in Europa weilt, mit jeder Frau, die ihm gefällt, zu schlafen, sie aber nicht zu küssen? (1976, S. 140). Das versteht man gewiß nicht auf Anhieb. Zugleich interessieren uns solche fremden Lebensäußerungen. Wie war es früher, wie ist es woanders oder, um am Beispiel zu bleiben, wie sieht das Geschlechterverhältnis bei den Polynesen aus? Was bedeutet dort der Beischlaf, was der Kuß. Und, wenn man sich nicht scheut, auch psychologisch zu denken, ist die Frau nicht vielleicht eine ganz besonders raffinierte, die um die sexuelle Begehrlichkeit ihres weißen Liebhabers weiß und ihn gleichsam mit einer paradoxen Intervention fortschickt? Wie ist eigentlich bei uns das Verhältnis von Beischlaf und Küssen? Man könnte noch eine Weile weiterfragen und käme doch nicht an ein Ende, ein Problem verweist auf das nächste, ohne daß wir sicher angeben könnten, wann das Verstehen restlos ausgeleuchtet ist.

Nun fallen wir weder im alltäglichen Verstehen noch in wissenschaftlich vorgehenden Verstehensversuchen in die bodenlosen Weiten des Verstehens an sich. Im Alltag begrenzen wir unser Verstehen pragmatisch, binden es zurück an die Verständigung, man hat genug verstanden, wenn es der Aufrechterhaltung unseres täglichen Miteinanders genügt. Akte der Verständigung beinhalten dabei immer eine dreistellige Relation – ich verstehe jemanden stets bezogen auf ein etwas. Der andere tritt mir nicht als ein besonderes Objekt gegenüber, sondern als Mitsubjekt (vgl. Waldenfels 1980, S. 212). Die soziale Interaktion mit ihm ist auf ein weltliches Gemeinsames hin ausgerichtet und definiert sich durch geschichtliche »Zugehörigkeit« (vgl. Gadamer 1975, S. 246f.). Das jeweilige Handeln teilt einen Sinn, selbst wenn dieser umstritten ist.

Anders verhält es sich beim »expliziten« oder – in Diltheys Worten – beim »höheren« Verstehen. Hier gehe ich in Distanz zur Verständigung und frage, was mag der je andere mit seiner Äußerung oder Handlung gemeint haben? Aus dem Mitsubjekt der geschichtlichen Zugehörigkeit wird ein Objekt. Auch dieses ist zunächst nicht problematisch, solange ich gleichsam aus einer »Dummkopfperspektive« frage. Es bin eben ich, der aus der Begrenztheit seines Lebenshorizontes Fremdes nicht versteht. Problematisch wird das explizite Verstehen dann, wenn ich mich aus der Verständigung zurückziehe, um mein Nicht-Verstehen zu rationalisieren. Im alltäglichen Leben geschieht dies mit Rückzug auf Kategorien des guten Geschmacks, sozialer Anständigkeit oder der Normativität des Faktischen. Wissenschaftlich äußert sich das als Regel-Fetischismus, Verstehen muß methodisiert werden (vgl. z. B.

Terhart 1981). Mit der Methodisierung immunisiert sich jedoch der Verstehende gegen das zu Verstehende, kann es wie ein neutraler Dritter wohlpräpariert unter die Lupe nehmen. Was dann verstanden ist, tritt denen, die man verstehen wollte, entfremdet gegenüber und wird oft gegen ihren Willen als Machtinstrument benutzt. Besonders Foucault hat die Entwicklung der neuzeitlichen Humanwissenschaften unter diesem Bemächtigungswillen analysiert (vgl. 1974, 1977). Und auch in der Pädagogik gibt es mittlerweile eine ganze Reihe von Stimmen, die gegen ein sich wissenschaftlich legitimierendes Verstehen Front beziehen (vgl. etwa Gstettner 1981) oder Verstehensbemühungen mit der Kolonialisierung fremder Lebenswelten vergleichen (vgl. die Diskussion bei Müller/Otto 1986).

Angesichts dieser Schwierigkeiten könnte man versucht sein, das Verstehen, zumal das methodisch geübte, ganz aus dem Arsenal wissenschaftlicher Begrifflichkeit zu streichen. Dagegen spricht nicht nur, daß das Verstehen in der Tradition einer geisteswissenschaftlichen Pädagogik ein zentraler Begriff ist, sondern auch schlicht die Tatsache, daß das Verstehen ein menschlicher Zugang zur Welt und zum Mitmenschen sui generis ist, mithin also auch konstitutives Element jeden pädagogischen Geschehens. Verstehen ist dabei aber nicht als Erst- oder Letztinstanz anzusetzen, sondern als Zwischeninstanz, die immer auf ein gemeinsames telos verweist und darauf bezogen werden muß. Dementsprechend kann ich die Ausgangsthese für die folgenden Überlegungen formulieren:

Das zentrale Problem des »Verstehens« ist die letztlich unaufhebbare Differenz zwischen dem singulären Subjekt und dem nur fiktiv zu denkenden transsubjektiven Allgemeinen. Kein Subjekt geht vollkommen im Allgemeinen auf, kein Allgemeines kann ohne Zustimmung lebendiger Subjekte existieren. Verstehen meint nun jenes merkwürdige hermeneutische Geschäft des Oszillieren-Könnens zwischen dem Singulären und dem Allgemeinen. Ich verstehe einen je anderen nur durch ein gemeinsames Medium – elementar ist hier die Sprache – hindurch. Indem ich nun aber gewahr werde, daß der je andere sich anders als ich zu diesem Medium des Gemeinsamen verhält, bin ich aber auch aufgerufen, meinen Standpunkt zu reflektieren. Fremdverstehen initiiert Selbstverstehen. Im Idealfall kann ich mir vorstellen, an der Stelle des anderen genau so zu handeln wie er; ich hätte verstanden, wie sich ein Singuläres zum Allgemeinen verhält. Zugleich verändert sich das Allgemeine, es ist nicht mehr Produkt eines egozentrischen Weltaufbaus,

sondern erhält eine polyzentrische Gestalt, über die kein einzelner verfügen kann.
Im folgenden versuche ich, diese abstrakte These etwas näher auszuleuchten. Dazu werde ich in einem ersten Schritt

1. an die Theorie des Verstehens in der geisteswissenschaftlichen Pädagogik erinnern, wobei besonders auf die Überlegungen E. Sprangers eingegangen wird. Nicht als Korrektiv, eher als Vervollständigung, sollen dann
2. einige tiefenpsychologische Gedanken zum Verstehen erörtert werden. Und in einem letzten Schritt sollen diese Überlegungen auf einige
3. aktuelle Strömungen in der Diskussion der Erwachsenenbildung bezogen werden.

1. Die Seele und der Geist

Das elementare Verstehen wird bei Dilthey als Analogieschluß beschrieben, mittels dessen ein Subjekt aus der gemeinsamen Welt mit Wahrscheinlichkeit auf ein Prädikat schließt (Dilthey VII, S. 210). Je größer nun die Distanz zwischen Lebensäußerungen und dem Verstehenden wird, desto öfter entstehen Unsicherheiten, die wir mit den Formen des höheren Verstehens zu reduzieren versuchen. In einem hermeneutischen Zirkel versucht Dilthey Teil und Ganzes in ein rechtes Verhältnis zu setzen, bemerkt dazu aber: »So kann der auf induktiv gewonnene Einsicht in einen psychischen Zusammenhang gebaute deduktive Schluß nur auf Erwartung oder Möglichkeit schließen. Der Fortgang von einem psychischen Zusammenhang, dem selber nur Wahrscheinlichkeit zukommt, durch das Zutreten von neuen Umständen hindurch zu der Art, wie er auf sie reagieren wird, kann nur eine Erwartung, aber keine Sicherheit hervorrufen« (ebd., S. 211).
Verstehen ist nicht nur vom Mißlingen bedroht, es ist auch ein nie zuendekommender Versuch des Bestimmens von Teil und Ganzem. Dilthey's Problem war die Frage, wie man in einer sich zunehmend säkularisierenden Welt verstehend den Texten historischer und zeitgenössischer Menschen Sinn abgewinnen kann. Anders als etwa in der theologischen Bibelexegese galt es nicht mehr, einen »göttlichen« und

damit ewigen Sinn zu interpretieren, sondern zu untersuchen, wie und warum ein Mensch in seiner Zeit zu einer spezifischen Aussage kam. »Der Zusammenhang der Gedanken, die Artung der Anspielungen hängt aber von der Erfassung der individuellen Kombinationsweise ab. Die Berücksichtigung derselben ist das Moment, das Schleiermacher in der Hermeneutik zuerst eingeführt hat. Sie ist aber divinatorisch und ergibt niemals demonstrative Gewißheit« (ebd., VII, S. 226). Mit der Relativität und Perspektivität des menschlichen Seins verkompliziert sich jedoch auch der psychologische Rückschluß vom Handeln des Individuums in der Kultur auf seine innere Verfaßtheit.

Die Relativität bzw. das Historismusproblem im Wissenschaftsverständnis Dilthey's gerät nun bei dem Schüler E. Spranger zur Gefahr des Relativismus im Leben überhaupt: »Die Endlichkeit ..., sonach die Relativität jeder Art von menschlicher Auffassung des Zusammenhanges der Dinge, ist das letzte Wort der historischen Weltanschauung, alles im Prozeß fließend, nichts bleibend ... aber wo sind die Mittel, die Anarchie der Überlegungen, die hereinzubrechen droht, zu überwinden?« (Spranger V, S. 432f.). Sprangers Befürchtung, daß unsere Kultur zerfällt, sich in ihr nichts Ruhendes, zeitübergreifend Wahres mehr greifen läßt, ist indes mehr als ein larmoyantes Klagen über den Zerfall der Werte in der modernen Gesellschaft. Es ist der Dreh- und Angelpunkt zu seinem Begriff des Verstehens und seiner Psychologie überhaupt.

Es scheint lohnend, sich gerade dieses Ansatzes noch einmal rückzuerinnern. Denn, ähnlich der Spranger'schen Ausgangslage vor den bodenlosen Relativitäten des Historismus, scheinen die aktuellen Probleme der Pädagogik situiert: Man erforscht uferlos »Lebenswelten«, registriert das allmähliche »Verschwinden der Wirklichkeit« (v. Hentig 1984), konstatiert das »Ende der Erziehung« (Giesecke 1986) oder richtet sich auf ein Leben in der Postmoderne ein (Baacke u. a. 1985).

Sprangers Weg stellt Dilthey gleichsam auf den Kopf oder vielleicht besser: auf die Füße. Er geht nicht vom historischen Subjekt aus, sondern von der Einzelseele, also vom »reinen« Subjekt. Der springende Punkt des Spranger'schen Verstehensbegriffes besteht nun darin, daß wir nur deshalb verstehen, weil »unser Wissen von unserem Teilhaben an der geistigen Welt auf einer Gesetzlichkeit des geistigen Verhaltens beruhen, die dem Einzelsubjekt als ideale Richtungskonstante innewohnt« (Spranger 1966, S. 26). In jedem Menschen ist also gleichsam ein Grundgerüst eines Geistigen a priori vorgebildet. Es äußert sich

zwar in mannigfaltigen historischen Einkleidungen und Verirrungen, zeigt sich doch aber als solches Einzelsubjekt. Wäre das singuläre Subjekt nur anarchisch, gesetzlos, wäre ein Verstehen nie möglich. Erst die Annahme einer strukturellen Äquivalenz zwischen der Einzelseele und dem übergreifend Geistigen erlaubt überhaupt die Annahme, daß wir etwas verstehen.
In einer grundlegenden Arbeit zum Verstehen schreibt Spranger 1919: »Das Verstehen wird weder rein ideell, noch rein psychisch, noch rein physisch bedingt sein, sondern diese drei Weisen des Gegebenseins in eigentümlichen Akten aneinanderbinden« (Spranger VI, S. 9). Die Art und Weise dieser eigentümlichen Verbundenheit schuldet sich einer anthropologisch begründeten Subjekt-Objekt-Spaltung des Menschen. Das Vermittelnde ist das Geistige. Oder anders formuliert: Das Schicksal eines jeden Menschen ist es, in eine ihm äußere Symbolwelt hineingeboren zu werden, die Kultur. Seine singuläre Not, seine Freude muß der Mensch notwendig immer in einem Medium des Gemeinsamen ausdrücken. Wenn wir z. B. denken, erfassen wir immer nur das Gedachte, das Zentrum des Denkens ist uns eigentümlich verschlossen. Vor diesem Hintergrund unterscheidet Spranger nun gleichsam zwei Subjekte in jedem Menschen. Als »Grenz- bzw. Normalbegriff« kann man ein erkenntnistheoretisches Subjekt konstruieren, das den objektiven Erscheinungen und Ideen korreliert. Diese Abstraktion – vergleichbar etwa mit dem »me« als »generalized other« in der Mead'schen Interaktionstheorie – ist jedoch nicht das ganze »Ich«. Für Spranger gehört notwendig eine subjektive Bedingtheit zum »Ich«. Dieses subjektive »Ich« kann jedoch nicht definiert werden, »sondern nur durch Hinweise auf eine jedem menschlichen Subjekt gegenwärtige Bewußtseinsebene bestimmt werden« (ebd., S. 10). Das verstehbare »Ich« taucht gleichsam zwischen dem reinen erkenntnistheoretischen Subjekt und dem unergründlich für sich seienden psychischen Subjekt auf – »Wir nennen es geistiges Subjekt« (ebd., S. 11).
Das Denken hat also zwei Seiten: In strenger erkenntnistheoretischer Sicht muß ein Gedachtes – etwa dieser Satz – unabhängig vom Denkenden für alle »normalen« Subjekte gleich sein, für mich können sie jedoch gänzlich andere Bedeutungen annehmen. Spranger unterscheidet diese Doppelseitigkeit des Denkens in auf objektive Gegenständlichkeit bezogene »Denkakte« und auf subjektiv geleitete »Denkfunktionen«. Erstere bezeichnet die logischen, zweitere die psychologi-

schen Seiten des Denkens und Sprechens. Im Geistigen »treffen« sich diese Denkbewegungen und sind so für uns verstehbar.
Das Seelische oder Subjektive – Sprenger trennt hier nicht terminologisch – geht weder im Physischen auf, wie es die Psychophysiker um Fechner oder Helmholtz behaupteten, noch gelangt es im transzendentalphilosophischen Sinne Kants zu »der« Vernunft. Vielmehr werden beide Seinsweisen des Menschen im Geistigen aufgehoben, ohne jedoch die Bezogenheit auf diese Pole je ganz aufgeben zu können. Der Mensch ist also ein Wesen, »das *zwischen* Subjekt und Objekt lebt. Wer das Geistige am Menschen auffassen will, hat immer eine beschränkende Ichbedingtheit (zeitlich, räumlich, individuell konstelliert) mit drin; wer sein Seelisches auffassen will, muß immer den Zugang über das Geistige suchen. So wird also das Verstehen ein Prozeß, der selbst Objektives und Subjektives umfaßt. Sein Kern ist die Verwirklichung des Objektivität-konstituierenden Aktes; dieser aber wird modifiziert durch die subjektive Konstellation, aus der heraus er gedacht werden muß« (ebd., S. 24; Hervorh. im Original). In der Formel »mutatis mutandis« steckt das wesentliche Rätsel des Verstehens. Als hervorragendstes Beispiel nennt Spranger dabei die Leistungen der Sprache. Sie nimmt den Lauf von einem physikalisch beschreibbaren Schallphänomen durch das Psychische zum Geistigen. Und sie landet auf diesem Weg nicht allein bei der reinen Erkenntnis, sondern auch bei der Kunst, Sympathie, Religion u. a. (ebd., S. 25). Dabei ist uns der Ursprung letztlich unverständlich, verstehen können wir nur den Verlauf vom Subjektiven zum Objektiven.
Aus dem hier fragmentarisch skizzierten Verstehenskonzept Sprangers ergeben sich bemerkenswerte wissenschaftstheoretische und pädagogisch-praktische Konsequenzen. In wissenschaftstheoretischer Hinsicht scheinen mir die Konsequenzen für das akademische Fach Psychologie erwähnenswert, erwartet man doch von ihm wesentliche Beiträge zum Thema Verstehen. Folgt man dem Gedankengang Sprangers, steht es damit nicht gut. Ihr paradoxes Unterfangen ist es ja gerade, daß sie Subjektives noch vergegenständlichen will, Subjektives sich aber nur über seine Objektivationen verstehen läßt. Von allen möglichen Wissenschaften rückt die Psychologie somit an die letzte Stelle: »An erster Stelle würde das unmittelbare Erleben zu setzen sein. Davon gibt es keine Wissenschaft, sondern das Leben in diesen Zuständen ist ungreifbare, unmittelbare, gestaltlose Mystik, ein Aufblitzen und Verschwinden, ein zerfließendes Träumen, entfernt vergleichbar dem halbwachen

Zustand. Das zweite ist die Objektwissenschaft im engeren Sinne, die Wissenschaft vom Transsubjektiven, beziehe sie sich nur auf die physische Realität oder das ideelle Sein und Gelten. Das Dritte ist *die* Objektwissenschaft, die auch das Subjektive wieder zum Objekt macht, paradox gesprochen: die Behandlung der transsubjektiven Subjektivität« (ebd., S. 16, Hervorh. im Original).

Begreift sich Psychologie nicht in dieser paradoxen Situation, sondern definiert sich als positive Wissenschaft, droht allemal ein verkürzter Verstehensbegriff. Eine erste Form positiver Psychologie ordnet definierbaren physischen Tatsachen korrelierende psychische Erlebnisformen zu. Das zeichnet bis heute eine Tradition aus, die bei den schon erwähnten Psychophysikern ihren Anfang nahm und sich in modifizierter Form bei den Behavioristen fortsetzt. Diesen Richtungen ist der »Geist« ein Greuel, und Skinner hat ja in einer programmatischen Schrift das mehr oder minder offene Ziel dieser Bemühungen benannt – es geht um den Menschen »Jenseits von Freiheit und Würde« (1973). Die zweite Form positiver Psychologie sucht den Anschluß zur vorfindbaren objektiven Ordnung und fragt nach den Formen, in denen sich ein Subjekt mit der Umwelt arrangiert. Ihr Ideal – besonders deutlich in den amerikanischen Richtungen der »humanistischen« Psychologie etwa bei Maslow und Rogers – liegt in einer sich versöhnt wissenden Identität von Subjekt und Umwelt. Dieses Ideal verschüttet jedoch tendenziell die unaufhebbare Kluft, die zwischen dem Subjekt und der ihn umgebenden Objektivationen besteht.

Spranger geht mit seiner Konzeption einer verstehenden geisteswissenschaftlichen Psychologie den Mittelweg, betritt ihn jedoch mit der erwähnten paradoxen Voraussetzung. Da die jeweilige vorfindbare kulturelle Ordnung nur »mit wenigen Ausschnitten in die Sphäre des zeitlos Gültigen« hineinreicht (ebd., S. 17), kann sich das Subjekt auch nie vollkommen heimisch in ihr fühlen, im Gegenteil, es leidet immer auch an ihr. Zugleich hat auch kein Subjekt umfassenden Zugang zur gesamten Kultur, sein Zugang ist notwendig standortgebunden und aufgrund der biographischen Genese immer auch normativ und ideologisch eingefärbt. Diese vermeintliche Ausweglosigkeit wendet Spranger nun aber in pädagogisch praktischer Absicht mit seiner bekannten Formel des »emporbildenden Verstehens« (Spranger 1979). Die Sehnsucht des Menschen – besonders des Jugendlichen – richtet sich auf ein Verstandenwerden. Da dies nur über den Umweg eines Objektiven gehen kann, muß der Pädagoge aus der Fülle widerspruchsvoller

Gestalten bestimmte Züge herausheben, bejahen, unterstreichen. Der zu Verstehende – und da liegt die Pointe des Spranger'schen Verstehensbegriffs – fühlt sich aber nur dort richtig verstanden, wo die bejahend verstandene Objektivation einer dem Subjekt schon inneliegenden Idealstruktur entspricht. Zugleich validiert sich in dem Akt des Verstehens und des Verstandenseins ein Geistiges und kann so jene eigentümliche Funktion ausfüllen, sowohl verbindendes Glied zwischen den Menschen zu sein, als auch Möglichkeit für jedes singuläre Subjekt, seiner selbst bewußt zu werden. Das emporbildende Verstehen erinnert damit an die sokratische Mäeutik.

Die Probleme des Spranger'schen Verstehensbegriffs liegen auf der Hand, vor allem da, wo er praktisch werden will. Sieht man nämlich von den komplexen erkenntnistheoretischen Überlegungen Sprangers ab, kann sein Konzept des emporbildenden Verstehens schnell in die Nähe lernpsychologischer Anpassungskonzepte (vgl. Scarbath 1983, S. 260f.) gerückt werden oder als methodisches Alibi wertkonservativer Gesinnung mißbraucht werden. Spranger hat sich selbst ausführlich mit diesen Gefahren auseinandergesetzt, indem er die Rolle des Standpunktes, des Normativen und des Ideologischen im Verstehen bedacht hat (vgl. Spranger VI, S. 270ff.).

Es sind jedoch weniger diese potentiellen Mißverständnisse, die einer Vergegenwärtigung des Spranger'schen Verstehenskonzeptes entgegenstehen, sondern wohl eher die Zumutungen, die damit verbunden sind. Ich sehe vor allem zwei. Die erste Zumutung ist die prinzipielle Unverfügbarkeit des Spranger'schen Verstehenskonzeptes in technischer Hinsicht, man sucht vergebens nach Beispielen direkter Umsetzung. Läßt man sich auf die lebensphilosophischen Prämissen seines Denkens erst einmal ein – und ich denke, daß das Gleiche für die Überlegungen Dilthey's, Heidegger's, Satre's, Gadamer's u. a. zum Verstehen gilt –, ist man genötigt, sich selbst reflexiv dazu in Beziehung zu setzen. Und dies, ohne daß das Eldorado letztendlicher Gewißheit als Preis ausgesetzt ist. Damit verbunden ist die zweite Zumutung, die man als doppelte Limitierung des Subjektiven begreifen kann: Die erste Limitierung begründet sich in der anthropologischen Zweiheit des Menschen, der beschriebenen Subjekt-Objekt-Spaltung. Sehr viel schwieriger zu begreifen ist die zweite Limitierung des Subjektiven. Man soll nun in einer bewußten Entscheidung aus der Not der ersten Limitierung auch noch eine Tugend machen, sich gleichsam als Antwort auf die Fragen, die man sich selbst gestellt hat, präsentieren. Wer verstehen will, muß sich als ganze Person in den Verstehensprozeß begeben, sich in ihm verantworten und immer wieder riskieren.

2. *Jenseits des Geistes*

Sprangers Ausgangspunkt von einer radikalen Subjekt-Objekt-Spaltung kann wie überhaupt manche der hermeneutischen Verstehensbemühungen gut als Pate für tiefenpsychologische Überlegungen zum Verstehen gelten. Wenn er z. B. schreibt: »Man male sich ein Bewußtsein aus, das im Besitz des vollkommsten, z. Z. erreichbaren Wissens von der kulturellen Wirklichkeit wäre, sonst aber nichts in sich trüge – es wäre ein gespenstisches Subjekt – ohne Leben« (VII, S. 279), dann liegt die Frage auf der Hand, worin dieses »sonst aber nichts« überstiegen wird? Wohl doch nur durch ein »Etwas«, das jenseits einer wie hell auch immer vorstellbaren Bewußtheit liegt. Spranger faßt dieses scheinbar ungreifbare »Mehr« des Seelischen mit einem vorsprachlichen, zerfließenden Erleben, das sich wissenschaftlicher Erhellung entzieht. Der Versuch der Psychoanalyse, ein Unbewußtes etwa mit der Annahme eines Triebgeschehens einem Verstehen näherzuführen, läuft in seiner Einschätzung auf den Versuch hinaus, den Geist mit geistvollen Mitteln zu primitivisieren (vgl. IV, S. 65). Erkenntnistheoretisch kann sich eine Psychologie des Subjekts nur in der paradoxen Lage befinden, eine »transsubjektive Subjektivität« zu untersuchen. Und ich denke, genau das ist – auch entgegen mancher »szientistischer Selbstmißverständnisse« (Habermas 1981, S. 300ff.) der ja durchaus nicht einheitlichen psychoanalytischen Zunft – das wesentliche Geschäft tiefenpsychologischen Verstehens. Man analysiert in einem Medium unterstellter Gemeinsamkeit – dem Geist – wie sich ein Einzelseelisches darin ausgelegt hat. Die Aufmerksamkeitsrichtung gilt jedoch anders als in der alltäglichen Verständigung nicht der Vergewisserung des Bestandes an Gemeinsamkeiten, sondern den Rissen, Brüchen, Sprüngen innerhalb dieser vorausgesetzten Struktur. Man beachtet gerade das, was in der alltäglichen Verständigung gleichsam unter den Tisch fällt – Versprecher, Irritationen, Träume, Vergessen, unlogische Verknüpfungen usw. Man erwartet das Subjekt dort, wo es sich nicht sieht, wo es sich in einem illusionären Verkennen lebensgeschichtlich verrannt hat.

Anders also als in einem geisteswissenschaftlichen Verstehen geht es nicht um die Stellung des Subjekts zu der historisch tradierten Lebenswelt. Vielmehr wird verhandelt, wie sich das Subjekt zu seinen eigenen Objektivationen verhält, oder anders formuliert, wie sich vorsprachlich unbewußtes Erleben zu unserem bewußten Sein verhält. Bittner (1972, S. 154) nennt solch ein Verstehen in Abgrenzung zu Sprangers Konzept des »emporbildenden Verstehens« ein »befreiendes Verstehen«. Diese Differenzierung erscheint insofern sinnvoll, weil sie die Verstehensrichtungen nicht vorschnell vermengt, ihnen quasi ihren je legitimierbaren Eigenbereich läßt. Zugleich impliziert diese Differenzierung jedoch auch eine Aussage über das Verhältnis der Verstehensarten – »befreiendes Verstehen« müßte – sofern nötig – vor einem »emporbildenden Verstehen« stehen – ersteres ist die Bedingung der Möglichkeit zum zweiteren. Wo Subjekte so in sich verfangen sind, daß sie alles Äußere nur auf sich beziehen können, kann auch kein Lernen in Richtung auf ein transzendierendes Gemeinsames stattfinden.

Das theoretisch Verwirrende an dem psychoanalytischen Verstehen hat Merleau-Ponty recht gut beschrieben: »Jeder Leser Freuds, denke ich, wird sich seiner ersten Eindrücke erinnern: Eine unglaubliche Voreingenommenheit für die am wenigsten wahrscheinlichen Interpretationen, ein fanatisches Insistieren auf dem Sexuellen. Und alles in seinen verfallenen, pervertierten Formen. Doch – je mehr man liest, sich selbst einbringt, und je mehr die Jahre vergehen, desto klarer stellt sich eine nicht erklärbare Evidenz psychoanalytischer Erkenntnisse ein. Und schließlich macht man seinen Frieden mit dieser unbarmherzigen Hermeneutik« (1960, XX, zit. nach Lang 1980, S. 866). Wie kann man diese Evidenz begreiflich machen? Ich kann nur versuchen, die Richtung dieser Verstehensbemühungen ein wenig einzukreisen. Dazu kommentiere ich einige Sätze des französischen Psychoanalytikers J. Lacan und versuche, sie mit Evidenz zu füllen.

»Das Unbewußte ist strukturiert wie eine Sprache« und »Das Unbewußte ist die Rede des andern« (Lacan 1980, S. 26ff.). Theoretisch sind diese Sätze nur im Kontext einer strukturellen Anthropologie und in Aussagen moderner Linguistik zu fassen (vgl. z. B. Lang 1986). Ich versuche, sie mit einem Beispiel zu veranschaulichen – was die Theorie nicht ersetzen kann: An einem Tag der »offenen Tür« in einem Blindenheim mit z. T. schwerstbehinderten blinden oder stark sehgeschädigten Kindern und Jugendlichen wollte ich zu einer Musikveranstaltung. Mein Blick fiel auf ein Kind – es hatte keine Augen, nicht einmal blinde.

Tief betroffen davon konnte ich dann miterleben, wie sich ein Musiktherapeut mit einem Schlagzeug mit einem taubblinden Kind »verständigte« – der eine konnte den Rhythmus des anderen nachvollziehen. Als dann noch eine fast blinde Jugendliche einen bekannten Song der Beatles mit dem Refrain »... there must be an answer, let it be, let it be« vorstellte, war mir klar, was Lacan meint. Die nicht vorhandenen Augen des Kindes – das war auch meine Angst, in dieser Welt ohne Antwort zu bleiben. Man vergißt es im Alltag zu oft, wir brauchen unser Gegenüber auch, um uns zu erkennen. Zugleich fürchten wir die Antwort, denn sie strukturiert uns auf etwas, was nie wir ganz sind. Die Antwort zwingt uns in eine symbolische Ordnung. – »Die meiste Angst hat das Subjekt davor, daß es uns täuschen, daß es uns auf eine falsche Spur bringen könnte« (Lacan 1980, S. 43).

Daß uns, angefangen bei der Waschmittelreklame bis hin zu den hohlen Sprüchen der Politiker, jedermann zu verführen versucht, braucht man nicht groß zu erläutern. Man will unser Geld, unsere Stimmen oder Sonstwas. Daß jetzt jedoch nicht das verführte, sondern das verführende Subjekt das Problem ist, das ist ein typisch psychoanalytischer Gedanke. Aber so schwer ist der Gedanke gar nicht zu fassen – lassen Sie sich auf ein kleines Gedankenexperiment ein? Versuchen Sie sich vorzustellen, einer einsamen älteren Dame, von der Sie wissen, daß sie wenig Geld hat, eine überteuerte Rheumadecke zu verkaufen. Was hindert Sie?

»Das Ich gleicht verschiedenen übereinandergezogenen Mänteln, die dem entliehen sind, was ich den Plunder seines Zubehörladens nennen würde« (Lacan 1980, S. 200). Die große Beleidigung der Psychoanalyse ist, daß sie uns zumutet, unser bewußtes Ich ein Stück weit zurückzustellen, und behauptet, daß wir mehr als dieses bewußtseinsfähige Ich sind. Das bewußte Ich tendiert jedoch dahin, sich in seine eigenen Erfindungen zu vergaffen. Das gilt vor allem auch unseren wissenschaftlichen Konstrukten. Wenn Freud davon spricht, daß wir ein Ich, Es und Überich haben, Dahrendorf oder Goffmann uns eine Rollentheorie nahelegen wollen, Marx uns unsere Geschichte als Verdinglichung unserer Produktionsverhältnisse erklärt oder auch Lacan uns mit seiner strukturalistischen Reinterpretation Freuds kommt – es sind nur Worte. Worte, die allerdings Effekte zeigen. Denn, wann immer ein Mensch wirklich spricht, hat das einen Effekt auf einen anderen. Kreist das Ich aber gleichsam in sich, werden die Worte leer – dann finden Gespräche statt, die eine angenehme Atmosphäre hatten, aber nichts zeitigen. Das Ich wird modisch, kleidet sich auch wissenschaftlich, zwar nicht mit Boss, Lacoste, sondern mit Freud, Marx und meinetwegen auch Lacan oder sonstwem. Das Subjekt des Sprechens ist jedoch nicht mehr aufzufinden, es wird austauschbar.

Verstehen eines Subjektiven heißt, unser Gegenüber auch in seinem Anspruch an uns wahrzunehmen, seine Rede an uns nicht nur in seiner bewußten Objektivation zu begreifen, sondern gleichsam auch zwischen den Buchstaben zu hören, was auch gesagt wird. Freilich geht es nun in pädagogischen Kontexten – zumal in der Erwachsenenbildung – nicht um ein Aufklären unbewußten psychischen Geschehens wie in der psychoanalytischen Kur. Das wäre ein grobes Mißverständnis. Berücksichtigt man jedoch die Wirkungen unbewußter Prozesse in der Kommunikation und kann, wenn auch nur begrenzt, taktvoll mit ihnen umgehen, erhalten unsere Gespräche erst die Dimension, die sie als menschlich auszeichnet: Mein Gegenüber ist dann nicht Mitstreiter allein in der Sache, er ist auch die Hoffnung, daß meine ungelösten und drängenden Fragen ans Leben vielleicht doch eine Antwort finden.

3. Verstehen und Erwachsenenbildung

Die hier mit Rückgriff auf Spranger und einigen Hinweisen zu tiefenpsychologischen Überlegungen vertretene Verstehenskonzeption lebt von einer Paradoxie. Auf der einen Seite ist Verstehen nur möglich vor dem Horizont eines immer schon Verständigtseins in einem Medium des gemeinsamen Geistigen. Zugleich ist dieses Geistige jedoch ohne lebendige Träger nur eine schlechte Abstraktion und d. h. nun – andererseits –, daß dieses Geistige auch offen sein muß für je neue geschichtliche und biographische Auslegungen. Solange dieses Geistige als festgefügte Struktur eines göttlichen Willens auf Erden (miß-)verstanden wurde, konnte man unbequemen oder auch nur andersartigen Zeitgenossen die Daumenschrauben anlegen und dann sagen, siehe da, er – oder, wenn man an die Hexenverfolgungen denkt, sie – hat es ja doch gewußt. Ich fürchte, etwas von dieser Sehnsucht nach einem verschmelzenden Verstehen steckt, nun freilich in anderem Gewande, auch in manchen Verstehensbemühungen moderner Erwachsenenbildung.

Historisch gesehen kann man Erwachsenenbildung ja durchaus als

genau in dem skizzierten Spannungsfeld situierte Antwort auf die Verstehensprobleme des Menschen in der Moderne sehen. Bis heute liegt die zentrale Aussage einer allgemeinen Pädagogik darin, sich überflüssig zu machen und den mündig gewordenen Educandus für ein verantwortliches Leben in der Sozietät zu entbinden (vgl. Benner 1978). Nun noch weitere Bildung jenseits tradierter und selbstorganisierter Tätigkeiten in Parteien, Vereinen u. a. zu proklamieren, steht vor einem Dilemma: Entweder muß man das grundliegende Anliegen einer allgemeinen Pädagogik unterlaufen, indem man anzweifelt, daß Mündigkeit je erreichbar ist, mit der schrecklichen Aporie eines totalen Erziehungsstaates. Oder aber, man unterstellt Mündigkeit, reklamiert aber, daß es weiterhin für den Erwachsenen noch zu vollziehende Lernaufgaben gibt. Die Erwachsenenbildung hat eine ganze Reihe von solchen Begründungsversuchen hervorgebracht: Die Arbeiterbildung war eine Antwort auf eine den Arbeitern vorenthaltene Selbstreflexion ihrer sozialen Lage, die Volksbildung der zwanziger Jahre verstand sich als Reaktion auf die Vereinzelung in der Massengesellschaft, in den Bemühungen der 50er Jahre war die Intention sichtbar, der Demokratie auf den Weg zu verhelfen. Und selbst der Strukturplan von 1970 verstand sich noch als Versuch, eine Antwort seitens der Erwachsenenbildung auf die Probleme eines Lebens in der modernen Gesellschaft zu geben. All diesen Versuchen hat man ideologische Verstrickungen vorgeworfen, zu recht – aber: geht es ohne Ideologie?
Bei allem tatsächlichen oder vermeintlichen ideologischen Überbau war die Berücksichtigung der je subjektiven Wertbezüge – die Teilnehmerorientierung (vgl. Tietgens 1983) – in fast allen programmatischen Entwürfen konstitutives Element und auf praktischer Ebene schlicht durch die Freiwilligkeit der Teilnahme gesichert. In Übereinstimmung mit Konzepten klassischer Bildungstheorien verstand sich Erwachsenenbildung als tätige Hervorbringung von Individualität im Medium gemeinsamer Werke. Im Zuge der Alltagswende in der Pädagogik entdeckte man jedoch auch den Teilnehmer, nun jedoch in einer qualitativ neuen Variante. Es ist nicht der Teilnehmer, der Probleme mit der Lernaufgabe hat, sich nicht ausdrücken kann, soziale Ängste hat, sondern der Teilnehmer als souveräner Konstrukteur seiner je eigenen Lebenswelt. Nun werden Prozesse wichtiger als Produkte, Kriterien für die Qualität der Interaktion verschieben sich weg vom Erreichten des Miteinander hin zu Selbsterfahrungen, unmittelbarer Authenzität der Gefühle oder gegenseitiger Versicherung von Betroffenheit. Solange dieser Perspekti-

venwechsel sich als Antwort auf verkrustete Lernsituationen verstand, war er fruchtbar, zeigte er doch gerade für den Bereich der Erwachsenenbildung, daß manche ihrer institutionell und schulorientiert abgehaltenen Veranstaltungen einer Korrektur bedurften. Fraglich bis peinlich gerät der Perspektivenwechsel dort, wo nun die sich authentisch offenbarenden »Ichs« das Ganze als Schauspiel sozialen Inszenesetzens mißverstehen – ein guter Teil des Psychomarktes, aber auch Teile sogenannter alternativer Erwachsenenbildung leben davon. Verstehen kommt dann auf den Hund. Es zählt nur die Unmittelbarkeit des Ich und Du im Augenblick, die Anstrengung der Aufarbeitung biographischer und gesellschaftlicher Geschichte wird vermieden.

Unter dem Stichwort »Sensibilisierung für Lehrverhalten« (Claude u. a. 1985) hat der Deutsche Volkshochschulverband sich in etwa dieser Fragen angenommen und ein Modell zur Diskussion gestellt, das das Verhältnis von Lernenden und Lehrenden zum Ausgangspunkt nimmt. Es ist ein Konzept von D. Hunt: »Lehreranpassung: ›Reading‹ und ›Flexing‹« (ebd., S. 9ff.), das davon ausgeht, die übliche Reihenfolge »Theoretiker – Forscher – Lehrer – Lerner« genau umzukehren (ebd.). In einem Prozeß des »Reading« soll der Lehrende sensibilisiert werden, die je eigenen Wirklichkeitskonstruktionen des Lernenden, die dieser durch Hindernisse in seinem Verstehen äußert, so aufzufassen, daß er in einem »Flexing« disponibel genug ist, mit seiner Reaktion bzw. Antwort sein inhaltliches Anliegen im Relevanzsystem des Lernenden so zu artikulieren, daß es aufgegriffen wird. Ich kann die spannende Lektüre der Stellungnahmen nur empfehlen. Gerade die Facetten der Meinungen sind in sich schon erwachsenbildnerisch, nämlich dadurch, daß sie eine aufgeworfene Frage als gemeinsames Problem anerkennen.

Ich meine jedoch, daß ein Aspekt in der Diskussion zu diesem Modell zu kurz gekommen ist, und möchte diesen als abschließendes Resümee meiner Überlegungen zu bedenken geben. Zur Veranschaulichung seiner Ausführungen gibt Hunt ein Beispiel aus einem Experiment, wo er das »Reading« und »Flexing« testet (ebd., S. 12):

Ein venezolanischer Emigrant soll eine Prüfung zur Erlangung der amerikanischen Staatsbürgerschaft ablegen. Um sie zu bestehen, soll er über das politische Gleichgewicht der Kräfte etwas lernen. Als Indiz für sein Nicht-Verstehen sagt nun der Kandidat: »Die Richter sind wie Priester ... sie sagen uns, was richtig und was falsch ist.« Eine schlechte Anpassung wäre nach Hunt folgende Antwort: »Nein, sie sind nicht wie Priester, denn sie werden vom Präsidenten zum obersten Bundesgericht ernannt und müssen von der Legislative bestätigt werden.« Eine gute Anpassung wäre hingegen: »Das ist in gewissem Sinne richtig, aber sie haben keine religiöse Macht; es kommt nicht darauf an, welcher Religion sie angehören, aber sie sagen uns, was nach der Verfassung richtig und falsch ist.« Die erste Antwort bekommt die (schlechtere) Note 3, die zweite immerhin eine 7 auf einer neunstufigen Skala. Das Training von »Reading« und »Flexing« soll nun ein Hochrutschen auf der Skala ermöglichen.

Ist das Verstehen? Wäre nicht ein ehrliches: »Mit der Antwort fallen Sie durch die Prüfung« – bei Hunt sicherlich eine 1 – »ist völlig unsensibel« – ein besseres Verstehen? Und ist nicht gerade das »Flexing« im Konzept Hunts nicht immer auch ein Ausweichen, ein sich nicht fassen lassen wollen? Und könnte die Differenz zwischen Stufen des Verstehens – wenn man sich schon einmal darauf einläßt – nicht auch in den Nuancen eines Lachens, einer Kopfbewegung bestehen?

Verstehen, das scheint mir das wesentliche Problem, gerät in der Hunt'schen Version des »Reading und Flexing« zur Verständigung über Sachen, deren Status als Selbstverständlichkeit vorausgesetzt wird. Erwachsenenbildung war nun aber immer auch Antwort auf Zerfall der Selbstverständlichkeiten in Familie, Beruf und Lebenswelt. Sein Konzept des Verstehens kann deshalb nur anregen, aber keine Antworten für die aktuellen Probleme der Erwachsenenbildung geben. Auch die vordergründig verlockende Perspektive Schäffters (ebd., S. 41), Erwachsenenbildung als »Sensibilität für Fremdheit« zu begreifen, verfängt sich in Sprachspielen – das, was es zu verstehen gilt, wird verschoben. Ich fürchte, man muß sich doch besser an die Altvorderen wenden – nochmals Spranger: »Nur in der Gemeinschaft bildet sich der Mensch zum Menschen. Nur der in der Gemeinschaft gebildete Mensch wird nachher auch fähig sein, seiner gesellschaftlichen Umgebung einen neuen, belebteren Geist einzuhauchen ... (in der Erwachsenenbildung, T. W.) ist nicht einer der Redner, die anderen Hörer des Wortes. Sondern angeregt von einer erfahrenen und reifen Persönlichkeit erschließt sich einer dem anderen ... werden neue Perspektiven mit der Freude des Selbstbeteiligtseins gefunden ... Und durch alles hindurch klinge etwas von der Andacht, die das Bewußtsein verleiht, daß das Menschenleben ein Geheimnis ist, das nicht in Begriffen aufgeht, aber Untergründe hat, in denen es geborgen ist« (ebd., IV, S. 364). Gewiß, dem sozialwissenschaftlich geschulten Ohr ist das allemal zu pathetisch – doch hat es nicht trotzdem eine Wahrheit? Vielleicht nur eine schlichte, nämlich die, daß Verstehen auch heißt, das, was man meint verstanden zu haben, dem prekären Verstehensprozeß je anderer zum Verständnis zu öffnen.

Literatur

Baacke, D. u. a. (Hrsg.): Am Ende – postmodern?, Weinheim, München 1985

Benner, D.: Hauptströmungen der Erziehungswissenschaft, München 1973

Bittner, G.: Psychoanalyse und soziale Erziehung, München 1972[3]

Claude, A. u. a.: Sensibilisierung für Lehrverhalten, Deutscher Volkshochschulverband e. V., Bonn 1985

Devereux, G.: Angst und Methode in den Verhaltenswissenschaften, Frankfurt/ Berlin/Wien 1976

Dilthey, W.: Gesammelte Schriften, Bd. VII, Stuttgart 1958

Foucault, M.: Von der Subversion des Wissens, München 1974

ders.: Überwachen und Strafen, Frankfurt 1977

Gadamer, H.-G.: Wahrheit und Methode, Tübingen 1975[4]

Giesecke, H.: Das Ende der Erziehung?, in: Scarbath, H./Straub, V. (Hrsg.): Die heimlichen Miterzieher, Hamburg 1986

Gstettner, P.: Die Eroberung des Kindes durch die Wissenschaft, Reinbek 1981

Hentig, v. H.: Das allmähliche Verschwinden der Wirklichkeit, München 1984

Hunt, D. E.: Lehreranpassung: »Reading« und »Flexing«, in: Claude, A. u. a.: Sensibilisierung für Lehrverhalten, Deutscher Volkshochschulverband e. V., Bonn 1985

Lacan, J.: Die vier Grundbegriffe der Psychoanalyse, Olten 1980[2]

Lang, H.: Die Sprache und das Unbewußte, Frankfurt 1986

ders.: Freud – ein Strukturalist?, in: Psyche (10) 1980

Müller, S./Otto, H.-W. (Hrsg.): Verstehen oder Kolonialisieren? Bielefeld 1986[2]

Scarbath, H.: Was ist pädagogisches Verstehen?, in: Dietrich, R. (Hrsg.): Pädagogische Handlungskompetenz, Paderborn 1983

Schäffter, O.: Lehrkompetenz in der Erwachsenenbildung als Sensibilität für Fremdheit, in: Claude: A. u. a.: Sensibilisierung für Lehrverhalten, Deutscher Volkshochschulverband e. V., Bonn 1985

Skinner, D. F.: Jenseits von Freiheit und Würde, Reinbek 1973

Terhart, E.: Intuition – Interpretation – Argumentation. Zum Problem der Geltungsbegründung von Interpretationen, in: ZfPäd (5) 1981

Tietgens, H.: Teilnehmerorientierung in Vergangenheit und Gegenwart, Bonn 1983

Spranger, E.: Lebensformen, Tübingen 1966[9]

ders.: Psychologie des Jugendalters, Heidelberg 1979[29]
ders.: Gesammelte Schriften, hrsg. von H. W. Bähr u. a., Bd. I–XI, Heidelberg 1969ff.
Waldenfels, B.: Der Spielraum des Verhaltens, Frankfurt 1980

Heinz-Ulrich Thiel

Bearbeitung von Lebensproblemen als Aufgabe der Erwachsenenbildung

Transfermöglichkeiten und Rezeptionsgrenzen der Problemlöseforschung

Einleitung

Erwachsenenbildung kann als ein zielgerichtetes und planvolles, sowohl inhalts- als auch interaktions- und normenbezogenes Handlungsgeschehen in komplexen Lehr-Lern-Situationen charakterisiert werden. Wesentliche Leitidee ist hierbei die Ausstattung des Menschen mit Kompetenzen zur »Bewältigung von Lebensproblemen« – wie es beispielsweise das niedersächsische Erwachsenenbildungsgesetz (§ 1) formuliert. Diese Zielbestimmung sowie das didaktische Prinzip der »Teilnehmerorientierung« kommen in der Regel den Erwartungen der Adressaten – neben sozialen Motiven der Gesellung – im Hinblick auf anwendungs- und lösungsbezogene Hilfen für praktische Verhaltens- und Entscheidungssituationen entgegen. Basale Problemlösekompetenzen für konkrete Lebensbereiche können demnach wichtige Bestimmungsstücke eines neuzeitlichen Bildungsbegriffs sein.
In diesem Zusammenhang ist es m. E. verwunderlich, daß die neuere Denkpsychologie und systemtheoretische Problemlöseforschung von der Erwachsenenbildung kaum rezipiert wurde, zumal die traditionelle Unterscheidung von »materialer« und »formaler« Bildung der Differenzierung zwischen Wissensvermittlung und Entwicklung allgemeiner Problemlösefähigkeiten entspricht (vgl. Kluwe 1986, S. 155). In seiner sinntheoretischen Grundlegung einer Didaktik hat jüngst Kaiser (1985) Erwerb und Optimierung der Handlungsfähigkeit von Menschen in und für spezifische Situationen als wesentliche Aufgabe der Erwachsenenbildung bestimmt und dabei »Problem-« und »Fähigkeitsorientierung« als zwei zentrale didaktische Leitprinzipien entwickelt, ohne allerdings ihren Zusammenhang und den Umsetzungsprozeß genauer zu konzeptionalisieren. Anleihen aus der Problemlösepsychologie

könnten hierbei nützlich sein, will sich die Erwachsenenbildung nicht dem von Luhmann/Schorr (1979) – insbesondere gegenüber der geisteswissenschaftlich-kulturphilosophischen Pädagogik – erhobenen Vorwurf eines Technologiedefizits aussetzen: Die Pädagogik habe nur unzureichende und wenig konsistente Vorstellungen darüber entwikkelt, *wie* denn ihre hehren Prämissen und normativen Vorstellungen *in* der Zeit, also prozessual in bestimmten Situationen der Erziehung und des Unterrichts verwirklicht würden. Fragen der Herausbildung und Transformation von Wissensstrukturen und Handlungssequenzen könnten diese empfindliche Lücke schließen. Dabei sollte der zeitgeschichtlich-kulturelle Horizont mitberücksichtigt werden (Kap. 1), vor dem das m. E. im Problemlöseparadigma manifestierte Interesse an einer stärkeren Prozeß- und Subjektorientierung sowie die Förderung eines besonderen problemlösenden Lern- und Lehrtypus verständlicher wird (vgl. Gagné 1969; Aebli 1985).
In Kap. 2 werden Entwicklung und gegenwärtiger Stand der grundlagen- und anwendungsorientierten Problemlösepsychologie skizziert, um an ausgewählten Aspekten ihre Relevanz für die Erwachsenenbildung in Theorie und Praxis aufzuzeigen (Kap. 3). Da es sich in typischen Lehr-Lern-Situationen weder um ein Forschungssetting handelt – wie in der vorwiegend laborexperimentell ausgerichteten Denkpsychologie (Dörner u. a. 1983; Spies/Hess 1987) – noch den Teilnehmer(inne)n in der Regel ein persönlicher Leidensdruck mit tiefen emotionalen Erschütterungen unterstellt werden kann – wie etwa bei den klinisch-therapeutischen Interventionsformen, deren einschlägige Schulrichtungen in der Problemlösechiffre ebenfalls einen gemeinsamen Nenner haben –, kann es nicht um eine unreflektierte Übernahme zentraler Begriffe und Verfahren der Problemlösepsychologie für die Bildungsprozesse von und mit Erwachsenen gehen. Ein Transferversuch impliziert vermutlich mehrere »Rezeptionsstufen« (vgl. Tietgens 1986, S. 207). Bei einer produktiven Kommunikation zwischen Problemlösepsychologie und Erwachsenenpädagogik könnten wiederum Impulse und kritische Anfragen im Hinblick auf Defizite der Problemlösepsychologie von einem Begriff der »Bildung« ausgehen (Kap. 4), der auf die »ganzheitliche« Lebenspraxis sinnorientiert handelnder Menschen abzielt.

1. *Zum Zusammenhang von Prozeß-, Subjekt- und Problemorientierung in den Humanwissenschaften*

Im Verlauf der 70er Jahre ist m. E. ein zunehmendes Interesse am Prozessualen bzw. am Faktor »Zeit« in den Erziehungs- und Sozialwissenschaften deutlich zu beobachten, wodurch zugleich der Vorgang des Problemlösens stärker ins Zentrum rückt. Nicht mehr das Ergebnis, die erreichte Leistung oder das Endprodukt stehen im Mittelpunkt von Forschung und professionellem Handeln, sondern die Beachtung von Entwicklungsverläufen und des Vollzugs von Vorgängen sowohl auf seiten der Klienten bzw. Teilnehmer(inne)n als auch der Professionellen. In der Erwachsenenbildung verebbt die Diskussion um bildungspolitische Veränderungsstrategien zugunsten der Betrachtung des komplizierten didaktisch-methodischen Vermittlungsprozesses. Es geht z. B. um die Gestaltung und den Verlauf von »Anfangssituationen« oder die Sensibilität der Kursleiterpersönlichkeit für sein Lehrverhalten. Bevorzugter Gegenstand in der Soziologie sind nicht Klassen bzw. Schichten, sondern – beispielsweise in der Organisationsentwicklung (OE) – die Dynamik beruflichen Handelns in Systemen vorwiegend des Produktions- und Verwaltungsbereichs. Durch Strategien des geplanten sozialen Wandels werden Prozeßabläufe auf dem humanen oder/und technischen Sektor verändert. Gruppenstatistische Messungen von Therapieerfolgen in der klinischen Psychologie werden tendenziell zurückgedrängt von der Dokumentation und Interpretation therapeutischer Sitzungen in ihrem Verlaufscharakter. Zum Prozeß des menschlichen Problemlösens als komplexer Informationsverarbeitung werden eine Reihe aufsehenerregender Fallstudienexperimente veröffentlicht (vgl. Funke 1985).

Wenn in Theorie und Praxis insbesondere von Psychologie und Pädagogik tendenziell weniger interessiert, *was* jemand lernt und ihm alltäglich begegnet, sondern *wie* in der *Zeit* die interne Informationsverarbeitung bzw. die persönlichen Erklärungsstile und naiven Verhaltenstheorien als Relevanzfilter für die eigene Lebenswelt aussehen, dann ist mit der *Prozeßorientierung* zugleich eine stärkere Betonung der *Subjektivität,* einer persönlichkeits- und kontextspezifischen Sichtweise des Erlebens und Verhaltens von Menschen verbunden. Im letzten Jahrzehnt hat sich – nicht zufällig – ein Modell des Subjekts in den Humanwissenschaften durchgesetzt, das aktiv-kreative, konstruktive und reflexive Dimensionen des Menschen hervorhebt, der sich handelnd in der Alltagspraxis realisiert. In der Forschungsmethodik dokumentiert sich dieser Wandel zur stärkeren Beachtung von Subjektivität und Dynamik psychischen und sozialen Geschehens in Verfahren wie »Einzelfallanalyse«, »Fallstudienmethode«, »Zeitreihenuntersuchung« und qualitative Interpretation (auto)biographischer Texte.

Das Phänomen einer stärkeren Gewichtung des Prozesses gegenüber dem Produkt sollte m. E. nicht als »Abschied« aus der bildungstheoretischen Tradition oder gar Übergang zur sog. »Postmoderne« gewertet werden (so Mollenhauer 1987, S. 12f.). Denn zum »Aufbau des fertigen Produktes gehört der *Vorgang* des Aufbaus, in dem es entsteht« (Aebli 1985, S. 390). Folglich konstituiert sich das Produkt – sei es ein Text, ein Bild, eine Aussage, ein Begriff, eine Operation oder Handlung – erst im Verlaufe und *durch* diesen prozessualen Vorgang. Eine detaillierte Analyse von Prozessen – z. B. bei der Herausbildung und Transformation von Wissensstrukturen im Subjekt – differenziert und operationalisiert erst das, was in der Tradition Fichtes und Schleiermachers als »Selbsttätigkeit« des Individuums gefaßt wurde.

Vermutlich korreliert die stärkere Prozeß- und deutliche Subjektorientierung in den Humanwissenschaften mit wachsenden Problemen bzw. einer sensibleren Problemwahrnehmung immer größerer Teile der Bevölkerung. Mit zunehmender Differenzierung der Gesellschaft erweitert sich zwar die relative Autonomie des Subjekts, gleichzeitig können aber Tradition und gesellschaftliche Normierungen immer weniger individuelle Gültigkeit für das Denken, Handeln und Erleben von Menschen beanspruchen. Die persönliche Gestaltung vieler Lebensbereiche ist »offener« geworden (z. B. Entscheidung für oder gegen eine Familiengründung) und zugleich steigen die Anforderungen an die eigenständige Beziehungsregulierung und Selbstkontrolle. Einmal abgesehen von globalen Bedrohungen (atomarer, ökologischer und ökonomischer Art) und individuellen »Schicksalsschlägen« geraten zunehmend mehr Menschen im Laufe ihrer normalen Lebensentwicklung in teilweise unvorhersehbare Konflikt- und schwierige Entscheidungssituationen, ohne daß für diese Lebensprobleme jedesmal vorgefertigte Interpretationsmuster und Handlungsstrategien zur Verfügung stünden oder »greifen«. Zur Erweiterung des Deutungs- und Handlungsrepertoires, des Bedingungs- und Veränderungswissens genügt nicht mehr das Einüben von Teilfertigkeiten oder die bloße Übernahme von Expertenlösungen. Es entsteht die Frage, ob angesichts dieses kulturellen und wissenschaftlichen Wandels die Problemlöseforschung dem Menschen bei seinen Suchbewegungen nützliche Hilfestellungen bieten kann.

2. *Das grundlagen- und anwendungsorientierte Problemlösungsparadigma*

Angesichts des heterogenen Gesamtbildes der Problemlösepsychologie soll im folgenden – zur vorläufigen Orientierung – ein grober Überblick über den Entwicklungsstand gegeben werden. Nach den Anfängen einer empirischen Psychologie der Denkvorgänge vor dem Ersten Weltkrieg (K. Bühler, O. Selz, Dewey u. a.) hat insbesondere die gestaltpsychologische Tradition Ende der 20er bis in die 40er Jahre hinein diese Forschungsrichtung nachhaltig beeinflußt. Gegenüber behavioristischen und assoziationistischen Lernpsychologen wiesen Köhler durch Experimente mit Menschenaffen und Wertheimer in Studien mit geometrischen Aufgabenstellungen bei Kindern nach, daß problemlösendes Verhalten auf »Einsicht« in die Struktur einer aktuellen Problemsituation basiert, auf einem »Sehen« von relevanten Beziehungen und einem tendenziell planvollen Zusammenfügen von innerlich repräsentierten Ereignissen. Wenn – meist nach einer Versuchs- und Irrtumsphase – »plötzlich« die erfolgreiche Lösung »entdeckt« wird, hat eine Umgestaltung des Denkmaterials bzw. Erfahrungsfeldes stattgefunden. Im Hinblick auf die allgemeine Verhaltensorganisation beim Problemlösen bzw. »produktiven Denken« hat vor allem Duncker die Situations- und Zielanalyse als heuristische Methode auf dem Weg vom gegebenen zum angestrebten Zustand betont.

Ein weiterer Theorieschub ist seit Beginn der 60er Jahre durch die Analogisierung menschlichen Denkens mit kybernetischen Modellvorstellungen und informationsverarbeitenden Maschinen zu verzeichnen (vgl. die Debatte um die »künstliche Intelligenz«). Der hypothetische Verlauf des Lösens komplexer Probleme mit einer größeren Zahl miteinander verknüpfter Variablen wird in Teilprozesse und Phasen zerlegt, bisherige lineare Konzepte werden durch Regelkreismodelle ersetzt, der Vorgang durch Computerprogramme simuliert und in Form von Flußdiagrammen veranschaulicht. In dem berühmt gewordenen Forschungsprojekt »Lohausen« haben Dörner u. a. (1983) umfangreiche experimentalpsychologische Fallstudien über das prozessuale Verhalten in komplexen Problemsituationen erstellt. Versuchspersonen hatten die Aufgabe, als eine Art Bürgermeister den im Computer simulierten kommunalen Realitätsbereich der fiktiven Kleinstadt Lohausen für einen gedachten Zeitraum von 10 Jahren zu »regieren« und für das »Wohlergehen« der Bewohner zu sorgen. Bei der schwierigen Bewältigung des zunächst intransparenten und komplexen Systems als Gefüge von ca. 2000 Variablen (!), »die ihren Zustand wechselweise in der Zeit beeinflussen« (ebd. S. 137), können Eingriffe in das System neben beabsichtigten Wirkungen auch eine Reihe unerwünschter Neben- und unbedachter Langzeiteffekte nach sich ziehen. Globale Problemlösekompetenzen wie »Selbstsicherheit«, »Explorationsbereitschaft« und »Abstraktheit der Gedächtnisstruktur« (nicht hingegen Leistungen, wie sie in Intelligenztests verlangt werden) sind beim erfolgreichen Planungs- und Entscheidungsverhalten ausschlaggebend.

Neben dieser Grundlagenforschung hat sich eine Anwendung der Problemlösepsychologie vor allem im pädagogischen Bereich von Schulunterricht (vgl. Gagné 1985, Aebli 1985, 1986) und beruflicher Ausbildung (Tümmers 1981) entwickelt. In Gagnés Taxonomie der acht Lernarten stellt das Problemlösen in Erziehung und Unterricht den höchsten und komplexesten Lerntypus dar, der alle anderen Lernformen (vom Regel- bis zum Signallernen) zur Voraussetzung hat. Der sog. »problemlösende Unterricht« ist im deutschsprachigen Raum im Zusammenhang mit der Förderung des »entdeckenden« Lernens und der »kreativen« Prozesse zu sehen. Nicht die reproduktive Wiedergabe von Wissen oder die Vermittlung fertiger Lösungen durch Lehrkräfte oder Lehrbuch stehen im Mittelpunkt des Unterrichts, sondern das aktive und produktive Problemlösen des Schülers im Sinne des Entwickelns und Entdeckens von – zumindest für ihn – neuen Regeln durch Kombination bereits bekannter. Wenn auch ein generelles didaktisches Schema für den Einsatz des Problemlösens zur Zeit nicht existiert, werden Versuche zur Frage »Sind Regeln des Problemlösens lehrbar?« neuerdings von Aebli u. a. (1986) angestellt.

Neben dem pädagogischen und betriebspsychologischen (vgl. Franke 1975) Bereich haben seit Anfang der 70er Jahre vor allem die einschlägigen Psychotherapieverfahren wie Verhaltensmodifikation, Gesprächspsychotherapie und Neopsychoanalyse – jeweils für sich – die Problemlösechiffre in unterschiedlichem Umfang rezipiert. Auf der Suche nach einem integrativen Therapieverständnis und einer konsensfähigen klinischen Handlungstheorie spielt das Modell des Problemlösens in der neueren Literatur zum klinisch-therapeutischen Handeln eine zentrale Rolle. Der interessanteste Versuch auf diesem Gebiet stammt m. E. von Fiedler (1981), der unter direkter Bezugnahme auf die Grundlagenforschung ein programmatisches Konzept zur Selbstbehandlung als Psychotherapieziel ausgearbeitet hat. Insgesamt darf allerdings der Tatbestand nicht übersehen werden, daß in der Regel die Distanz zwischen Grundlagenforschung und Anwendungsorientierung innerhalb der Problemlösepsychologie erheblich ist. Dennoch bleibt die Frage, welche Aspekte dieser vielfältigen Entwicklungslinien und Theorieansätze bei einer ersten Durchsicht von der Erwachsenenbildung rezipiert werden könnten, um das Aufgabenverständnis einer Hilfe zur Bearbeitung von Lebensproblemen zu verwirklichen.

3. Transfermöglichkeiten und Rezeptionsgrenzen der Problemlösepsychologie in erwachsenenpädagogischen Lehr-Lern-Situationen

Im folgenden sollen exemplarisch zentrale Aspekte der grundlagen- und anwendungsorientierten Problemlösepsychologie für die Erwachsenenbildung fruchtbar gemacht werden und zugleich Grenzen der Rezeptionsmöglichkeit bzw. Forschungsdefizite der Problemlösepsychologie aufgezeigt werden.

a) Verbesserung der »heuristischen Kompetenz« beim Problemlösen

Bei der Er- und Vermittlung von Problemlösekompetenzen steht im folgenden nicht ein Konzept im Mittelpunkt, bei dem bereits verfügbare Fakten-, Regel- oder Theoriekenntnisse auf eine spezielle Aufgabe – z. B. in Form eines Algorithmus als Verfahrensvorschrift – lediglich angewandt werden, sondern ein Modell der »produktiven« Lösungssuche angesichts komplexer Problemsituationen, bei denen auf dem schwierigen Weg vom »störenden« Ausgangszustand zum erstrebten Ziel Informationslücken bewältigt und neue Strategien erprobt werden müssen. Hierfür sind – sei es bei Teilnehmer(inne)n in einer schwierigen Lebenssituation oder beim Erwachsenenpädagogen in einer kritischen Lehr-Lern-Situation – neben der »epistemischen«, die Wissensstrukturen abbildenden Kompetenz im wesentlichen »heuristische« Fähigkeiten nötig (vgl. Dörner u. a. 1983, S. 412f.). Beim Heurismus handelt es sich um eine allgemeine »Suchregel«, der das eigene Denken bei der Konstruktion des Lösungswegs in einer Problemsituation folgt. Für solche »Findeverfahren«, durch die der Weg zur Erreichung des Zieles erst konstruiert werden muß, ist die gesamte Literatur zur grundlagen- und anwendungsorientierten Problemlösepsychologie eine wahre Fundgrube. Gerade einer Erwachsenenbildung, die den Lern- und Bildungsprozeß gern in der Metapher der »Suchbewegung« beschreibt, müßte an einer systematischen Verbesserung der heuristischen Kompetenz gelegen sein. In der Bildungspraxis zeigt sich, daß die Anleitung zu solchen Heurismen für viele Teilnehmer eine Phase der Verunsicherung bzw. einen Bruch gegenüber alltäglichen Denkgewohnheiten bedeutet. Bei der Bearbeitung von Lebensproblemen überwiegen eher rezeptartige Erwartungen im Hinblick auf schnelle Lösungstips. Gegenüber diesem produkt- und ergebnisorientierten Alltagsdenken wird mit der heuristischen Kompetenz das eher wissenschaftsorientierte Interesse am prozessualen und entdeckenden Lernen im Hinblick auf die Umorganisation von Wissensstrukturen und Handlungssequenzen betont. Deshalb muß in Lehr-Lern-Situationen eine Balance zwischen Produkt- und Prozeßorientierung hergestellt werden.

Für diese Vermittlungsaufgabe können m. E. die diversen *Phaseneinteilungen bzw. Stufenmodelle* (vgl. Fiedler 1981, Franke 1975, S. 46f., u. a.) als heuristische Verfahren recht hilfreich sein. Sie gliedern und organisieren in transparenter Weise den Verlauf des Problemlöseprozesses als Abfolge verschiedenartiger Teilschritte und Phasen mit je eigener Relevanz in der Zeitdimension, ohne eine bestimmte Lösung zu präjudizieren. Der kleinste gemeinsame Nenner dieser teils sehr differenzierten Schemata ist die Einteilung in eine Beobachtungs- und Einsichtsphase einerseits, die zur Strukturierung der Problemsituation bzw. zum »Aufbau des Problemraumes« (Spies/Hess 1987, S. 408) dient, und der Veränderungsphase andererseits, die auf der Basis einer Ziel-Mittel-Analyse der Umstrukturierung von Handlungsmöglichkeiten und -sequenzen vorbehalten bleibt. Für die Lehr-Lern-Situationen in der Erwachsenenbildung ergibt sich die auch in der Problemlöseforschung nicht hinreichend konzeptionalisierte und empirisch überprüfte

Schwierigkeit, bei der Bearbeitung mancher Lebensprobleme eine Balance herstellen zu müssen zwischen der Prozeßanalyse bzw. dem Verstehen der strukturellen Zusammenhänge, Regelhaftigkeiten, Zwänge und Ressourcen einer Problemsituation und der Phase der geplanten Veränderungsmaßnahmen. Trotz der durch die Problemlösepsychologie geförderten heuristischen Fähigkeiten (dazu gehört auch das Aufstellen und Überprüfen von Zwischenhypothesen, die Formulierung von Zwischenzielen und aufgaben-, verfahrens- und ergebnisorientierte Hilfen innerhalb jeder Phase der Problembearbeitung, vgl. Tümmers 1981) bedarf m. E. der komplizierte Wechselwirkungsprozeß zwischen dem Vorgang des Sich-ein-»Bild«-Machens von einer Problemsituation und dem »Plan« von Handlungssequenzen und -alternativen auf ein Ziel hin der weiteren Erforschung.
Neben den Phasen- und Stufenmodellen als den Bearbeitungsprozeß strukturierende Heurismen haben Aebli u. a. (1986) weitere sog. *»Repräsentationsregeln«* aufgelistet. Diese an sich für die interne Repräsentation gedachten Heurismen können aber zugleich eine externe, »verarbeitungsfreundliche« Darstellung innerhalb eines Lösungsprozesses sein. In diesem Zusammenhang ist auf die zumeist mit konstruktivistischen Erkenntnispositionen einhergehende systemische Denkweise hinzuweisen, bei der hypothetische Modellbildungen bzw. -konstruktionen häufig durch visuelle Darstellung struktureller und strategischer Zusammenhänge von Sachverhalten – z. B. durch Problem- und Wirkungsnetze – veranschaulicht werden. Diese helfen das Denken in unilinearen Wirkungsketten zu vermeiden und eröffnen die Möglichkeit der Betrachtung von (un)erwünschten Neben- und Langzeiteffekten. Solche Darstellungen von netzwerkartigen Verknüpfungen eines Problems verbessern nachweislich die Leistungen bei einer Problembearbeitung (vgl. Spies/Hess 1987, S. 401). Zur Ausbildung der heuristischen Kompetenz kann es ebenfalls nützlich sein, den organisierten Ablauf von Problemlöseprozeduren in einem Flußdiagramm zu (re)präsentieren. Solche visuellen Darstellungen komplexer Problemsituationen und des Ablaufs von Lösungsprozessen sind m. E. wichtige Findeverfahren, die eine größere Transparenz in die Problembearbeitung bringen und die Möglichkeit beinhalten, über diesen entdeckenden, problemlösenden Vorgang nach dem Prinzip der minimalen Hilfe (Aebli 1985, S. 300) die Selbststeuerung, -hilfe und -tätigkeit zu fördern.

b) Differenzierung von Problemtypen und -bereichen

Eine auch für die Erwachsenenbildung hilfreiche Klassifikation von Problem- bzw. »Barriere«-Typen hat Dörner (1979) in Form einer Matrix aus der Kombination des »Bekanntheitsgrades der Mittel« (im Sinne der Verfügbarkeit von geeigneten Operatoren) und der »Klarheit der Zielkriterien« aufgestellt. Geht es bei »Interpolationsproblemen« um die richtige Kombination und Abfolgeanordnung bereits bekannter Mittel/Operatoren und beim »synthetischen« Problemlösen um die Mittelfindung bei bekanntem Ziel, so sind beim Lösen »dialektischer Probleme« Anfangs- und Zielzustand nicht hinreichend klar definiert (wobei die benötigten Operatoren durchaus geläufig sein können).
Bei der Vielfalt von Sach- bzw. Realitätsbereichen als inhaltlicher Gegenstand von Erwachsenenbildung kann die Bedeutsamkeit der Problemlösepsychologie kaum generell beantwortet werden, sondern es muß nach den Problemtypen im jeweiligen Themengebiet differenziert werden. An dieser Stelle ergibt sich eine besondere Transferschwierigkeit dadurch, daß sich die bisher untersuchten Realitätsbereiche sowohl der Grundlagenforschung als auch des problemlösenden Unterrichts im wesentlichen auf Sprach-, Mathematik- und naturwissenschaftlichen Unterricht konzentrieren bzw. die Computersimulation vorwiegend den Wirtschafts- und Verwaltungsbereich favorisiert. Im Vergleich zu naturwissenschaftlich-technischen Fachbereichen der Weiterbildung wird dadurch die Rezeptionsmöglichkeit von Ergebnissen und Methoden der Problemlösepsychologie für die allgemeinen, kulturellen und politischen Themengebiete der Erwachsenenbildung beeinträchtigt, in denen viele alltägliche Lebensprobleme von Erwachsenen anzusiedeln sind. Würde man – heuristisch – die Problemlöseforschung auf soziale, interaktionelle Problemsituationen anwenden (z. B. familiale Erziehungskonflikte, Gestaltungsfragen von Partnerschaft, politische Auseinandersetzungen, die Lehr-Lern-Situation selber), wird es sich relativ häufig um den dialektischen Typus von »Gestaltungsproblemen« (vgl. Aebli 1985, S. 285f.) handeln, bei denen es sich um komplexe Probleme mit vagen, noch zu präzisierenden und multiplen Zielen handelt und die Lösungsrichtung erst im Prozeß einer komplizierten Ist- und Soll-Analyse hergestellt wird.

c) Regelung von Schwierigkeitsgrad und Verallgemeinerbarkeit durch Wahl der Systemreferenz und des Auflösungsgrades

Nimmt man einmal an, daß intrapsychische, interaktionelle, organisationsbezogene und politische Sachverhalte bzw. Realitätsbereiche dynamisch, vernetzt und komplex sind und andererseits Aufwand und Wirkungsbreite von Mitteln/Operatoren zur Problembearbeitung schwierig abzuschätzen sind (vgl. Dörner 1979, 1983), muß der Referenzrahmen und der Auflösungsgrad (= level of analysis) einer Problemsituation im Hinblick auf die kognitive Struktur der Teilnehmer sorgsam bedacht werden. Bei der Bearbeitung einer typischen Erziehungssituation als Fallbeispiel in der Eltern- und Familienbildung (vgl. Schiersmann/Thiel 1981) ist es sicherlich sinnvoll, diese Problemsituation in den Zusammenhang des Systems Familie (mit den elterlichen, ehelichen und geschwisterlichen Teilsystemen und individuellen Familienmitgliedern) und dessen Wechselwirkung mit relevanten Umweltbereichen (Arbeitsplatz, Schule usw.) zu stellen. Daß letztere nicht nur Rand- und Rahmenbedingungen eines »Systemproblems« (Vester zit. n. Dörner u. a. 1983, S. 17) darstellen, sondern über interne Sinnkriterien die Familie beeinflussen, hat die neuere Systemtheorie illustriert (vgl. Luhmann/Schorr 1979). Bei einem problemlösungsorientierten Verständnis von Erwachsenenbildung haben Kursleiter(innen) eine Balance herzustellen zwischen einem individuumszentrierten Alltagsdenken (intrapsychische Gründe für die unerwünschte Verhaltensweise bzw. »Schuld« des Kindes) und dem Lernen in systemischen, strukturellen Zusammenhängen, deren Reflexion die Grundlage für eine Erweiterung der Problemlösekapazität von Teilnehmer(inne)n ist.
Neben der Vermittlung des systemreflexiven Denkens beim Problemlösen mit einem eher personalisierenden und individualisierenden Alltagsdenken muß in der Lehr-Lern-Situation zugleich auch der »Auflösungsgrad« dosiert werden. Reichert man beispielsweise die genaue Prozeßanalyse einer konkreten, problematischen Erziehungssituation durch detaillierte biographische und familiengeschichtliche Informationen an, so kann das Fallbeispiel einen Grad an Komplexität erlangen, der die kognitive Struktur von Teilnehmern überfordert. Dadurch wird aber das Lernziel einer langfristigen Selbststeuerung, -hilfe und -tätigkeit von Teilnehmern gefährdet. Außerdem ist die Verallgemeinerbarkeit des Fallbeispiels und seines Problemlöseprozesses in Frage gestellt, weil mit steigendem Auflösungsgrad die Vernetztheit und Dynamik

einer Problemsituation zunimmt und die Lösungsfindung letztlich nur noch idiographische Gültigkeit beanspruchen kann. Mit der Wahl der Analyseebene einer Problemsituation stehen also Schwierigkeitsgrad und Verallgemeinerbarkeit von Lösungsprozessen in Zusammenhang. Was hier als Balanceakt bezeichnet werden kann, ist allerdings sowohl in der Erwachsenenbildung als auch in der angewandten Problemlöseforschung als Defizit festzuhalten.

d) Das Lehr-Lern-Setting und die System-Umwelt-Beziehung im Laborexperiment

In der Denk- und Problemlöseforschung der BRD und DDR herrschte im letzten Jahrzehnt ein experimentalpsychologisches Modell der System(Subjekt)-Umwelt(Objekt)-Relation als Untersuchungsstruktur vor, in der meist ein einzelner, isoliert agierender Problemlöser Steuerungsfunktionen gegenüber einem mehr oder weniger fremden und intransparenten, computersimulierten Umweltbereich übernimmt. Sollen Problemsituationen aus der Lebenswelt von Teilnehmern im didaktischen Setting exemplarisch und gemeinsam bearbeitet werden, ergeben sich Rezeptionsschwierigkeiten durch die Tatsache, daß im Alltag von Teilnehmern erstens Vorerfahrungen über einen Kontext bestehen und zweitens die Lösung häufig in sozialen Situationen mit mehreren Beteiligten ausgehandelt wird (z. B. Mitglieder der Familie, des Betriebes oder der Schulklasse). Auch in der Lehr-Lern-Situation – beispielsweise im kulturellen und politischen Fachbereich – stellt die Bearbeitung von Lebensproblemen zugleich immer einen zwischenmenschlichen und gemeinsamen Verständigungsprozeß dar. Das Gelingen dieser Interaktionssituation entscheidet wesentlich über die Güte einer Lösung, die in der Regel im Verlaufe der Gestaltung dieses problemlösenden Prozesses zumeist als Gruppenleistung konstituiert wird. Da es – im Vergleich zu vielen mathematisch-naturwissenschaftlichen Sachverhalten – in der allgemeinen, kulturellen und politischen Bildung keine ein-eindeutige Lösung gibt, kann auch nicht davon ausgegangen werden, daß der pädagogische Experte letztlich die angemessenste Lösung bei der Bearbeitung von Lebensproblemen parat hat. Die Organisation des für den Lösungsprozeß notwendigen Zusammenspiels der Gruppenmitglieder und die Abstimmung der Einzelaktivitäten auf den größtmöglichen Effekt ist in der Grundlagenforschung eher als Defizit zu bezeichnen. Die pragmatischen Vorschläge und Techniken zum »Lösen von Problemen in Gruppen« (Franke 1975) aus dem betrieblichen Berufszusammenhang sind auf die Lehr-Lern-Situationen der Erwachsenenbildung nur schwer zu übertragen, weil die Teilnehmer(innen) in der Regel nicht in einem gemeinsamen externen Berufs- und Arbeitszusammenhang stehen.

e) Zum Stellenwert emotionaler und motivationaler Faktoren beim problemlösenden Denken

Man kann zur Zeit nur darüber spekulieren, in welchem Umfang und in welcher Weise emotionale Faktoren – z. B. bei Vorgängen von Intuition und Phantasietätigkeit – Anteile an einem heuristischen Reservoir darstellen. Fest steht allerdings, daß sowohl die experimentelle Problemlösepsychologie als auch der problemlöseorientierte Sachunterricht den steuernden Einfluß emotionaler und motivationaler Faktoren beim Problemlösen vernachlässigt haben (vgl. Kluwe 1986, S. 154). Da im Kursgeschehen selbst – beispielsweise der Eltern- und Familienbildung – Empathie eine große Rolle spielt und Emotionalität geradezu zum charakteristischen Merkmal und Erlebnis der Sinnhaftigkeit der Sozialform Familie gehört, können Bildungsprozesse gerade in diesem Bereich auf diese Dimension nicht verzichten. In der Erwachsenenbildung müßte geprüft werden, ob bei der Verbesserung der heuristischen Kompetenz von Teilnehmern evtl. Anleihen aus dem klinisch-therapeutischen Sektor sinnvoll sind (vgl. Fiedler 1981), in dem in den letzten Jahren die Wechselwirkung zwischen emotionalen Faktoren und kognitiven Verarbeitungsmustern stärker herausgearbeitet wurde. Für den Bereich der Eltern- und Familienbildung wurde vom Verfasser ein emotionale Anteile berücksichtigender Theorieansatz vorgelegt (vgl. Schiersmann/Thiel 1981).

Die Zielvorstellung einer stärkeren Berücksichtigung emotionaler und motivationaler Faktoren wird durch motivationspsychologische Überlegungen innerhalb der experimentellen Problemlösepsychologie gestützt (vgl. Spies/Hess 1987, S. 414). Mit der bekannten These Heckhausens, daß Hochmotivierte bessere Leistungen bei schwierigen und zeitraubenden Aufgaben erbringen, stimmt das empirische Ergebnis überein, daß die *persönliche Betroffenheit* als aktualisierte Motivation die Güte der Problembearbeitung steigert (z. B. größere Ausdauer bei der Problembearbeitung; flexibleres, analytisches und überlegteres Vorgehen). In Lehr-Lern-Situationen der Erwachsenenbildung ist m. E. bei der Bearbeitung von Lebensproblemen außerdem die Dimension des wechselseitigen *Vertrauens* nicht zu vernachlässigen. Fallbeispiele aus dem Kreis von Teilnehmern können nicht zu jedem beliebigen *Zeitpunkt* eingebracht werden, weil dafür eine bestimmte Atmosphäre des wechselseitigen Vertrauens unabdingbar ist. Die Problembearbeitung kann auch nicht über eine beliebig lange *Zeitstrecke* ausgedehnt werden, weil – einmal abgesehen von der begrenzten Aufmerksamkeits- und Konzentrationsspanne beim Prozeß der Lösungsfindung – betroffene Teilnehmer nicht den Eindruck vermittelt bekommen dürfen, daß sie mit dem von ihnen dargestellten Lebensproblem den anderen »die Zeit gestohlen« hätten. Gerade im Hinblick auf die Zeitplanung einer Problembearbeitung in der Erwachsenenbildung müssen emotionale und motivationale Faktoren stärker berücksichtigt werden, so daß an dieser Stelle eine deutliche Rezeptionsgrenze eines größeren Teils der problempsychologischen Literatur festgemacht werden kann.

4. *Heuristische Denkoperationen und sinnorientierter Bildungsbegriff – eine produktive Kommunikation zwischen Problemlöseforschung und Erwachsenenpädagogik*

In diesem Beitrag zur Relevanz der grundlagen- und anwendungsbezogenen Problemlösepsychologie für die erwachsenenpädagogische Lehr-Lern-Situation wurde von der Hypothese ausgegangen, daß zwischen den sich seit Ende des 19. Jahrhunderts ausdifferenzierenden Humanwissenschaften (insbesondere der empirischen Psychologie, Pädagogik und Soziologie) gegenwärtig Berührungspunkte vorhanden sind in der Betonung des Prozeßcharakters psychischen und sozialen Geschehens und daß die Chiffre einer lösungsorientierten Bearbeitung von »Systemproblemen« eine theoretische Brücke darstellen kann.
In Zukunft muß der theoretische Ort und didaktische Stellenwert des Problemlöseparadigmas in Theorie und Praxis der Erwachsenenbildung sicherlich eingehender analysiert werden. Dennoch lassen sich bereits jetzt einige Aspekte für die Bildungspraxis und Theorieentwicklung der Erwachsenenpädagogik fruchtbar machen. So kann gegenüber vorhan-

denen Wissensbeständen – der »epistemischen« Struktur des Subjekts – eine größere Selbstsicherheit der heuristischen Kompetenz beispielsweise durch Makrostruktur- und (Re)Präsentationsregeln (Aebli u. a. 1986) bei der Organisation der Bearbeitungsprozesse von Lebensproblemen gefördert werden. Insbesondere eine transparente Gliederung bei der Gestaltung von lösungsorientierten Prozessen (in der Zeit) durch Phasenmodelle mit jeweils aufgaben-, verfahrens- und ergebnisorientierten Hilfestellungen und/oder Modellbildungen durch die Konstruktion von Wirkungsnetzen und Flußdiagrammen im Hinblick auf eine Problemsituation bzw. Lösungssuche können produktiv-problemlösendes Denken als strukturellen und systemreflexiven Lehr-Lern-Typus verbessern. Dazu gehört auch die »Dosierung« des Schwierigkeitsgrades und der Verallgemeinerbarkeit durch sorgsame Wahl der Systemreferenz und des Auflösungsgrades einer Problemsituation als Fallbeispiel.

Transferchancen und Rezeptionsgrenzen der Problemlösepsychologie in der Erwachsenenbildung sind einerseits von der Besonderheit der gegenüber Labor-, Therapie-, Schulunterricht- und betrieblichem Setting unterschiedlichen Lehr-Lern-Situation abhängig und andererseits von einem prozessualen, an konkreten Lebensproblemen orientierten Bildungsverständnis. Ernstzunehmende Rezeptionsbarrieren gegenüber der Problemlöseforschung existieren m. E. insbesondere im Hinblick auf den allgemeinen, kulturellen und politischen Bildungsbereich, weil die Fokussierung gegenständlicher Sachverhalte (insbesondere des mathematisch-naturwissenschaftlich-technischen und wirtschaftlichen Realitätsbereichs) sowohl in der Grundlagenforschung als auch beim problemlösenden Unterricht – eine Aussagenbegrenzung über menschliche Probleme und problemlösendes Verhalten bedeutet (vgl. Spies/Hess 1987, S. 371). In Zukunft muß deshalb geprüft werden, inwieweit Problemlöseprozeduren und -kompetenzen aus dem gegenständlichen Bereich auf intra- und interpersonelle Lebensprobleme übertragen werden können.

Weil im zwischenmenschlichen Problembereich die Variablen vergleichsweise schwerer zu operationalisieren und die Lösungsgüte schwieriger zu verifizieren ist, bevorzugt die Problemlöseforschung wahrscheinlich gegenständliche Sachverhalte. Mit diesem Tatbestand hängt vermutlich wiederum das auf die Bearbeitung von zwischenmenschlichen Problemsituationen nur begrenzt übertragbare Modell der Subjekt(System)-Objekt(Umwelt)-Relation zusammen. Im Vergleich zum »einsamen« Problemlöser von computersimulierten Gegenstandsbereichen stellt die Bearbeitung von Lebensproblemen in erwachsenenpädagogischen Lehr-Lern-Situationen einen gemeinsamen interaktionellen Verständigungsprozeß dar. Hierbei sind allerdings die in der Problemlöseforschung vernachlässigten emotionalen und motivationalen Faktoren von besonderer Bedeutung wie auch die Berücksichtigung spezifischer Situationskontexte im Sinne der Umweltabhängigkeit von Problemlöseprozeduren (vgl. Funke 1984, S. 166). Weitgehend ausgeblendet ist m. E. in der Problemlöseforschung auch der Einfluß individueller Wertordnungen und subjektiver Normbezüge auf den Problemlöseprozeß.

Daß »Sinn«-Kriterien problemlösender Subjekte bzw. sozialer Systeme für die selektive Informationsverarbeitung externer und interner Faktoren verantwortlich sind, hat die neuere Theorie sozialer Systeme an vielen Beispielen herausgearbeitet (vgl. Luhmann/Schorr 1979). In Anlehnung an geisteswissenschaftlich-hermeneutische und (tiefen)-strukturale Verstehensansätze (vgl. Oevermann 1986) ist sinnorientiertes Handeln von Menschen in sozialen Situationen ausschlaggebend sowohl für die Prozeßanalyse und Interpretation einer spezifischen Problemsituation als auch für die Legitimation einer Ziel-Mittel-Analyse. Diese Sinnorientierung des Menschen in sachlicher, zeitlicher und sozialer Hinsicht bedeutet zugleich, daß der Mensch über »Sinn« – wie diffus und vorbewußt auch immer – einen Zusammenhang bzw. eine Einheit in der Vielfalt seiner Lebens»praxen« (vgl. Benner 1983) stiftet bzw. »konstruiert«. Angesichts der Ausdifferenzierung und Komplexität unseres kulturellen Lebens, wachsender globaler und individueller Problemlagen gelangen dabei allerdings immer mehr Menschen an die Grenze ihrer Informationsverarbeitungskapazität. In Zukunft wäre folglich eine produktive Kommunikation zwischen dem Theorieansatz regelgesteuerter Denkoperationen und einem sinntheoretischen Bildungsverständnis im Hinblick auf Fragen der Möglichkeit und Grenze einer Transformation von Wissens- und Handlungsstrukturen in zwischenmenschlichen Problemsituationen wünschenswert.

Literatur

Aebli, H./Ruthemann, U./Staub, F.: Sind Regeln des Problemlösens lehrbar? In: Zeitschrift für Pädagogik (32), 1986, H. 5, S. 617–638

Aebli, H.: Zwölf Grundformen des Lehrens. Eine Allgemeine Didaktik auf psychologischer Grundlage. Stuttgart 1985²

Benner, D.: Grundstrukturen pädagogischen Denkens und Handelns. In: Lenzen, D./Mollenhauer, K. (Hg.): Theorien und Grundbegriffe der Erziehung und Bildung. Enzyklopädie Erziehungswissenschaft Bd. 1, Stuttgart 1983, S. 283–300

Dörner, D.: Problemlösen als Informationsverarbeitung. Stuttgart/Berlin/Köln/Mainz 1979²

Dörner, D./Kreuzig, H. W./Reither, F./Stäudel, Th. (Hg.): Lohausen. Vom Umgang mit Unbestimmtheit und Komplexität. Bern 1983

Fiedler, P. A.: Psychotherapieziel: Selbstbehandlung. In: Fiedler, P. A. (Hg.): Psychotherapieziel Selbstbehandlung. Grundlagen kooperativer Psychotherapie. Weinheim, Deerfield Beach (Florida), Basel 1981, S. 25–76

Franke, H.: Das Lösen von Problemen in Gruppen. München 1975

Funke, J.: Diagnose der westdeutschen Problemlöseforschung in Form einiger Thesen. Mit einigen Anmerkungen von D. Dörner. In: Sprache und Kognition 1984, H. 3, S. 159–172

ders.: Problemlösen in komplexen computersimulierten Realitätsbereichen. In: Sprache und Kognition 1985, H. 3, S. 113–129

Gagné, R.: Die Bedingungen des menschlichen Lernens. Hannover 1969

Kaiser, A.: Sinn und Situation. Grundlinien einer Didaktik der Erwachsenenbildung. Bad Heilbrunn 1985

Kluwe, R. H.: Denken und Problemlösen. In: Sarges, W./Fricke, R. (Hg.): Psychologie für die Erwachsenenbildung/Weiterbildung. Göttingen 1986, S. 150–155

Luhmann, N./Schorr, K.-E.: Reflexionsprobleme im Erziehungssystem. Stuttgart 1979

Mollenhauer, K.: Korrekturen am Bildungsbegriff? In: ZfPäd. 33 (1987), Nr. 1, S. 1–20

Oevermann, U.: Kontroversen über sinnverstehende Soziologie. In: Aufenanger, S./Lenssen, M. (Hg.): Handlung und Sinnstruktur. München 1986, S. 19–83

Schiersmann, C./Thiel, H.-U.: Leben und Lernen im Familienalltag. Frankfurt 1981

Spies, K./Hess, F. W.: Problemlösen. In: Lüer, G. (Hg.): Allgemeine experimentelle Psychologie. Stuttgart 1987, S. 371–430

Tietgens, H.: Nachbemerkungen. In: Nolda, S. (Hg.): Denken – Handeln – Verstehen. Bad Heilbrunn 1986, S. 207–213

Tümmers, J.: Förderung analytischen und produktiven problemlösenden Denkens in der Berufsausbildung. In: Zeitschrift für Berufs- und Wirtschaftspädagogik, 77. Band, H. 2 (1981), S. 121–132

Heinz Mandl/Wolfgang Schnotz/Sigmar-Olaf Tergan

Beispiele in Lehrtexten

I. Die Bedeutung von Beispielen im Lehr-/Lern-Prozeß

1. Beispiele in der didaktischen Diskussion

Die Bedeutung von Beispielen für das Lernen ist in der pädagogischen Diskussion unbestritten. Dabei können Unterrichtsbeispiele, die zur Vermittlung, Vertiefung und Festigung von Erkenntnissen beitragen, bei denen also die Instruktionsfunktion im Vordergrund steht, von Erziehungsbeispielen unterschieden werden, die der Vermittlung von Werthaltungen, Einstellungen usw. dienen. Im folgenden soll nur von Unterrichtsbeispielen die Rede sein. In der didaktischen Diskussion werden eine Fülle verschiedener Arten von Unterrichtsbeispielen unterschieden, denen eine entsprechende Vielfalt von lernfördernden Wirkungen zugesprochen wird (s. Haase 1930; Henkler 1928; Henningsen 1979; Wolf 1970): Sog. Ausgangsbeispiele sollen in einen allgemeineren Themenbereich einführen bzw. zum besseren Verständnis der folgenden allgemeineren Problemstellung dienen. Sie sollen aber auch helfen, den Lernprozeß lebendiger zu gestalten, indem sie beim Lernenden persönliche Betroffenheit oder Beunruhigung durch Ungewohntes bzw. Unstimmiges erzeugen und diesen zum aufmerksamen Weiterlesen und zur vertieften kognitiven Verarbeitung motivieren. Sog. Illustrationsbeispiele sollen als Interpretationshilfe für vorangegangene allgemeine Ausführungen dienen, d. h. diese konkretisieren bzw. veranschaulichen und damit verständlicher machen. Sog. Beleg-Beispiele sollen den Allgemeingültigkeitsanspruch bestimmter übergeordneter Aussagen untermauern. Sog. Kontrollbeispiele sollen eine Überprüfung der Richtigkeit der betreffenden Aussagen ermöglichen. Sog. Gegenbeispiele sollen mithelfen, die Gültigkeitsgrenze allgemeiner Aussagen deutlicher zu machen, und sog. Anwendungsbeispiele sollen nach erfolgter Wissensvermittlung der Festigung und Transferierbarkeit des Gelernten dienen, wobei zugleich auch der Allgemeinheitscharakter des Gelernten noch deutlicher wird. Beispiele sollen auch dazu beitragen, bereits vorhandene Wissensbestände mit konkreten Alltagserfahrungen zu verknüpfen. Sie sollen Bezüge zwischen allgemeineren, abstrakteren Konzepten und spezifischeren, konkreteren Konzepten aus der unmittelbar sinnlich zugänglichen Wahrnehmungswelt herstellen und damit eine besser integrierte Wissensstruktur aufbauen helfen. Beispiele sind hier etwas bereits Bekanntes. Sie aktivieren schon vorhandene Wissensbestände, stellen diese jedoch in neue Zusammenhänge. Sie heben damit neue Aspekte innerhalb des an sich schon Bekannten hervor und ermöglichen so neue Verknüpfungen bzw. neue Erkenntnisse. Die Verwendung von typischen und prägnanten Beispielen wird – dem Prinzip des exemplarischen Lernens entsprechend – als Mittel zur Beschränkung der Stoffülle unserer Lehrpläne angesehen. Nach Wagenschein (1956) impliziert exemplarisches Lehren und Lernen immer auch ein genetisches Vorgehen bzw. ein entdeckendes Lernen (vgl. Bruner 1961). Damit ist ein weiterer Aspekt der Verwendung von Beispielen im Lehr-/Lern-Prozeß angesprochen: Beispiele können die Funktion haben, eine Informationsbasis bereitzustellen, anhand derer der Lernende selbständig zu für ihn neuen Erkenntnissen gelangt, indem er bestehende Konzepte aufgrund dieser Datenbasis in neuartiger Weise miteinander verknüpft.

2. *Beispiele in der Instruktionspsychologie*

Auch der Programmierte Unterricht hat sich mit der Funktion von Beispielen im Lehr-/Lern-Prozeß beschäftigt und die Verwendung von Beispielen im Rahmen des sog. RULEG- (Regel-Beispiel-) und des EGRUL-(Beispiel-Regel-)Systems reflektiert (s. Evans/Glaser/Homme 1960; Markle 1964; Taber/Glaser/Schaefer 1971). Beispiele nach der Vermittlung einer Regel können das Verständnis dieser Regel und die Flexibilität bei der Anwendung derselben unterstützen (RULEG). Beispiele, die einer Regel vorangestellt sind, dienen als Informationsbasis für das bessere Verständnis der anschließend präsentierten Regel (EGRUL). Lehrprogrammschritte mit Beispielen zum Auffinden einer allgemeinen Regel können auch ein Gefühl des Entdeckens erzeugen, das ähnlich wirksam sein kann wie das Erfolgserlebnis bei Ableitungen aus einer Regel (Taber/Glaser/Schaefer 1971). Die motivationale Funktion von Beispielen für das Lernen wurde von der Konzeption des Programmierten Unterrichts besonders hervorgehoben.
Innerhalb der kognitiven Lerntheorie von Ausubel (1968) werden Beispiele als Konzepte niedrigeren Hierarchieniveaus angesehen, die

über eine Verbesserung der Stabilität, Klarheit und Dissoziabilität (Unterscheidbarkeit) von Konzepten innerhalb der kognitiven Struktur die sinnvolle Subsumtion von Detailinformationen erleichtern. Die Stabilität von hierarchiehohen Konzepten kann durch Beispiele erhöht werden, indem diese z. B. in unterschiedlichem Kontext das in Frage stehende Konzept näher bestimmen und es so kontextunabhängiger, d. h. generalisierbarer machen. Zur Verbesserung der Klarheit übergeordneter Konzepte können Beispiele insofern beitragen, als sie dem Leser auf anschauliche und konkrete Weise das Verständnis unanschaulicher und abstrakter hierarchiehoher Konzepte ermöglichen. Die Dissoziabilität von Konzepten kann gesteigert werden, indem durch Beispiele Ähnlichkeiten und Unterschiede zwischen den Konzepten exemplarisch verdeutlicht werden. Die Verwendung von Beispielen ist nach Ausubel am ehesten dann verständnisfördernd, wenn zuvor Konzepte höheren Hierarchieniveaus dargeboten werden. Die Beispielinformation wird unter die entsprechenden Konzepte subsumiert und dann auf die oben genannte indirekte Weise wirksam.

Die Neugiertheorie von Berlyne (1960, 1963) impliziert die Förderung der sachbezogenen Lernmotivation (epistemische Neugier) durch Beispiele zur Verbesserung der Informationsaufnahme. Beispiele werden bei Berlyne als eine der sog. »kollativen« Variablen aufgefaßt, die im Lernenden Überraschung, Unsicherheit, Verwirrung und damit einen kognitiven Konflikt auslösen können. Der ausgelöste Konflikt bewirkt epistemische Neugier. Epistemische Neugier äußert sich in einem kognitiven Erkundungsverhalten, das darauf ausgerichtet ist, Wissen zur Lösung des entstandenen kognitiven Konflikts bereitzustellen. Relevantes Wissen kann zum einen erworben werden, indem der Lernende Informationen aufmerksam im Hinblick auf solche Wissensinhalte verarbeitet, die geeignet sind, zur Konfliktlösung beizutragen. Entsprechendes relevantes Wissen kann auch bereitgestellt werden, indem bereits in der Wissensstruktur vorliegende Begriffe und Schemata analysiert und aktualisiert werden. Die Konsequenz der induzierten kognitiven Konflikte ist eine intensivere Verarbeitung und als Folge davon ein besseres Verstehen und Behalten der zu vermittelnden Informationen. Beispiele können aber auch zur Verdeutlichung der Konzepte beitragen und jenes Wissen bereitstellen bzw. aktualisieren helfen, das zur Konfliktlösung und damit zu erfolgreichem epistemischem Neugierverhalten beiträgt.

Wichtige Aspekte der Verwendung von Beispielen im Unterricht betreffen nach Tennyson/Park (1980, S. 55) die Beziehung zwischen den Beispielen, die Beziehung zwischen Beispielen und Nicht-Beispielen, die Anordnung von Beispielen und instruktionaler Hilfe, die Entwicklung einer Prozedur für die Auswahl einer geeigneten Anzahl von Beispielen, die Beziehung zwischen gleichgeordneten Begriffen. Untersuchungsergebnisse zeigen nach Tennyson/Park (1980), daß es für den Begriffserwerb nicht genügt, Schülern eine Begriffsdefinition anzubieten. Wie Klausmeier (1976) herausstellt, erinnern die Schüler möglicherweise lediglich eine Kette verbaler Assoziationen, wenn eine Definition ohne Beispiel und Gegenbeispiel angeboten wird. Um sicherzustellen, daß die Schüler einen Begriff und nicht eine Assoziationskette lernen, müssen ihnen mindestens auch Beispiele und Gegenbeispiele für den Begriff gegeben werden, die sie klassifizieren können.

Beispiele und Gegenbeispiele helfen den Schülern, Fehler aufgrund von Übergeneralisierung (Gegenbeispiele als Beispiele identifizieren), Untergeneralisierung (Beispiele als Gegenbeispiele identifizieren) und Mißverständnis (Beispiele als Gegenbeispiele und Gegenbeispiele als Beispiele identifizieren) zu vermeiden, wie sie in der Analyse des Begriffslernens von Markle/Tiemann (1969) beschrieben wurden. Ein Satz von Beispielen und Gegenbeispielen, der diese Charakteristika zeigt, ist *rational set* genannt worden (Markle/Tiemann 1969). Die Vorgabe von Beispielen mit einer weiten Spanne variabler Begriffsmerkmale erlaubt dem Schüler, Generalisierungen mittels *rational sets* zu erwerben; die Zentrierung der Aufmerksamkeit des Schülers auf die Unterschiede zwischen kritischen und variablen Merkmalen ermöglicht es ihm andererseits, Diskriminationen innerhalb *rational sets* zu lernen. Nach Tennyson/Park (1980) sollten die Lehrmaterialien für das Begriffslernen so ausgewählt und angeordnet werden, daß sie sowohl die Unterschiede zwischen den gleichgeordneten Begriffen als auch den Umfang jedes einzelnen Begriffs akzentuieren.

Hayes-Roth (1978) wies darauf hin, daß wir immer, wenn wir eine Regel anwenden oder eine bekannte Regel anhand instruktiver Beispiele zu lernen versuchen, allgemeine Regeln in Form von Merkmalskombinationen von Eigenschaften und Beziehungen zwischen Objekten lernen. Dieses Lernen tritt auch dann auf, wenn es offensichtlich nicht notwendig erscheint. Auch wenn z. B. eine allgemeine Regel für ein neues Konzept zunächst dargeboten wird, wird nachfolgende Übung an spezifischen Beispielen für diese Regel zum Lernen generalisierter Repräsentationen führen, die direkt von den beobachteten Eigenschaften und Beziehungen der spezifischen Beispiele abgeleitet wurden. Da Beispiele das Verhalten offensichtlich mehr als die Darbietung formaler Aussagen über allgemeine Regeln beeinflussen, kann Lernen am besten dadurch gefördert werden, daß zunächst die kennzeichnenden Eigenschaften durch Beziehungen des zu erwerbenden Wissens identifiziert werden und sodann sichergestellt wird, daß jedes Beispiel alle wichtigen Charakteristika darstellt.

3. Beispiele in der Forschung zum Lernen mit Texten

Die Forschung zum Lernen mit Beispielen in Texten war in früheren Jahren weitgehend Bestandteil der Verständlichkeitsforschung (z. B. Groeben 1972, 1982; Langer/Schulz von Thun/Tausch 1974, 1981). Erst unter dem Einfluß einer zunehmenden kognitiven Orientierung der Lernforschung gerieten Forschungsfragen zum Einfluß von Beispielen auf die Prozesse des Verstehens beim Lernen mit Texten in den Vordergrund.

Eine differentielle Analyse zum Verstehen und Erinnern von Texten, die nach einer Prinzip-Beispiel-Struktur sequenziert wurden, legten Marton/Wenestam (1978) vor. Texte, die nach der Prinzip-Beispiel-Struktur gestaltet sind, haben eine hierarchische Struktur, d. h. die Prinzip-Aussage ist dem Beispiel übergeordnet. Frühere Untersuchungen von Wenestam (1978) und Marton/Säljö (1978) zeigten, daß beim Nichtverstehen der Prinzip-Beispiel-Struktur die hierarchische Struktur im Verständnis der Versuchsperson sequentiell strukturiert war. Prinzip (bzw. allgemeine Aussage) und Beispiel wurden dabei als zwei Teile eines Textes von gleicher Wichtigkeit ohne eine bestimmte Verknüpfung aufgefaßt. Marton/Wenestam (1978) fanden auf der Grundlage von Interviewstudien folgende unterschiedliche Niveaus beim Verstehen der Prinzip-Beispiel-Struktur:

- Das Prinzip, das Beispiel und auch die Beziehung zwischen beiden werden verstanden.
- Das Prinzip und das Beispiel werden (separat) verstanden, aber nicht genug, um die Beziehung zwischen beiden zu verstehen.
- Das Prinzip wird nicht verstanden, jedoch auf der Grundlage der erinnerten Fragmente konstruiert.

– Das Beispiel selbst wird als Hauptaspekt des Textes angesehen.
Insgesamt gesehen läßt sich entsprechend den genannten Theorieansätzen und empirischen Untersuchungen die gegenwärtige Forschungslage folgendermaßen kennzeichnen: Sofern auf die Auswirkungen von Beispielen auf den eigentlichen Prozeß des Verstehens und Lernens eingegangen wird, handelt es sich nur um relativ globale Aussagen. Einige Ansätze geben zwar Hinweise für die Auswahl und Anordnung von Beispielen und Gegenbeispielen im Unterrichtsablauf; sie berücksichtigen jedoch nicht die Auswirkungen dieses Lernangebots auf den Prozeß des Verstehens bzw. auf den Verarbeitungsprozeß beim Lernen. Dieser Ausklammerung des Verstehensprozesses entspricht auch, daß differentielle Analysen, in denen die Auswirkungen von Beispielen auf den Lernprozeß – in Abhängigkeit von den Lernvoraussetzungen der Adressaten – analysiert werden, noch weitgehend fehlen. Insbesondere zum Lernen mit Texten fehlen bislang differenziertere Befunde, die als Orientierungsgrundlage für die Frage dienen könnten, wie Beispiele in einem Lehrtext zu verwenden sind, um den Lernprozeß unter Berücksichtigung der jeweiligen Lernvoraussetzungen optimal zu fördern bzw. um bei einer bestimmten Gruppe von Adressaten bestimmte Lernergebnisse zu erreichen.
Die folgende Skizze einer Theorie des Textverstehens soll einen theoretischen Rahmen bereitstellen, in dem die Funktion von Beispielen beim Lernen mit Texten genauer spezifiziert werden kann.

II. Beispiele beim Textverstehen

Das Verstehen eines Textes kann als ein aktiver, konstruktiver Prozeß aufgefaßt werden, innerhalb dessen Merkmale des Lesers (Verständnisvoraussetzungen) und Merkmale des Textes interaktiv aufeinander bezogen sind (Bransford 1979). Man spricht hier von Leser-Text-Interaktion. Die Theorie von Bransford stellt einen Versuch dar, Textverstehen im Rahmen eines derartigen Konzepts der Leser-Text-Interaktion zu erklären. Der konstruktive Ansatz betont dabei insbesondere die Rolle des Lesers und dessen Verständnisvoraussetzungen. Einen Text zu verstehen, heißt nach Bransford, vor dem Hintergrund eigenen Vorwissens und des wahrgenommenen kommunikativen Kontexts eine semantische Beschreibung, eine kohärente Bedeutungsstruktur zu konstruieren. Der Text stellt nach dieser Auffassung zwar die Grundlage für den Prozeß der Bedeutungskonstruktion dar, die resultierende Bedeutungsstruktur kann jedoch je nach Vorwissen des Lesers, den Zielsetzungen bei der Informationsverarbeitung und dem wahrgenommenen Kontext der Informationsvermittlung unterschiedlich ausfallen. Die vom Leser konstruierte semantische Beschreibung des Textes kann demnach durchaus von der vom Textautor intendierten abweichen. Vorwissen wird nach Anderson (1977, 1978) für das Textverstehen im Sinne sog. kognitiver Schemata wirksam. Unter kognitiven Schemata werden dabei durch Erfahrung veränderbare Teilsysteme der kognitiven Organisation von thematisch zusammmenhängenden Wissensbeständen verstanden, die die Aufnahme und kognitive Verarbeitung der Textinformationen regulieren (s. a. Ballstaedt/Mandl/Schnotz/Tergan 1981; Mandl 1981).

Kintsch/van Dijk (1978) unterscheiden in ihrem Textverarbeitungsmodell eine Reihe von Teilprozessen, die an der Konstruktion einer semantischen Bedeutungsstruktur beteiligt sind. So werden innerhalb einer Bedeutungsstruktur semantische Mikro- und Makrostrukturen unterschieden. Als Grundlage der mikrostrukturellen Textverarbeitung werden von den Autoren elementare Bedeutungseinheiten des Textes angesehen. Bei der Textlektüre versucht ein Leser auf der Basis des je gegebenen Vorwissens, seiner Zielsetzung und allgemeiner kognitiver Fähigkeiten im Zuge einer schrittweisen Bewertung der semantischen Bedeutsamkeit der Mikropropositionen eine semantisch kohärente Bedeutungsstruktur, die Mikrostruktur des Textes (Textbasis) zu bilden. Zeitlich parallel dazu wird ein Prozeß der Makrostrukturbildung angenommen. Unter Makrostrukturen werden dabei zusammenfassende, verdichtete mentale Repräsentationen des Textinhalts verstanden. Die Informationsreduktion erfolgt durch Anwendung sog. Makroregeln wie Fortfall, Generalisierung, (Neu-)Konstruktion von Propositionen unter der Kontrolle von Schemata (z. B. Kenntnissen darüber, welche Informationen in einer bestimmten Textsorte für die Repräsentation des Textgehalts von Bedeutung sind). Makrostrukturen weisen je nach Abstraktionsebenen einen unterschiedlichen Grad an Allgemeinheit auf. Nach Auffassung der Autoren ist ein Text dann verstanden, wenn es dem Leser gelungen ist, auf Mikro- und Makroebene eine kohärente Bedeutungsstruktur zu konstruieren. Der Verstehensprozeß ist dabei um so unproblematischer, die Textverständlichkeit um so höher, je reibungsloser der Konstruktionsprozeß gelingt

(Kintsch/Vipond 1979; Miller/Kintsch 1980). Durch Textmerkmale induzierte bzw. vom Leser selbständig durchgeführte mentale Prozesse, die in einer Verknüpfung der Textinformationen mit persönlichen Erfahrungen und individuellem Wissen bestehen (sog. Elaborationen), können dabei zu einer tieferen Textverarbeitung und – infolge der größeren Vernetztheit der Textinhalte – zu einem verbesserten Behalten der Textinhalte führen (Reder 1978, 1980; Mandl/Ballstaedt 1981).
Je nach Art der Argumentationsstruktur innerhalb des Textes sowie in Abhängigkeit von den je vorliegenden Einstellungen und Werthaltungen auf seiten des Lesers gegenüber Textinhalt und Textautor können Textinhalte mehr oder weniger überzeugen und entsprechend unterschiedliche kognitive Verarbeitungsprozesse und Lernergebnisse zur Folge haben (s. hierzu u. a. Abelson 1979; Frey 1979; Toulmin 1958).
Beispiele haben in Texten eine bestimmte Stellung innerhalb der Inhaltsstruktur des Texts: Ein Beispiel ist immer Beispiel *für* etwas, nämlich für allgemeinere Ausführungen, die durch dieses Beispiel spezifiziert und ggf. konkretisiert werden. Das Beispiel kann – muß aber nicht – ein Einzelfall sein. Es kann sich auch um ein »spezifischeres Allgemeines« handeln. Das Beispiel kann – muß aber nicht – konkreter sein als das übergeordnete Allgemeine. Es kann auch spezifischer sein, ohne gleichzeitig konkreter zu sein. Grundsätzlich kann man entsprechend der oben genannten Differenzierung von Kintsch/van Dijk (1978) Beispielaussagen innerhalb der Inhaltsstruktur eines Texts als Mikropropositionen kennzeichnen, denen entsprechende Makropropositionen – die allgemeineren Aussagen – übergeordnet sind.
Unter die allgemeinen Aussagen bzw. Makropropositionen lassen sich meist eine Vielzahl von spezifischeren Fällen bzw. entsprechender Mikropropositionen subsumieren; die Makropropositionen stehen insofern für eine Klasse möglicher Beispiele. Die einzelnen in einem Text verwendeten Beispiele lassen sich danach beurteilen, wieweit sie im Hinblick auf diese Gesamtheit der einem Allgemeinen zugehörigen »Fälle« typisch sind: Innerhalb einer solchen Klasse bestehen zwischen den einzelnen Exemplaren unterschiedlich enge »Verwandtschaftsbeziehungen« insofern, als diese unterschiedlich viele Merkmale miteinander gemeinsam haben können. Innerhalb der unter eine Kategorie subsumierbaren Fälle besteht also eine sog. Familienähnlichkeitsstruktur (*family resemblance structure*) (Rosch 1978), sozusagen eine Struktur von Gemeinsamkeitsbeziehungen. Die Typikalität eines Beispiels läßt sich dabei definieren durch den mittleren Grad der Übereinstim-

mung seiner Merkmale mit denen der übrigen Fälle der betreffenden Kategorie bzw. durch seine Stellung innerhalb einer solchen *family resemblance structure*. Handelt es sich um besonders typische Beispiele, so spricht man von Prototypen (s. Jüngst 1983).

Untersuchungen zur sog. *schema abstraction* haben gezeigt, daß Menschen in der Lage sind, anhand einer Menge von Beispielen ein kognitives Schema aufzubauen, das jene Kombination von Merkmalen repräsentiert, die für die betreffende Reihe am typischsten ist – selbst dann, wenn kein einziges Beispiel tatsächlich in allen Einzelheiten diesem Schema entspricht. Zwar ist noch unklar, wie ein solcher Schemabildungsprozeß abläuft, aber es kann als gesichert gelten, daß Menschen eine prinzipielle Sensitivität für Merkmalskorrelationen in ihrer Umgebung haben und daß sie dementsprechend bemerken, welche Merkmalsausprägungen innerhalb einer Kategorie häufig gemeinsam auftreten. Bei der Exposition von Beispielen einer Kategorie erwerben wir ein Merkmals-Set, das unser Kategorie-Wissen repräsentiert, und wir lernen auch, welche Merkmals-Sets bei besonders vielen Exemplaren dieser Kategorie auftauchen. Daraus ergibt sich die Wichtigkeit der Verwendung typischer Beispiele in Lehr-/Lernprozessen, d. h. solcher, die den Inhalt der übergeordneten allgemeineren Aussagen möglichst prägnant zum Ausdruck bringen. Auch die Übertragbarkeit des Gelernten auf neue (Anwendungs-)Fälle steht im Zusammenhang mit der Typikalität der beim Lehr-/Lern-Prozeß verwendeten Beispiele: Die kognitive Bewältigung neuer Fälle der betreffenden Kategorie gelingt leichter, wenn typische Beispiele durchgearbeitet worden sind.

Nach Aebli kann das Verstehen von Texten als Erwerb komplexer Konzepte und damit als eine Form des Konzeptlernens verstanden werden. Aebli (1981) unterscheidet zwei grundlegende Formen des Konzeptlernens: die sog. Begriffsfindung, bei der der Lernende einen Begriff selbständig anhand von Beispielen und Nicht-Beispielen erschließen muß, und den sog. Begriffsaufbau. Unter Begriffsaufbau wird dabei die durch einen Sozialisationsagenten vorgenommene Vermittlung eines Begriffs in Form einer Definition oder Explikation verstanden, bei der der Lernende den betreffenden Begriff unter Anleitung durch Neukoordination bereits vorhandener Wissenselemente konstruiert. Die bisherigen kognitionspsychologischen Untersuchungen zum Begriffslernen berücksichtigten meist nur den Aspekt der Begriffsfindung (z. B. Bruner/Goodnow/Austin 1956; Ach 1921; Hull 1920; Heidbreder 1946–1949). Aebli (1981) weist jedoch darauf hin, daß ein gebildeter Mensch der westlichen Welt die meisten der von ihm verwendeten Begriffe nicht erfunden, sondern von anderen übernommen hat – im täglichen Umgang mit anderen Menschen, durch systematischen Unterricht oder aus Lehrbüchern bzw. schriftlichem Material. Bislang fehlen differenzierte psychologische Theorieansätze und empirische Befunde zur Funktion von Beispielen im Rahmen des Lernens von komplexem sinnhaftem Material, das – den typischen Bedingungen menschlichen Lernens unter Anleitung entsprechend – als Begriffsaufbau angelegt ist, und die als Grundlage für eine effektivere Gestaltung von Lehr-/Lern-Prozessen dienen könnten.

Kern des Begriffsaufbaus ist nach Aebli das Herstellen von Beziehungen, d. h. die Koordination von bisherigen Wissenselementen. Die Ausgangselemente eines jeden Begriffsaufbaus müssen immer im Wissensrepertoire des Lernenden enthalten sein. Voraussetzungen des Begriffsaufbaus sind der erfolgreiche Abruf der Elemente aus dem Wissen des Begriffsbildners und ihre richtige Verknüpfung. Nach Aebli wird dieser Aufbau in der Regel durch das intensive Studium eines einzigen Falles – und nicht durch den Vergleich vieler Einzelfälle mit dem Ziel der Elimination unwesentlicher Objektmerkmale – vollzogen. Es kann zwar angezeigt sein, den Begriff auf weitere Fälle anzuwenden und ihn so von Akzidentien zu reinigen. Aber dieses »Reinigen« eines Begriffs von den besonderen Bedingungen seiner ersten Einführung im Zuge seiner Anwendung ist nicht Bildung eines neuen, sondern »Durcharbeiten« eines bereits vorhandenen Begriffs mit dem Ziel, die Beweglichkeit des Lernenden bei der Anwendung des Begriffs in neuen Situationen zu erhöhen.

Nach Aebli haben Unterrichtsbeispiele häufig eher eine Illustrationsfunktion für abstraktere Sachverhalte als eine eigentliche Unterstützungsfunktion für den Begriffsaufbau als solchen. Dies sei daran zu erkennen, daß die abstrakten Ausdrücke oft vor den Beispielen genannt sind und der Leser auch die abstrakten Ausführungen ohne weiteres verstehen kann. Die konkreten Beispiele dienen demnach nur dazu, den Begriffsbildner an konkrete Erfahrungen zu erinnern, auf die der im Aufbau befindliche Begriff anwendbar ist; sie bilden nicht die Basis eines Abstraktionsprozesses, durch den der Lernende zu dem übergeordneten Begriff gelangt. Aebli sieht also den Verstehensprozeß als reinen Begriffsaufbau. U. E. ist diese Akzentuierung jedoch zu einseitig. Das Lernen mit Texten ist gerade infolge der Konstruktivität des Textverstehens immer in gewissem Sinn ein vom Lernenden auch selbständig zu vollziehender Prozeß und enthält somit auch Aspekte der Begriffsfindung. Beispiele können unter diesem Aspekt auch mithelfen, als Konkretisierung abstrakter Ausführungen letztere – gewissermaßen im Sinne eines induktiven Teilschritts der Wissensvermittlung – verständlicher zu machen, d. h. die betreffenden Mikropropositionen können auch eine Hilfsfunktion für die Konstruktion der übergeordneten Makropropositionen wahrnehmen.

III. Funktion und Dysfunktion von Beispielen in Lehrtexten

Fragt man vor dem im Abschnitt II skizzierten theoretischen Hintergrund nach der Funktion von Beispielen beim Lernen mit Texten, so entspricht dies der Frage, inwiefern Beispiele die Konstruktion einer integrierten, sowohl semantische Mikro- als auch Makropropositionen umfassenden mentalen Repräsentation des Textinhalts beeinflussen. Vor dem Hintergrund der Differenzierung in Mikro- und Makropropositionen kann beispielsweise gefragt werden, ob angesichts der individuellen Lernvoraussetzungen des Lesers die Konstruktion der übergeordneten Makropropositionen auch ohne Beispiele einfach anhand der entsprechenden allgemeinen und abstrakten Ausführungen gelingen würde oder ob der Lernende Beispiele zur adäquaten Interpretation dieser Ausführungen benötigt. Es kann also gefragt werden, ob bei der Makrostrukturbildung i. S. von Aebli nur der Begriffsaufbauaspekt oder ob auch der Begriffsfindungsaspekt eine Rolle spielt. Dementsprechend lassen sich dann zwei Hauptfunktionen von Beispielen bei der kognitiven Verarbeitung von Texten unterscheiden: die Verständnisförderungs- und die Anreicherungsfunktion.

a) Verständnisförderungsfunktion

Beispiele können das Verständnis der übergeordneten Makropropositionen erleichtern: Sind die allgemeinen Ausführungen zu abstrakt, um für sich genommen hinreichend verständlich zu sein, so daß dem Lernenden der Aufbau der betreffenden Makropropositionen schwerfällt, kann durch entsprechende Mikropropositionen eine Interpreta-

tionshilfe gegeben werden, wodurch deutlicher wird, wie die allgemeinen Aussagen »gemeint sind«. In diesem Fall haben Beispiele verständnisfördernde Funktion. Hier spielt also beim Lernen der Begriffsfindungsaspekt eine Rolle.
Mit der Verständnisförderungsfunktion eng verwandt ist die Belegfunktion von Beispielen, die darin besteht, den Lernenden von der Richtigkeit bestimmter allgemeiner Aussagen zu überzeugen. Diese allgemeinen Aussagen können zwar hinsichtlich ihres Bedeutungsgehalts hinreichend verständlich sein, ohne daß jedoch ihre sachliche Richtigkeit dem Lernenden unmittelbar einsichtig ist. Hier können Beispiele angeführt werden, die den Lernenden von der Richtigkeit der betreffenden allgemeinen Aussagen überzeugen. Faßt man unter dem Verstehen einer Aussage auch die Einsicht in deren sachliche Richtigkeit, so kann man die Belegfunktion als eine Variante der Verständnisförderungsfunktion von Beispielen ansehen.

b) Wissensanreicherungsfunktion

Wenn einem Lernenden die allgemeinen Aussagen auch ohne Beispiele ohne weiteres verständlich sind, spielt der Begriffsfindungsaspekt keine Rolle. Der Erwerb der betreffenden Makropropositionen folgt in diesem Fall nur dem Prinzip des Begriffsaufbaus. Die im Text enthaltenen Beispiele haben keine verständnisfördernde Funktion mehr. Sie können jedoch auch für sich genommen Informationswert besitzen und insofern das Wissen des Lernenden anreichern. Dabei ist hervorzuheben, daß hier nicht nur die betreffenden Beispiel-Mikropropositionen als solche vermittelt werden, sondern auch deren Beziehung zu den übergeordneten Makropropositionen. D. h. es wird deutlich gemacht, *daß* diese Mikropropositionen ein Beispiel für die betreffenden Makropropositionen sind; das Wissen des Lernenden wird um die entsprechende Verknüpfung angereichert. Es ist auch möglich, daß sowohl die Makro- als auch die Mikropropositionen für sich genommen dem Lernenden bereits bekannt sind, nicht jedoch der Bezug zwischen beiden Wissensbeständen. In diesem Fall besteht die Wissensanreicherung speziell in der Verknüpfung zwischen diesen Wissensbeständen.
Die beiden Hauptfunktionen Verständnisförderung und Anreicherung betreffen nur die kognitive Seite der Textverarbeitung. Aus den voran-

gegangenen Ausführungen folgt jedoch, daß Beispiele in einem Lehrtext sich auch auf die Lernmotivation auswirken können.

c) Motivationsfunktion

Durch die Verwendung von Beispielen kann das Anreizpotential eines Lehrtexts für den Lernenden erhöht werden. Sie können kognitive Konflikte fördern, indem sie z. B. einander widersprechende allgemeinere Thesen verdeutlichen, und damit beim Lernenden epistemische Neugier hervorrufen.
Entsprechend den theoretischen Annahmen Kriegers (1981) sind die Bedingungen für eine optimale Textverarbeitung dann gegeben, wenn beim Lernenden ein mittleres Ausmaß an »relevanter subjektiver Ungewißheit« bezüglich der Bewältigung der Lernaufgabe vorliegt (vgl. Heckhausen/Rheinberg 1980). Beispiele aus dem Lebensbereich des Lernenden können diesem auch bewußt machen, daß die übergeordneten allgemeinen Aussagen einen Bezug zu seiner Realität haben bzw. für ihn relevant sind. Indem so persönliche Betroffenheit geschaffen wird, können zum einen schon vorhandene Interessen auch auf den allgemeinen Textinhalt ausgedehnt und zum anderen Erwartungen des Lernenden hinsichtlich der persönlichen Konsequenzen erfolgreichen Lernens (Handlungs-Folge-Erwartungen) modifiziert werden, was jeweils die Lernmotivation erhöht. Darüber hinaus ist zu berücksichtigen, daß die oben genannte verständnisfördernde Funktion von Beispielen auch motivationale Nebenwirkungen hat: Wenn Verständnisschwierigkeiten bzw. »Verstehens-Mißerfolge« beim Verarbeitungsprozeß vermieden werden, so trägt dies auch zur Aufrechterhaltung der Lernmotivation bei.

d) Lernhemmende Einflüsse

Neben den lernfördernden Wirkungen von Beispielen lassen sich aber auch lernhemmende Einflüsse vermuten: So nimmt durch die Verwendung von Beispielen die zu verarbeitende Informationsmenge zu. Der Leser muß seine Aufmerksamkeit zwischen den allgemeinen Aussagen und den Beispielen aufteilen und kann sich nicht allein auf die Hauptpunkte des Texts konzentrieren. Hinzu kommt das Problem, innerhalb der umfassenderen Informationsmenge die zentralen Inhalte zu erkennen und entsprechend zu gewichten (vgl. Bartlett 1978; Kintsch/Bates 1977). Während die oben genannte Verständnisförderungsfunktion von Beispielen hiervon insofern nicht tangiert ist, als ein hinreichendes Textverständnis Grundvoraussetzung erfolgreichen Lernens ist, besteht ein gewisser Gegensatz zwischen lernfördernden und lernhemmenden Wirkungen auf das Behalten bzw. die Wiedergabe der Textinformation im Rahmen der Anreicherungsfunktion von Beispielen. Dieser Gegensatz wird von Reder (1981 a, b) als Widerspruch zwischen zwei theoretischen Positionen, der Elaborations- und der Fokushypothese, umschrieben. Die Elaborationshypothese gründet auf der Annahme, daß unser Wissen im Gedächtnis in Form von semantischen Netzwerken repräsentiert wird. Durch Anreicherungen entsteht eine differenziertere Netzwerkstruktur, so daß mehr Möglichkeiten für den Abruf der gespeicherten Information zur Verfügung stehen und eine bessere Grundlage für das Erschließen der zu erinnernden Information vorhanden ist. Der Elaborationshypothese zufolge sind also bei einem Text mit Beispielen höhere Wiedergabeleistungen auch bezüglich der übergeordneten Makropropositionen zu erwarten. Auf der anderen Seite ist entsprechend der Fokushypothese bei einem Text mit Beispielen eine geringere Wiedergabeleistung bezüglich dieser Makropropositionen zu erwarten, da – wie bereits oben angeführt – der Lernende beim Durcharbeiten des Texts erst die Makropropositionen als die eigentlichen Hauptpunkte aus dem Gesamtinhalt herausfiltern und seine Aufmerksamkeit auf eine größere Informationsmenge verteilen muß. Eine wichtige Frage ist deshalb, wie sich diese beiden Aspekte zueinander verhalten, d. h. unter welchen Bedingungen die eine und unter welchen die andere Wirkung überwiegt.

IV. *Untersuchung zur Verständnisförderungs- und Anreicherungsfunktion von Beispielen beim Lernen mit Texten*

1. *Fragestellung*

Im Rahmen einer von den Autoren durchgeführten empirischen Untersuchung wurde die Wirksamkeit von Beispielen im Hinblick auf ihre Verständnisförderungs- und Anreicherungsfunktion untersucht. Im Mittelpunkt standen folgende allgemeine Fragestellungen:

(a) In welchem Maß fördern Beispiele das Verständnis wissenschaftlicher Lehrtexte?

(b) In welchem Maß tragen Beispiele zur Anreicherung der Wissensstruktur bei?

(c) Welchen Einfluß haben Lernermerkmale (Vorwissen, Verbale Intelligenz) auf die Wirksamkeit von Beispielen?

2. *Methode*

a) Experimentelle Textversionen

Zur Überprüfung der o. g. Fragestellungen wurden zwei Textvarianten entwickelt, von denen die eine nur die Basisinformation (Text ohne Beispiele), die andere zusätzliche Beispielinformationen enthielt (Text mit Beispielen).

Ausgangspunkt der Textentwicklung war ein Text aus dem Funkkolleg »Mensch und Umwelt« zu Problemen der Ökologie mit dem Schwerpunktthema »Ökologische Probleme von Seen«. Zu diesem Text wurde ein experimenteller Text konstruiert, der die zentralen Konzepte des Originaltexts ausgehend von allgemeinen philosophischen Aspekten des Mensch-Umwelt-Verhältnisses bis zu Fragen spezieller Auswirkungen dieses Verhältnisses auf den Fischfang in einer hierarchischen Sequenz darbot. Die hier beschriebene Textversion ohne Beispiele enthielt ausschließlich allgemeine Textinformationen. Die Anzahl der Basispropositionen betrug 153, die Textlänge betrug 3701 Wörter.

Die Herstellung der Textversion mit Beispielen erfolgte, indem im Anschluß an die entsprechenden Darstellungen der allgemeinen Konzepte zusätzlich Beispiele in den laufenden Text eingefügt wurden. Die Gesamtzahl der Propositionen belief sich hier auf 253, davon waren 153

Basis- und 90 Beispielpropositionen. Der Anteil der Beispielpropositionen an der Gesamtzahl der Textpropositionen betrug rund 36%.

b) Versuchsdurchführung

Die Durchführung der Untersuchung erfolgte als Experiment in 3 Phasen. In der *ersten Phase* wurden relevante Verständnisvoraussetzungen der Versuchsteilnehmer (Vorwissen, Verbale Intelligenz) erhoben. In der *zweiten Phase* (2 Wochen später) hatten die Versuchspersonen (N = 60) entsprechend ihrer zufälligen Zuordnung zu einer der beiden Versuchsbedingungen (Text mit Beispielen, Text ohne Beispiele) den Untersuchungstext zu bearbeiten. Ihre Aufgabe bestand darin, den Versuchstext innerhalb der vorgegebenen Zeit von 1½ Stunden so zu lesen, daß von seinem Inhalt möglichst viel verstanden und behalten wurde. In der *dritten Phase* – nach weiteren zwei Wochen – mußten die Versuchsteilnehmer den Textinhalt erneut möglichst vollständig und in zusammenhängender Weise schriftlich wiedergeben (spätere Wiedergabe). Im Anschluß an die Wiedergabeprüfung wurde den Teilnehmern ein auf das Verständnis der Basisinformation abzielender Text mit 150 »Richtig-/Falsch«-Items vorgegeben.

3. Ergebnisse

a) Zur Verständnisförderungsfunktion

Den Ergebnissen zufolge haben die in der einen Textvariante verwendeten Beispiele im Durchschnitt gesehen zu keiner höheren Verständnisleistung geführt. Es kann bei den hier verwendeten Beispielen im Hinblick auf die den Versuchspersonen entsprechende Adressatengruppe insgesamt gesehen nicht von einer allgemeinen verständnisfördernden Funktion gesprochen werden. Die Frage nach der verständnisfördernden Funktion von Beispielen kann aber noch differenzierter beantwortet werden: Während Lernende mit höherem Vorwissen von den Beispielen zumindest tendenziell profitieren konnten, wirkten sich diese bei Lernenden mit geringerem Vorwissen negativ aus. Die Verwendung von Beispielen in Lehrtexten stellt den Lernenden als zusätzliche Aufgabe, die übergeordneten allgemeinen Informationen innerhalb eines umfangreicheren Informationsangebots hervorzuheben bzw. von der Beispielinformation zu unterscheiden sowie beides miteinander in Beziehung zu setzen. Lernende mit geringerem Vorwissen scheinen –

entsprechend ihrer schlechteren Ausstattung mit geeigneten kognitiven Schemata – zu dieser Strukturierungsleistung nicht hinreichend in der Lage gewesen zu sein. Sie wurden offenbar bei der Textverarbeitung mit der durch die zusätzlichen Beispiele größeren Informationsmenge nicht richtig fertig, d. h. sie waren nicht in der Lage, eine hinreichend integrierte semantische Makrostruktur als Gedächtnisrepräsentation zu bilden, in der die wesentlichen bzw. zentralen Informationen hervorgehoben und von den eher nebensächlichen Informationen unterschieden sind. Lernenden mit höherem Vorwissen scheint diese Strukturierungsleistung keine Schwierigkeiten bereitet zu haben. Ihre zumindest tendenziell höheren Verständnisleistungen lassen sich eventuell darauf zurückführen, daß bei der Verarbeitung der Beispiele auch der Inhalt der allgemeinen, übergeordneten Aussagen in veränderter Form wiederholt wurde und insofern eine erneute Enkodierung stattfand. Außerdem stand diesen Lernenden eine durch die zusätzlichen Beispiele reichhaltigere und integriertere Informationsbasis für die Beantwortung von Verständnisfragen zur Verfügung. Je nach den Lernvoraussetzungen können sich Beispiele also eher fördernd oder eher hemmend auf das Verständnis des Textinhalts auswirken.

b) Zur Anreicherungsfunktion

Um zu überprüfen, in welchem Maß Beispiele in diesem Text zur Wissensanreicherung beitrugen, ist den in Abschnitt III angestellten Überlegungen zufolge zu analysieren, ob Lernende, die die Textvariante mit Beispielen bearbeiteten, bessere Wiedergabeleistungen erzielten als Lernende, die die Textvariante ohne Beispiele lasen.

Wiedergabe der Gesamtinformation:

Die Befunde verweisen darauf, daß Lernende, die die Textvariante mit Beispielen bearbeiteten, im Durchschnitt bessere Wiedergabeleistungen erzielten als jene, die die Textvariante ohne Beispiele erhalten hatten. Darüber hinaus zeigen sich im Durchschnitt bessere Wiedergabeleistungen bei Lernenden mit hohem textspezifischem Vorwissen und hoher verbaler Intelligenz; ferner wird bei unmittelbarer Wiedergabe mehr reproduziert als bei späterer Wiedergabe.

Daß Lernende mit dem Beispieltext bei der unmittelbaren Wiedergabe mehr Informationen reproduzieren als Lernende mit dem Text ohne Beispiele, erscheint eigentlich trivial, da ja die Lernenden mit dem Beispieltext mehr Information erhalten haben. Entgegen der Erwartung zeigten sich jedoch nach 14 Tagen keine Unterschiede mehr zwischen den Lernenden, die die Textvariante mit Beispielen, und Lernenden, die die Textvariante ohne Beispiele bearbeiteten. Die Befunde verweisen darauf, daß die Anreicherung eines Textes durch Beispiele nicht zu einer Verbesserung des längerfristigen Behaltens der Gesamtinformation beiträgt.

Die signifikante Wechselwirkung zwischen Textvariante und Vorwissen verweist darauf, daß Lernende mit hohem Vorwissen signifikant mehr Information bei der Bearbeitung des Textes mit Beispielen wiedergeben als Lernende mit hohem Vorwissen bei der Bearbeitung der Textvariante ohne Beispiele. Demgegenüber reproduzieren Lernende mit niedrigem Vorwissen bei der Bearbeitung der Textvariante mit Beispielen nicht mehr Information als Lernende mit niedrigem Vorwissen bei der Bearbeitung der Textvariante ohne Beispiele. Lernende mit umfangreicherem textspezifischem Vorwissen scheinen Beziehungen zwischen Mikro- und Makropropositionen besser zu identifizieren und diese Konzepte besser in die bestehenden Netzwerke zu integrieren. Umfangreiches Vorwissen trägt dazu bei, Sachverhalte eindeutiger zu machen, Kohärenzlücken besser zu schließen, plausiblere Interpretationen für Mehrdeutiges und Unklares zu geben. Lernende mit niedrigem Vorwissen scheinen demgegenüber weniger in der Lage zu sein, eine differenziertere Netzwerkstruktur aufzubauen.

Im Gegensatz zum textspezifischen Vorwissen modifiziert die Höhe der verbalen Intelligenz den Einfluß der Textvariante auf die Wiedergabeleistung nicht. Die vorgenommene Aufteilung in hohe und niedrige verbale Intelligenz scheint bei der untersuchten Versuchsgruppe (Jurastudenten) für die hier gestellte Lernaufgabe nicht mehr zu differenzieren.

Wiedergabe der Basisinformation:

Bezogen auf die Wiedergabe der Basisinformation bewirkten Beispiele im Text keine verbesserte Wiedergabe. Im Gegenteil: Die Bearbeitung des Beispieltexts führte zu einer signifikant geringeren Wiedergabe der Basisinformation als die Bearbeitung des Texts ohne Beispiele.

Die Befunde bestätigen nicht die Elaborationshypothese, nach der durch Anreicherung eines Textes mit Beispielen eine differenziertere Netzwerkstruktur entsteht, die den Abruf und das Erschließen der zu erinnernden Information auch längerfristig erleichtert. Die Wiedergabeleistung für die Basisinformation war bei dem Text mit Beispielen nicht höher als bei dem Text ohne Beispiele. Die Befunde verweisen eher auf die Gültigkeit der Fokushypothese. Das Lernen mit einem Beispieltext bedeutet, daß der Lernende seine Konzentration zwischen den Hauptgedanken und Beispielen aufteilen muß und nicht seine ganze Aufmerksamkeit den zentralen Gedanken widmen kann. Dazu kommt, daß es oft schwierig ist, die wichtigsten Gedanken zu erkennen, wenn zusätzliche Detailinformationen gegeben werden, was auf seiten des Lesers eine stärkere Aufteilung bzw. Streuung der verfügbaren Verarbeitungsressourcen zur Folge hat. In diesem Sinne mag sich auch der relativ hohe Anteil der Beispielpropositionen (rd. 36% der Textpropositionen) in der vorliegenden Untersuchung lernhemmend ausgewirkt haben.

V. Pädagogische Schlußfolgerungen und Ausblick

Die vorliegende Untersuchung hat gezeigt, daß sich Beispiele in einem Lehrtext entgegen einer in pädagogischen Kreisen weitverbreiteten Ansicht nicht generell positiv auf den Lernprozeß auswirken. Vielmehr können sie je nach Lernvoraussetzungen der Adressaten teils lernfördernde und teils lernhemmende Konsequenzen haben. Empfehlungen zur Verwendung von Beispielen in Lehrtexten werden demnach eher differentieller Art sein müssen. Weitere Untersuchungen werden die Funktionen von Beispielen im Hinblick auf bestimmte Adressatengruppen und auch unter genauerer Berücksichtigung der Zusammenhänge zwischen Beispielen und den übergeordneten allgemeinen Aussagen analysieren müssen. Vor allem erscheinen Untersuchungen der Strategien sinnvoll, mit denen Lernende einen Text mit Beispielen verarbeiten, d. h. wie sie verständnisrelevante Hinweise auswerten, Verknüpfungen mit übergeordneten Aussagen und anderen Beispielen herstellen und wie sie die insgesamt größere Informationsmenge strukturieren. Wichtig sind auch Untersuchungen, in denen nicht nur die kognitiven, sondern auch die motivationalen Auswirkungen von Beispielen in Lehrtexten auf das Lernen analysiert werden. Erst auf dem Hintergrund einer Reihe entsprechender Untersuchungen werden sich differenzierte Hinweise für die Verwendung von Beispielen bei der praktischen Gestaltung von Lehrtexten formulieren lassen.

Literaturverzeichnis

Abelson, R. P.: Differences between belief and knowledge systems, in: Cognitive Science 3 (1979), 355–366

Aebli, H.: Denken: Das Ordnen des Tuns. Bd. II: Denkprozesse, Stuttgart 1981

Ach, N.: Über die Begriffsbildung, Bamberg 1921

Anderson, R. C.: The notion of ›schemata‹ and the education enterprise, in: Anderson R. C./Spiro, R. J./Montague, W. E. (Eds.): Schooling and the acquisition of knowledge, Hillsdale 1977, 415–431

Anderson, R. C.: Schema-directed processes in language and comprehension, in: Lesgold, A. M./Pellegrino, J. W./Fokkema, S. D./Glaser, R. (Eds.): Cognitive psychology and instruction, New York 1978, 67–82

Ausubel, D. P.: Educational psychology, a cognitive view, New York 1968

Ballstaedt, S. P./Mandl, H./Schnotz, W./Tergan, S.-O.: Texte verstehen, Texte gestalten, München 1981

Bartlett, B. J.: Top-level structure as an organizational strategy for recall of classroom text. Unpublished doctoral dissertation. Arizona State University 1978

Berlyne, D. E.: Conflict, arousal, and curiosity, New York 1960 (dt.: Konflikt, Erregung, Neugier, Stuttgart 1974)

Berlyne, D. E.: Motivational problems raised by exploratory and epistemic behavior, in: Koch, S. (Ed.): Psychology: A study of science, Vol. 5, New York 1963, 284–364

Bransford, J. D.: Human cognition. Learning, understanding and remembering, Belmont 1979

Bruner, J. S.: The act of discovery, in: Harvard Educational Review 31 (1961), 21–32

Bruner, J. S./Goodnow, J. J./Austin, G. A.: A study of thinking, New York 1965

Evans, J. L./Glaser, R./Homme, L.: The RULEG System for the construction of programmed verbal learning sequences, Project No. 691 (9417), University of Pittsburgh 1960

Frey, D.: Einstellungsforschung: Neuere Ergebnisse über Einstellungsänderungen, in: Marketing. Zeitschrift für Forschung und Praxis 1 (1979), 31–45

Groeben, N.: Die Verständlichkeit von Unterrichtstexten, München 1972 (2. Auflage 1978)

Groeben, N.: Leserpsychologie: Textverständnis – Textverständlichkeit, Münster 1982

Haase, K.: Beispiel, in: Spieler, J. (Hrsg.): Lexikon der Pädagogik der Gegenwart. Bd. I, Freiburg/Br. 1930, 238–239

Hayes-Roth, F.: Learning by example, in: Lesgold, M./Pellegrino, J. W./Fokkema, S. D./Glaser, R. (Eds.): Cognitive psychology and instruction, New York, London 1978, 27–38
Heckhausen, H./Rheinberg, F.: Lernmotivation im Unterricht, erneut betrachtet, in: Unterrichtswissenschaft 1 (1980), 7–47
Heidbreder, E.: The attainment of concepts. I–VII, in: Journal of Genetic Psychology 35 (1946–1949), 173–189; Journal of Psychology 26 (1949), 193–216; 27 (1950), 3–39
Henkler, P.: Beispiel, in: Schwartz, H. (Hrsg.): Pädagogisches Lexikon, Bd. I, Bielefeld, Leipzig 1928, 438–439
Henningsen, J.: Beispiel im Unterricht, in: Horney, W./Ruppert, J. P./Schultze, W. (Hrsg.): Pädagogisches Lexikon, Bd. I, Gütersloh 1970, 278
Hull, C. L.: Quantitative aspects of the evolution of concepts, in: Psychological Monographs 28, (1920), Whole Number 123, 1–85. (Deutsch in: Graumann, C. F. (Hrsg.): Denken, Köln 1965, gekürzte Fassung)
Kintsch, W./Bates, E.: Recognition memory for statements from a classroom lecture, in: Journal of Experimental Psychology: Human Learning and Memory 3 (1977), 150–159
Kintsch, W./van Dijk, T. A.: Toward a model of text comprehension and production, in: Psychological Review 85 (1978), 363–394
Kintsch, W./Vipond, D.: Reading comprehension and readability in educational practice and psychological theory, in: Nilsson, L. G. (Ed.): Memory processes, Hillsdale, New Jersey 1979, 329–365
Klausmeier, H. J. Instructional design and the teaching of concepts, in: Levin, J. R./Allen, V. L. (Eds.): Cognitive learning in children, New York 1976
Krieger, R.: Ungewißheit und Wißbegier. Von einer reizinduzierten Motivation zu einer Wert-Erwartungs-Theorie, in: Keller, H./Voss, H. G. (Hrsg.): Neugierforschung, Weinheim 1981, 80–108
Langer, I./Schultz von Thun, F./Tausch, R.: Verständlichkeit in Schule, Verwaltung, Politik, Wissenschaft – mit einem Selbsttrainingsprogramm zur Darstellung von Lehr- und Informationstexten, München 1974
Mandl, H. (Hrsg.): Zur Psychologie der Textverarbeitung. Ansätze, Befunde, Probleme, München 1981
Mandl, H./Ballstaedt, St.-P.: Effects of elaboration in recall of texts, in: Flammer, A./Kintsch, W. (Eds.): Discourse processing, Amsterdam 1982, 482–494
Markle, S. M.: Good frames and bad. New York 1964
Markle, S. M./Tiemann, P. W.: Really understanding concepts. Champaign, Illinois 1969
Marton, F./Säljö, R.: Level of difficulty viewed as a relationship between the reader and the text. Paper presented at the XIXth International Congress of Applied Psychology, July 30-August 5, 1978, Munich, West Germany
Marton, F./Wenestam, C. G.: Qualitative differences in the understanding and

retention of the main point in some texts based on the principle-example structure, in: Gruneberg, M. M./Morris, P. E./Sykes, R. N. (Eds.): Practical aspects of memory, London 1978, 633–643
Miller, J. R./Kintsch, W.: Readability and recall of short prose passages: A theoretical analysis, in: Journal of Verbal Learning and Verbal Behavior 2 (1980), 217–228
Reder, L. M.: The role of elaboration in the comprehension and retention of prose. A critical review, in: Review of Educational Research 50 (1980), 5–53
Reder, L. M.: Techniques available to author, teacher and reader to improve retention of main ideas of a chapter. Unpublished paper, Carnegie-Mellon University 1980
Rosch, E.: Principles of categorization, in: Rosch, E./Lloyd, B. B. (Eds.): Cognition and categorization, Hillsdale 1978
Taber, J. J./Glaser, R./Schaefer, H. H.: Verhaltenspsychologie – Didaktik – Programmierter Unterricht, Weinheim 1971
Tennyson, R. D./Park, O.-C.: The teaching of concepts: A review of instructional design research literature, in: Review of educational Research 50 (1980), 55–70
Toulmin, S.: The use of argument, Cambridge 1958
Wagenschein, M.: Zum Begriff des Exemplarischen Lernens, Weinheim 1956
Wenestam, C.-G.: Horisontalisierung. Ett sätt att missuppfatta en text. (Horizontalization, A Way of misunderstanding a text.) Rappoerter fran Pedagogiska institutinene, Göteborgs universitet. Nr. 157, 1978
Wolf, A.: Beispiel, in: Rombach, H. (Hrsg.): Lexikon der Pädagogik. Neue Ausgabe Bd. I, Freiburg/Br. 1970, 135

Hans Josef Tymister

Beratung als Interventionsmodell in der Lehr-Lern-Situation

1. Lehr-Lern-Situationen als Anlaß für pädagogische Beratung

In der Arbeit mit lernenden Erwachsenen kommt es, wie im Unterricht mit Jugendlichen und Kindern, immer wieder zu Situationen, in denen die Alltagsroutine des Lehrens und Lernens unterbrochen wird, weil ein aufgetretener Konflikt, ein unerwartetes Problem oder nur eine nicht eingeplante Aufgabe gelöst werden muß, bevor die laufenden Tätigkeiten störungsfrei weitergeführt werden können. Solche Unterbrechungen werden häufig als unerwünschte Störungen gedeutet und erlebt. Aus dieser Deutung entsteht das Anliegen, sie möglichst schnell und ohne Aufwand zu lösen oder sie zurückzustellen, zu unterdrücken, damit die Arbeitsroutine so schnell wie möglich wieder eintreten kann. Sie können aber auch als willkommene Abwechslung von der Alltagsroutine betrachtet werden, die darüber hinaus häufig Gelegenheit bieten, neben den vorgesehenen Inhalten der Lehre auch zu lernen, wie Konflikte, Probleme und unerwartete Aufgaben gelöst werden. Lösungsmethoden in Einzel- und Gruppenarbeit anwenden können, ist eine der wichtigsten Qualifikationen, die in Schule und Erwachsenenarbeit zu vermitteln sind.

Im folgenden soll dargestellt werden, wie unerwünschte Unterbrechungen der alltäglichen Lehr-Lern-Arbeit entstehen, wie sie als störendes Verhalten gedeutet werden und in Handlungsprozesse umgewandelt werden können, die das Lernen fördern. Zum Lösen der den unerwünschten Unterbrechungen zugrundeliegenden Konflikte, Probleme und Aufgaben wird als Interventionsform »Beratung« empfohlen. Bei ihrer Darstellung wird der Anspruch erhoben, sie als Modell für pädagogische und andragogische Interventionen in Lehr-Lern-Situationen zu verstehen. Unter »Lehr-Lern-Situation« wird in

diesem Kontext eine Handlungssequenz verstanden, in der ein Lehrender oder eine Lerngruppe mit dem Ziel zusammenarbeiten, dem oder den Lernenden zu gewünschtem Lernerfolg zu verhelfen.
Unter »Intervention« wird das Eingreifen eines Beteiligten (mehrerer Beteiligter) oder eines Dritten verstanden, um eine tatsächliche oder vermeintliche Lernstörung zu beheben, wobei die Lernstörung als unerwünschtes Verhalten das Eingreifen veranlaßt. Zwecks Strukturierung der Darstellung wird zwischen drei Gruppen von Anlässen für Interventionen unterschieden, nämlich Lernschwierigkeiten, die sich dem Anschein nach aus der Persönlichkeit des einzelnen Lernenden ergeben, Lernstörungen, die scheinbar aus dem Interagieren der Lerngruppe entstehen und Lernerschwernisse, die möglicherweise auf Inhalt oder/und Form der Lehre, eventuell auch auf die Persönlichkeit eines Lehrenden, zurückführbar sind. Zur besseren Verdeutlichung der Argumentation wird jeweils von einem kurzen Beispiel aus der Lehr-Lern-Arbeit ausgegangen.

1.1 Lernschwierigkeiten der Lernenden

In einer Lerngruppe für erwachsene Analphabeten sitzt der 22jährige Peter. Die Lernenden ergänzen schriftlich einen Tafeltext, in dem insgesamt sieben Worte fehlen. Peter sitzt vor seinem Blatt, schreibt aber nicht. Die Übungsleiterin schaut ihn an, und er bemerkt den aufmunternden Blick, reagiert aber nicht. Schließlich geht sie zu seinem Platz, setzt sich neben ihn auf einen leeren Stuhl und fragt ihn, warum er die Aufgabe nicht löse. Er antwortet: »Ich weiß es nicht! Ich kann das nicht!« – Erst nach freundlichem Zureden und nachdem die Übungsleiterin Peter ausdrücklich bestätigt hat, daß die Worte, die er auf einen Schmierzettel schreibt, richtig – auch rechtschreiblich richtig – sind, löst er die gestellte Aufgabe, fehlerlos.
Nach ähnlichem Muster laufen Stillarbeiten Peters in der Lerngruppe immer wieder ab. Obwohl seine Lernfortschritte, auch ihm selbst erkennbar, kontinuierlich steigen, löst er schriftliche Einzelarbeiten erst, wenn ihm von einem anderen bestätigt wurde, daß seine Probelösungen (Schmierzettel) stimmen. In der Partner- oder Gruppenarbeit tauchte das Problem bisher nicht auf.
Nach mehreren Beratungsgesprächen, z. T. als »Gruppenrat« geführt (vgl. Fuest 1988, Stichwort »Klassenrat«), zeigt sich, daß Peter große

Angst davor hat, sich »vor der Öffentlichkeit«, z. B. vor der Lerngruppe, zu »blamieren«. So war es auch schon, als er noch Kind war. Seiner Kindheitsfamilie läßt sich das Motto zuordnen: »Was mir machen, das machen wir richtig!« Bei Ungeschicklichkeiten, wenn er etwas »kaputt gemacht« hatte oder ihm bei den Schularbeiten Fehler unterlaufen waren, wurde er, so erinnert er sich, oft bloß gestellt. Seine Eltern und zwei mehr als sieben Jahre ältere Schwestern lächelten dann oder lachten sogar laut über ihn. Ähnliche Erinnerungen hat er auch aus der Grundschulzeit. Vor allem aus dem ersten und zweiten Schuljahr erinnert er sich, wie seine Mitschüler lachen, wenn er ein Wort nicht richtig liest. Manchmal zeigte die Lehrerin seine Tafel anderen Schülern, wies ausdrücklich auf Schreibfehler hin und provozierte das Lachen der Mitschüler. Lesen- und Schreibenlernen hat er dann auch sehr bald ganz aufgegeben. Die Folge war, daß ihn nur noch der Ärger der ehrgeizigen Lehrerin traf, ausgelacht wurde er »wegen seiner mangelnden Begabung« dann nicht mehr.
Verständnis für das Kleinkind in der Familie und den Grundschüler Peter stellt sich beim »Gruppenrat« und im Zweiergespräch der Beratung mit der Kursleiterin schnell her: »Unter diesen Lebensumständen würde ich anstelle des Kindes Peter auch alles tun, um solche Bloßstellungen zu vermeiden. Lieber den Eindruck erwecken, ich sei dumm, als wegen eines Fehlers dauernd verlacht zu werden.« Auch Peter selbst versteht nun den Sinn seines Handlungsmusters. Aber heute ist er kein Kind mehr. Die Angst vor dem Lächerlich-gemacht-werden ist in vielen seiner jetzigen Lebenssituationen gar nicht mehr begründet, z. B. in der Lerngruppe, wie er selbst bestätigt. Also wird er in kleinen Schritten üben, »Fehler zu machen« und seine Arbeiten trotzdem zu zeigen. Weil alle Gruppenmitglieder diesen lernhemmenden Teil seines »Lebensstils« (vgl. Ansbacher 1985) kennen, begleiten sie seine Übungen im »Fehler machen und Fehler zeigen« verstehend und ermutigend. Die Lerngruppe wird so zu einer wichtigen Hilfe bei der Überwindung der Lernhemmung Peters.

1.2 Lernstörungen in der Gruppe

Lerngruppen können aber auch sogenannte Lernstörungen auslösen oder zumindest fördern. Auch dafür ein Beispiel:
In einer Gruppe arbeiten zehn Erwachsene, zwischen 18 und 30 Jahren

alt, sechs Männer und vier Frauen, um den Hauptschulabschluß nachzuholen. Die Gruppenleiterin unterrichtet unter anderem das Fach Deutsch. Sie ist politisch sehr engagiert, was auch die Teilnehmer wissen. In ihrem Unterricht bestimmen sie weitgehend selbst, was inhaltlich erarbeitet und wie methodisch gearbeitet wird. Daß das curricular vorgesehene Maß an sprachlichen und schriftsprachlichen Fertigkeiten erreicht wird, stellt sie durch geschickte Gesprächsleitung und gezielte Entscheidungshilfen sicher. Trotzdem nimmt die Unzufriedenheit unter den Lernenden, die sich vor allem in mangelnder Arbeitsbereitschaft und wiederholten Unterrichtsstörungen äußert, schrittweise zu. Was sie vor allem als störend empfindet, ist Verlassen des Arbeitsplatzes und Stören anderer Teilnehmer, nicht themenbezogenes Zwischenfragen und provozierendes Verhalten, wie Essen oder »Lesen« von Magazinen, während der Lernarbeit.
Die Appelle der Kursleiterin, daß es doch um die eigenen Lernerfolge der Teilnehmer gehe, bleiben trotz des wiederholten Hinweises auf die inhaltliche Selbstbestimmung der Lernenden bis auf einige kurzfristige Beruhigungen folgenlos. Schließlich kommt es zu einer, z. T. aggressiv geführten, Diskussion, bei der die Lernenden ihre Kursleiterin vor allem damit sehr enttäuschen, daß sie ihr die »scheindemokratische Unterrichtsgestaltung« als zentralen Fehler vorwerfen. Was sie demgegenüber erwarteten, sei, daß man ihnen genau sage, was sie zu lernen hätten und daß man sie zum Lernen zwänge. Lernen habe mit Demokratie und Politik nichts zu tun! Sie könnten ja selbst nicht wissen, was zu lernen sei, und außerdem sei Lernen ohne Druck, ohne Strafen, wie jedermann wisse, nicht möglich.
Die Kursleiterin ist, gerade auch wegen ihrer basisdemokratischen Einstellung, so enttäuscht, daß sie den Konflikt mit ihrer Lerngruppe nicht ohne kollegial-beraterische Hilfe lösen kann. Nach wenigen Supervisionsgesprächen (zur »Supervision« in der Erwachsenenarbeit vgl. Fuchs-Brünighoff 1988) mit einer in »individualpsychologischer Beratung« ausgebildeten Kollegin beginnt sie zu verstehen, wie es zu diesem Konflikt kommen konnte. Einerseits hatte sie ihre Kursteilnehmer von Anfang an dadurch überfordert, daß sie Mitbestimmung über Unterrichtsverlauf und Lerninhalte eingeführt hatte, ohne auf die bisherigen Lernerfahrungen der Lernenden Rücksicht zu nehmen. Sie hatte ihr »demokratisches« Konzept von Lehren und Lernen weder vorher erläutert noch ein schrittweises Einüben ermöglicht. Andererseits zeigte gerade diese, recht autoritäre, Einführung demokratischer

Arbeitsweisen und ihr Beharren auf deren Durchsetzung, daß partnerschaftliches Arbeiten mehr ihren rational begründeten Wünschen als ihren tatsächlichen Erfahrungen und Gefühlen – ihrer eigenen Lernbiografie – entsprach.
Weil, wie sich auf Nachfrage herausstellte, auch kein Kursteilnehmer im eigenen Elternhaus oder in einer Schulklasse Erfahrungen mit partnerschaftlich-demokratischen Lehr-Lern- oder Lebensformen gemacht hatte, mußten die Lernenden, wie die Lehrende selbst, dort abgeholt werden, wo sie mit ihren Erfahrungen und Erwartungen tatsächlich standen. Das heißt, um das Ziel, partnerschaftlich zu lehren und zu lernen, im Unterricht erreichen zu können, müssen die Kursteilnehmer und die Kursleiterin Gelegenheit bekommen, sich schrittweise darin einzuüben. Das Konzept dazu wurde z. T. bei den oben genannten Supervisionsgesprächen, z. T. auch in kollegialer Supervision mit zwei anderen Kursleiterinnen, erarbeitet.
An der Erarbeitung der einzelnen Lernschritte wurden auch die Kursteilnehmer beteiligt. Dazu dienten vor allem wöchentlich durchgeführte Gruppengespräche (Gruppenrat), die curricular als Sprachübung im Deutschunterricht galten (vgl. Boettcher et al. 1982. S. 137ff.). Ein wichtiger Bestandteil dieser regelmäßigen Gruppengespräche war die gemeinsame Kontrolle des Lernfortschritts, weil nur so der auf negativer Erfahrung beruhenden Skepsis der Kursteilnehmer gegenüber Gruppen- und Einzelarbeit, selbständiger Inhaltserarbeitung usw. begegnet werden konnte.

1.3 Störungen der Lehre

Wie sich im vorhergehenden Abschnitt bereits angedeutet hat, kann eine Lehr-Lern-Störung auch von der Lehre her, also von der Person des Lehrenden, von der methodischen Ausgestaltung des Lehrens oder von den Lehrzielen und -inhalten ausgehen. Noch einmal ein Beispiel:
Ein Kursleiter unterrichtet in der oben erwähnten Lerngruppe (vgl. Beispiel 1.2) u. a. das Fach Mathematik. Zwar wird ausschließlich frontal gearbeitet, aber die Lernenden sind mit seinem Unterricht sehr zufrieden. Er pflegt »sich« so gründlich vorzubereiten, daß er mit Hilfe von Wandtafel, Tageslichtprojektor und grafischer Darstellungen an der Seitenwand die exemplarisch sorgfältig ausgewählten Inhalte lückenlos und in kleinste Schritte aufgeteilt darbieten kann. Zur Arbeitser-

leichterung der Lernenden bietet er ihnen am Ende jeder Lehr-Lern-Sequenz die wichtigsten Lerninhalte auf vervielfältigten Blättern mit Schautafeln und Kurztexten dar, so daß sie seinem Unterricht folgen können, ohne durch das Mitschreiben in ihrer Aufmerksamkeit abgelenkt zu werden, und trotzdem am Ende genau wissen, »was zu lernen ist«. Seine Freude an der thematisch und didaktisch perfekten Darstellung des Lernstoffs ist unübersehbar und teilt sich auch den Kursteilnehmern mit. Nennenswerte Lernlücken, die er bei seiner regelmäßigen Überprüfung der Lernergebnisse immer wieder feststellen muß, führt er auf mangelnde Konzentrations- und Merkfähigkeit der Lernenden zurück. Dabei pflegt er auf die lernfeindlichen Lebensbedingungen in der modernen Gesellschaft und ihrem jede Selbsttätigkeit erstickenden Massenkommunikationssystem hinzuweisen.

Bei Gelegenheit einer Kursleiterfortbildung wird er darauf gestoßen, daß seine Weise zu lehren ausgesprochen lehrerzentriert, z. T. sogar autoritär perfektionistisch sei und daß ein großer Teil der Lernlücken seiner Kursteilnehmer wahrscheinlich darauf zurückzuführen sei, daß er ihnen jegliche Initiative beim Lernen abgenommen habe. Er habe sie auf diese Weise extrem verwöhnt und ihnen infolgedessen nie Gelegenheit gegeben, durch eigene Arbeit an den Unterrichtsinhalten zu lernen, wie man lernt, und damit Gedächtnistraining zu betreiben. Zuerst reagiert er mit Widerstand, den er mit rationalen Argumenten geschickt verbirgt. Erst im Verlauf des nächsten Tages wird er zunehmend nachdenklich und beginnt, sich mit Kollegen, die eher projekt- und kursteilnehmerorientierte Lehr-Lern-Verfahren praktizieren, auseinanderzusetzen.

Im Verlauf dieser Auseinandersetzungen kommt es unter Anleitung einer Fortbildungsleiterin zu mehreren unterrichts- und lebensstilbezogenen Beratungsgesprächen (vgl. Fuchs-Brüninghoff 1988). Dabei entschließt er sich, seinen lehrerzentrierten Unterrichtsstil in Kooperation mit den Lernenden zugunsten eher lernerorientierter Arbeitsverfahren schrittweise zu verändern. Sein am Perfektionismus eines ältesten Kindes orientierter Lebensstil kommt ihm bei dieser Veränderung entgegen, weil er sich entschließen kann, sein Ziel, perfekt zu sein, methodisch nicht mehr an die Darbietung der Lehrinhalte sondern an die Aktivierung der Lernenden und an ihre Verselbständigung zu binden.

1.4 »*Lernstörungen*« *als Beziehungsproblem*

Die drei genannten Beispiele haben als Störung im Arbeitsprozeß einer Lehr-Lern-Gruppe Erwachsener einen Gesichtspunkt gemeinsam, der für die Problem- oder Konfliktlösung sehr wichtig ist. Eine monokausale Feststellung der Störungsursache, oder, personbezogener ausgedrückt, eine eindeutige Schuldzuweisung an einen »Störenfried« ist weder möglich noch sinnvoll.

Die in der Sache unberechtigte Bemerkung des 22jährigen Analphabeten Peter (Beispiel 1.1) »Ich kann das nicht!« weist in der geschilderten Situation auf Angst hin. Das Verhaltensmuster »Angst vor dem Bloßgestelltwerden« stammt aus seiner Lerngeschichte – in Übereinstimmung mit der Adlerschen Individualpsychologie nehmen wir an, aus seiner Kindheit – und hat als solches nichts mit der heutigen Lerngruppe und der Kursleiterin zu tun. Seine Arbeitsverweigerung, die auf das Auftreten der Angst zurückgeht, setzt aber voraus, daß er seine Erfahrungen, die er als Kind und Jugendlicher mit Eltern und Lehrern im Beisein von Geschwistern und Mitschülern gemacht hat, auf die Kursleiterin als Lehrerin im Beisein einer Gruppe Lernender *überträgt*. Diese Übertragung geschieht in der Regel unbewußt. Sie ist daran gebunden, daß ihm die Kursleiterin in der Rolle einer Lehrerin begegnet. Diese kann der Übertragung, unabhängig davon, ob sie das Geschehen akzeptiert oder ablehnt, nicht entgehen.

Weil die Übertragung für das Zustandekommen der Lernstörung wesentlich ist, muß sie als *Beziehungsproblem* verstanden werden, nämlich als Problem der Beziehung zwischen dem Lernenden und der Kursleiterin vor der »Öffentlichkeit« des Kurses. Dieser Zusammenhang einer »Lernstörung« mit der Leiter-Teilnehmer-Beziehung wird noch deutlicher, wenn wir uns dem zweiten Beispiel (vgl. Pkt. 1.2) zuwenden. Einerseits ist es naheliegend, die relativ rigiden Erwartungen der Lernenden an eine autoritäre Strukturierung der Lernsituation auf entsprechende Erfahrungen in ihren Familien und in der Schule zurückzuführen. Wer nie Gelegenheit hatte, die positiven Ergebnisse selbständigen Lernens zu erleben, sondern Lernerfolge, wenn auch spärliche, nur in rigide gelenkten Lernsituationen feststellen konnte, wird ohne gezielte Hilfe zur Veränderung seiner Erfahrungen die Arbeitsform vorziehen, die sich in seinem Leben als erfolgreich bewährt hat.

Andererseits sind es gerade autoritär strukturierte Lernsituationen, die untrennbar mit der überlegenen Autorität eines Lehrenden verbunden erlebt werden. Den Erfahrungen der Lernenden sowohl wie den an basisdemokratischen Idealen orientierten Erwartungen der Lehrenden liegen bestimmte Vorstellungen über die Beziehung zwischen Lernenden und Lehrenden zugrunde, die in der Kindheit selbst erfahren oder in der Jugend als Protestphantasie entwickelt wurden. Sie werden in der jetzigen Lehr-Lern-Situation auf die gegenseitigen Beziehungs-»Partner« übertragen. Eine »Demokratisierung« des Unterrichtsgeschehens ist aber ohne gezielte Arbeit an dieser Beziehung nicht dauerhaft erfolgreich. Partnerschaftliche Arbeitsweisen lassen sich nicht autoritär den Lernenden überstülpen.

Auch dem dritten Beispiel (vgl. Pkt. 1.3) liegt, wie allen sogenannten Lernstörungen, ein Beziehungsproblem zugrunde. Die Neigung des Kursleiters, die Lerninhalte so perfekt wie möglich didaktisch darzustellen und damit die Kursteilnehmer zu verwöhnen, geht zwar auf seine Lerngeschichte zurück. Sie gehört zu seinem Lebensstil. Aber das Handlungsmuster, das als Teil des Lebensstils dem geschilderten Geschehen zugrundeliegt, ist ein Beziehungsmuster. Die didaktisch perfekte Stoffdarbietung nimmt nicht nur den Lernenden jegliche Arbeitsinitiative aus der Hand – sogar die Übungsanteile des Lernens sind, da lückenlos vorbereitet, nur noch folgsam (gehorsam) nachzuvollziehen. Sie teilt ihnen, als Handlungssinn nicht zu übersehen, auch mit, daß ihnen eine selbständige Lernarbeit nicht zugetraut wird. Dieser Mangel an Vertrauen in die Lernenden geht, der Kursleiter handelte von vornherein nach seinem Muster, nicht auf Erfahrungen im Kurs sondern auf eigene Kindheitserfahrungen als Betroffener zurück. Was er selbst als Verwöhnung und damit als Mangel an Vertrauen, also als Unterlegenheit, erlebt hat, überträgt er jetzt aktiv, das heißt, in der Rolle des Überlegenen, unreflektiert in die Lehr-Lern-Situation, auf die Lernenden.

Die Kursteilnehmer reagieren, wie Verwöhnte allgemein, aber nicht rebellierend, weil sie aufgrund der gesellschaftlich-geschichtlichen Situation ihrer eigenen Kindheit und Schulzeit durchweg selbst verwöhnt wurden oder sich nach Verwöhnung gesehnt haben. Indem sie die Vorteile der Verwöhnung konsumieren, übertragen sie ihrerseits ein zu der Lernsituation passendes Beziehungsmuster auf den Kursleiter und wundern sich aus Erfahrung nicht einmal über den mangelnden Lernerfolg. Auch das gehört zu ihrem bisherigen Leben, sonst säßen sie nicht in diesem Kurs.

2. *Wichtige Prinzipien und Methoden beraterischer Intervention*

In den vorhergehenden Abschnitten wurden im Zusammenhang mit den kurzen Interpretationen der Beispiele für Störungen in Lehr-Lern-Situationen der Erwachsenenarbeit bereits Problemlösungen angedeutet. Die Erarbeitung und Anwendung dieser Lösungen beruhte in jedem Fall auf »pädagogischer Beratung« (vgl. Tymister 1988) als »Hilfe zur Selbsthilfe« (vgl. Aurin 1981).
Voraussetzung beraterischer Intervention ist, daß (Lern-)Störungen als Beziehungsprobleme erkannt werden. Voraussetzung der hier vorgestellten Beratungsmethodik ist, daß sowohl beim Auftreten der Störungen wie bei ihrer Bearbeitung zwecks Lösung Übertragungen von lerngeschichtlich bedingten Beziehungserwartungen stattfinden. Aus der Erkenntnis dieser Übertragungen ergeben sich einige wichtige Prinzipien und Methoden pädagogischer Beratung.

2.1 Beratung als »Hilfe zur Selbsthilfe«

Wie an anderer Stelle genauer ausgeführt wurde (vgl. Tymister 1986), ist Beratung, obwohl sie sich häufig therapeutischer Methoden bedient, von Psychotherapie zu unterscheiden.

- Aus rechtlichen Gründen dürfen sich in der Bundesrepublik Deutschland nur ausgebildete Ärzte, Heilpraktiker und Psychologen mit psychotherapeutischer Zusatzausbildung heilend, also therapeutisch betätigen (vgl. Tymister 1986. S. 89).
- Mit Rücksicht auf die Beratenen, vor allem, wenn es um Kinder und Jugendliche geht, kann es um des Beratungserfolges willen sehr förderlich sein, wenn durch die berufliche Zuordnung des Beraters dem Mißverständnis vorgebeugt wird, eine psychotherapeutische Behandlung sei durchgeführt worden und der Beratene selbst sei psychisch krank (vgl. Tymister 1986. S. 88f.).
- Obwohl im Grenzbereich zwischen Beratung und Psychotherapie sehr viel Gemeinsames auszumachen ist, was häufig eine Unterscheidung im Einzelfall unmöglich macht (vgl. z. B. Arnold 1985. S. 124), ist mit Rücksicht auf den Regelfall eine Unterscheidung möglich und um der Verständigung willen – pragmatisch – sinnvoll.

Die Kriterien für die Abgrenzung der Beratung von der Therapie lassen sich aus einer näheren Bestimmung der Beratungsfunktionen (vgl. Pkt. 2.2) gewinnen (vgl. Tymister 1986. S. 90ff.). Zentrales Unterscheidungsmerkmal ist das Ausmaß an Hilfe, das notwendig wird, damit der Beratene sich selbst helfen kann. Je größer die Aussicht auf eine erfolgreiche Berücksichtigung des Kognitiven, der Einsicht des Beratenen ist, um so angezeigter ist Beratung. Je aussichtsloser die Berücksichtigung des Kognitiven bei der gemeinsamen Arbeit im Hinblick auf eine Lebensveränderung, eine Korrektur des Lebensstils, erscheint, um so mehr muß die Erfahrung eines therapeutischen Verhältnisses einschließlich seiner emotionalen Anteile und seiner Analyse die kognitive Einsicht zur Begleitung der Veränderung vorbereiten, z. T. ersetzen, was jede Beratung überfordern würde.
Im hier behandelten Kontext, also in Lehr-Lern-Situationen, ist Beratung dann sinnvoll, wenn es gilt, Lernstörungen als Beziehungsprobleme zu verstehen und die Beziehungspartner in die Lage zu versetzen, ihre gegenseitigen Beziehungen in Selbsthilfe so zu revidieren, daß ungestörtes Lehren/Lernen sichergestellt wird. Die Revision zwischenmenschlicher Beziehungen , dazu gehören auch, wie gezeigt wurde, Lehr-Lern-Verhältnisse in der Erwachsenenarbeit, ist aber immer ein, wenn auch noch so geringer, Eingriff in der Persönlichkeit der beteiligten Menschen. Diese Tatsache hat zur Folge, daß Beratung nicht ohne ausdrückliche Zustimmung der beteiligten erfolgen kann (vgl. Tymister 1988. Abschnitt 4). »Hilfe zur Selbsthilfe« kann, wie Erziehung überhaupt, nicht aufgezwungen werden. Aus aufgezwungener Erziehung wird Dressur, mit all ihren für das Leben in einer Demokratie negativen Folgeerscheinungen. Der Versuch, Beratung aufzuzwingen, verschleiert, daß sie umschlägt in ein autoritär strukturiertes Verhältnis, in dem eine Seite anordnet, was zu tun ist, während die andere dies entweder gehorsam ausführt oder den Gehorsam verweigert und zum sogenannten Störer wird.

2.2 Funktionen und Methoden der Beratung

Im Gegensatz zu den komplementären Beziehungen lehrerzentrierter Frontalinformation oder an geltenden Vorschriften orientierter Anordnungen hat Beratung, wie gesagt, allgemein die Funktion, »Hilfe zur Selbsthilfe« zu geben. Das Ausmaß an Hilfe, das ein Mensch braucht, um sich selbst helfen zu können, ist aber von Situation zu Situation und von Mensch zu Mensch sehr verschieden. Nicht inhaltliche Aspekte eines Curriculum oder persönliche Interessen des Beraters bestimmen die Hilfe, die in einer Beratung gegeben wird. Diese ergibt sich vielmehr in der Arbeit mit dem Beratenen aus dem gemeinsamen Verstehen seiner Interessen.

Der Begriff der Beratung bestimmt sich unserem Verständnis nach vom Beratenen her, und zwar von seinem Interesse an Selbstverstehen und Verstehen der eigenen Lebenswelt (vgl. Tymister 1987) einschließlich der daran beteiligten Mitmenschen her. Aus dieser Begriffsbestimmung ergeben sich im einzelnen folgende Funktionen:

1. In der Beratung werden Informationen erarbeitet, die es dem Beratenen (den Beratenen) möglich machen, die Lebenssituation, die als Aufgabe, Problem oder Konflikt zum Beratungsgespräch geführt hat, so zu verstehen, daß er (sie) selbst Lösungen entwickeln und anwenden kann (können). Wenn es sich, wie in den oben angeführten Beispielen, um Lehr-Lern-Störungen handelt, wird die Informationserarbeitung in erster Linie dem Ziel dienen, sie als Beziehungsproblem zu erkennen und Hilfen zu erarbeiten, damit die Beteiligten ihre Beziehung so gestalten können, wie es dem gemeinsamen Ziel, in unseren Beispielen dem Lernerfolg, dienlich ist.
   Methodisch können die Auswahl der notwendigen Informationen und deren Erarbeitung nur in aktiver Beteiligung des (der) Beratenen erfolgen, weil nur er (sie) über das Vorwissen verfügt (verfügen), das notwendig ist, um festlegen zu können, welche Informationen fehlen und wie sie in die bisherige Lebenswelt (in die »private Logik«, Dreikurs 1969. S. 69ff.) handlungssteuernd integriert werden können.
2. Insofern sich Beziehungsprobleme aus gegenseitigen Übertragungen von Kindheitserfahrungen in ein gegenwärtiges zwischenmenschliches Verhältnis, zu dem sie nicht mehr oder nur bedingt passen, ergeben, hat Beratung die Funktion, diese Übertragungen sichtbar, verstehbar und damit vermeidbar zu machen. Dazu ist es erforderlich, daß im Einzelfall Interpretationen der »Familienkonstellation« des Kleinkindes (vgl. Shulman/Nikelly 1978), seiner »Stellung in der Geschwisterreihe« (vgl. Pepper 1978) und von »frühen Kindheitserinnerungen« (vgl. Andriessens/Tymister 1985) erarbeitet werden, um die Handlungsmuster, die den Übertragungen zugrundeliegen, als Anteile des Lebensstils zu erkennen und zu verstehen. Denn nach

Ansicht der »Individualpsychologie« entsteht der Lebensstil eines Menschen mit seinen wichtigsten Handlungsmustern in den ersten sechs Jahren, also in der frühen Kindheit. Im übrigen ist das Verstehen und Akzeptieren der Handlungsweisen des (kleinen) Kindes als Teil der Lebensgeschichte eines Menschen oft eine unverzichtbare Voraussetzung dafür, daß der erwachsene Mensch in der Gegenwart ausreichend Gelassenheit und Mut findet, um unpassende, unerwünschte Handlungsmuster – und damit auch Übertragungen, die sich als Grund für Beziehungsstörungen erwiesen haben –, aufgeben und durch erwünschte ersetzen zu können. (Zur genaueren Bestimmung der hier zugrundeliegenden tiefenpsychologischen Theorie und der daraus folgenden »aufdeckenden« Beratungsmethoden vgl. Ansbacher/Ansbacher 1982, Schmidt 1982 und Tymister 1988).

3. Eine unverzichtbare Voraussetzung für Bereitschaft und Fähigkeit des (der) Beratenen, aus dem Verstehen der Situation, der Beziehung und der eigenen Handlungsmuster die notwendigen Konsequenzen zu ziehen, ist Mut zum Vertrauen in die eigene Kompetenz (Selbstwertgefühl) und zum Vertrauen gegenüber anderen Beteiligten (Gemeinschaftsgefühl, vgl. Dreikurs 1969. S. 15ff.). Durch die Fokussierung des Gesprächs auf gelungene Beispiele für erwünschtes Verhalten in der Vergangenheit und darauf, daß zukünftiges Verhalten im Vergleich zu vergangenem immer veränderbar ist, trotz beibehaltener Ziele des Lebensstils (vgl. Beispiel 1.3) oder aufgrund veränderter Ziele (vgl. Beispiel 1.1), trägt Beratung dazu bei, daß dieser Mut gestärkt wird.

3. *Ermutigung als Modell für pädagogische Intervention*

Ermutigung ist Funktion und Methode aller Beratung zugleich. Die Antwort auf die Frage, welche Gesichtspunkte zu berücksichtigen sind, damit eine Ermutigung gelingt, läßt sie als Modell für Beratung, ja für pädagogische Intervention überhaupt erscheinen.

Für Alfred Adler ist Ermutigung eine Aktivierung des Gemeinschaftsgefühls (vgl. Ansbacher/Ansbacher 1982. S. 318ff.), das heißt, von einer gelungenen Ermutigung kann dann gesprochen werden, wenn Bereitschaft und Fähigkeit, sich anderen Menschen zuzuwenden, mit anderen

zu kooperieren, gestärkt wurden. Das gilt in gleichem Maße für Beratung wie für pädagogische Intervention allgemein.
Ob das Ziel einer Ermutigung, Stärkung sozialen Engagements, aber erreicht wurde, ist nicht abhängig vom guten Willen dessen, der ermutigt, und auch nicht davon, ob er die richtigen Methoden angewandt hat. Wie bei der Beratung und bei pädagogischen Interventionen allgemein hängt der Erfolg dessen, der ermutigen, beraten, intervenieren will, von der persönlichen Stellungnahme dessen ab, dessen Verhalten beeinflußt werden soll. Nur, wenn dieser die Intervention intuitiv oder bewußt als Ermutigung akzeptiert, kann von ihrem Gelingen ausgegangen werden.
Allerdings läßt sich die Wahrscheinlichkeit eines Ermutigungserfolgs, wie bei Beratung und pädagogischer Intervention, prinzipiell und durch die Auswahl passender Methoden beeinflussen. Prinzipiell von hohem Einfluß ist die Glaubwürdigkeit dessen, der ermutigen will. Ist das Ziel, Ermutigung zu mitmenschlicher Zuwendung, nur vorgetäuscht und geht es beispielsweise in Wahrheit nur darum, das eigene pädagogische Können in Szene zu setzen, wie es das Beispiel 1.3 nahelegt, dann wird dies meist intuitiv durchschaut. Der Erfolg bleibt aus.
Methodisch sind vor allem zwei Aspekte für das Gelingen einer Ermutigung, und dies gilt wiederum auch für Beratung und pädagogische Intervention, besonders förderlich.
Die Blickrichtung dessen, der ermutigen will, gilt weder dem, was bisher nicht gelungen ist, noch dem, der gehandelt hat. Im Mittelpunkt der Aussage steht vielmehr das Handeln, das bisher bereits zu einem gewünschten Ergebnis oder zumindest einen Schritt in diese Richtung geführt hat. Der Schluß vom erwünschten Handeln zu Selbstanerkennung (Selbstermutigung) wird ebenso dem zu Ermutigenden, dem Beratenen überlassen wie ein Vergleich mit nicht gelungenen Handlungen. Die vor allem in Lehr-Lern-Verhältnissen häufige Formulierung »A ist ihnen zwar gut gelungen, aber B bis n haben noch folgende Mängel« muß also ersetzt werden durch eine Argumentation, die sich auf das erwünschte Handeln, das zu A geführt hat, und darauf, warum es erwünscht war, beschränkt. Allerdings können, ja müssen zuweilen, unabhängig von der erwünschten Ermutigung, also in anderen Kontexten, Fehler beim Namen genannt werden.
Das Ziel jeder ermutigenden, beratenden und allgemein pädagogischen Intervention schließlich ist eindeutig zukunftsorientiert; denn je länger ein Gespräch um die Voraussetzungen und Gründe vergangener Fehl-

handlungen kreist, um so entmutigender wirkt die Tatsache, daß sie als vergangene nicht mehr aufzuheben sind. Je mehr sich aber die Gesprächsteilnehmer um die Möglichkeit zukünftiger Korrektur und Kooperation bemühen, um so eher wird sichtbar, daß Handeln auf Zukunft hin veränderbar ist. Der Sinn aller Ermutigung, Beratung, Pädagogik liegt schließlich darin, daß Menschen Hilfe bekommen, nicht nur um in Zukunft selbständiger handeln zu können, sondern auch um sich selbst zu ermutigen, zu beraten, zu erziehen.

Literatur

Andriessens, Elsa und Hans Josef Tymister: Kindheitserinnerungen, frühe. In: Brunner/Kausen/Titze 1985. S. 225–228

Ansbacher, Heinz L.: Lebensstil. In: Brunner/Kausen/Titze 1985. S. 253–262

Ansbacher, Heinz L. und Rowena R. Ansbacher (Hrsg.): Alfred Adlers Individualpsychologie. München (1972) 1982, 3. Aufl.

Arnold, Rolf: Deutungsmuster und pädagogisches Handeln in der Erwachsenenbildung. Bad Heilbrunn/Obb. 1985

Aurin, Kurt: Beratung in der Erziehung. In: Twellmann 1981. S. 103–108

Boettcher, Wolfgang et al.: Lehrer und Schüler machen Unterricht. Weinheim 1982, 4. Aufl.

Brunner, Reinhard, Kausen, Rudolf und Michael Titze (Hrsg.): Wörterbuch der Individualpsychologie. München 1985

Dreikurs, Rudolf: Grundbegriffe der Individualpsychologie. Stuttgart 1969

Fuchs-Brüninghoff, Elisabeth: »Supervision« als individualpsychologisch orientierte Mitarbeiterberatung in der Erwachsenenbildung. In: Tymister 1988

Fuest, Ada: Der »Klassenrat« im Kontext schulischer Lehr-Lernprozesse. In: Tymister 1988

Nikelly, Arthur G. (Hrsg.): »Neurose ist eine Fiktion«. Die Behandlung von Verhaltensstörungen nach Alfred Adler. München 1978

Shulman, Bernhard H. und Arthur G. Nikelly: Familienkonstellation. In: Nikelly 1978. S. 51–57

Pepper, Floy C.: Stellung in der Geschwisterreihe. In: Nikelly 1978. S. 65–70

Schmidt, Rainer (Hrsg.): Die Individualpsychologie Alfred Adlers. Ein Lehrbuch. Stuttgart 1982

Twellmann, Walter (Hrsg.): Handbuch Schule und Unterricht. Band 2. Düsseldorf 1981

Tymister, Hans Josef: Gefährdungen individualpsychologisch-pädagogischer

Beratung durch Psychotherapie? Gedanken und Erfahrungen zur Abgrenzung der Beratung von der Therapie. In: Mohr, Franzjosef (Hrsg.): Zur Patienten-Therapeuten-Beziehung. München 1986. S. 84–96 (= Beiträge zur Individualpsychologie, 7)

Tymister, Hans Josef: Subjektive ästhetische Kriterien beim Lernen ästhetischen Verhaltens? In: Kunst + Unterricht. Theorieforum 1. Seelzle 1987. S. 58–59

Tymister, Hans Josef: Individualpsychologisch-pädagogische Beratung. Begründungen – Funktionen – Methoden. In: Tymister 1988

Tymister, Hans Josef (Hrsg.): Pädagogische Beratung – Grundlagen und Praxis. Stuttgart (erscheint Frühjahr 1988)

Jörn Munzert

Persönlichkeitsentwicklung und berufliche Bildung aus Sicht der Handlungsregulationstheorie

1. Einleitung

Ziel dieses Beitrags ist es, aus handlungstheoretischer Sicht den Zusammenhang von Arbeit und Persönlichkeitsentwicklung zu verdeutlichen. Als zentrale Vermittlungsinstanz werden dabei Lernprozesse in der Arbeit und in der beruflichen Bildung bestimmt, die die Handlungsfähigkeit von Individuen in einer komplexen (Arbeits-)Umwelt ermöglichen.

Veränderte Anforderungen in der Produktion, der Einsatz neuer Technologien erfordern zunehmend eine Wechselwirkung von Lernen in der Arbeitstätigkeit und Lernen in speziellen Weiterbildungsabschnitten. Dies kann im Rahmen betrieblicher Fortbildungsmaßnahmen stattfinden, wird aber verstärkt in den Bereich außerbetrieblicher Weiterbildung verlagert. Hier ergeben sich Anforderungen an die Erwachsenenbildung, entsprechende Inhalte und Methoden für die berufliche Bildung und Weiterbildung bereitzustellen. Die Teilnehmer von Weiterbildungsprogrammen sollten in die Lage versetzt werden, neu erworbene Fertigkeiten und Kenntnisse auch unter sich wandelnden Bedingungen in der betrieblichen Praxis einsetzen zu können. Diese Qualifikationen stellen die Basis dar, auf der Lern- und Entwicklungschancen am Arbeitsplatz genutzt werden können.

Welchen Beitrag liefern handlungstheoretische Ansätze für die Analyse und Gestaltung von Lernprozessen in der beruflichen Bildung? Sie bieten zunächst einmal einen Rahmen für ein allgemeines Modell menschlichen Handelns (Hacker 1986; Volpert 1987), das als Zielvorstellung für Arbeitsgestaltungsmaßnahmen und für Anlernverfahren dienen kann. Im Vordergrund steht dabei die Identifikation von Arbeitsbedingungen, die die Persönlichkeitsentwicklung der Arbeitenden fördern oder hemmen können. Arbeit wird als der zentrale Faktor von Persönlichkeitsentwicklung aufgefaßt. Damit wird eine enge individuumzentrierte Sichtweise von »Persönlichkeit« überwunden zugun-

sten einer Berücksichtigung übergeordneter sozialer und gesellschaftlicher Bedingungen (Volpert 1975 a; i. Dr.).
Im weiteren wird zunächst ein allgemeines Modell menschlichen Handelns (2.) vorgestellt. Es wird dann gezeigt, welche Bedeutung Arbeit für die Persönlichkeitsentwicklung besitzt (3.). Daran anschließend werden Lernprozesse als Vermittlungsinstanz zwischen Arbeit und Persönlichkeit dargestellt (4.). Zuletzt werden Trainingsmethoden dargestellt, die autonomes Handeln ermöglichen und fördern (5.).

2. *Allgemeines Modell des menschlichen Handelns*

Grundannahmen der Handlungsregulationstheorie

In seiner Tätigkeit setzt sich der Mensch mit seiner Umwelt auseinander und verändert sie nach seinen Zielen. Diese bilden eine Vorwegnahme von (Arbeits-)Resultaten, die mit dem Vorsatz zum Herbeiführen durch eigene Anstrengungen verbunden sind (Hacker 1986, S. 115). Sie aktivieren somit den Menschen zu bestimmten Tätigkeiten, ermöglichen und erfordern die Planung und Antizipation von Zwischenschritten und bilden einen Vergleichsmaßstab für das Ergebnis der Tätigkeit. Einheiten der Tätigkeit, die auf der Erreichen eines konkreten Ziels gerichtet sind, bezeichnet man als *Handlungen.*
Das Handeln des Menschen ist *gegenständlich.* Es ist auf die Veränderung von äußeren Bedingungen der Umwelt gerichtet. Damit können Ziele genauer charakterisiert werden. Sie sind nicht rein interne, subjektive Gegebenheiten, sondern die Antizipation von äußeren objektiven Umweltkonstellationen. Ihre Realitätsangemessenheit muß sich beim Ausführen der Handlungen erweisen. Ziele resultieren aus objektiven Handlungserfordernissen und sind auf die Veränderung äußerer Bedingungen durch eigenes Handeln gerichtet. Ihre Auswahl wird durch die vorhandenen Bedingungen ermöglicht, aber auch eingeschränkt.
Die Bedingungen, unter denen sich die Tätigkeit vollzieht, sind das Produkt der historisch-gesellschaftlichen Entwicklung. Werkzeuge, Gegenstände, aber auch der Umgang mit diesen Objekten beruhen auf den Erfahrungen vorangegangener Generationen, die sich das Indivi-

duum aneignen muß. Insofern ist Handeln in *gesellschaftliche* Zusammenhänge eingebunden. Vor allem das Arbeitshandeln trägt selbst wieder zur Weiterentwicklung des gesellschaftlich kumulierten Wissens bei.
Für die Handlungsregulationstheorie stehen bei der Untersuchung des Handelns die psychischen Prozesse im Vordergrund, die das Handeln regulieren. Handeln ist also als ein *Prozeß* zu verstehen und zu untersuchen. Dabei können verschiedene Teilprozesse analysiert werden, die jedoch alle auf die Handlung als eine Ganzheit bezogen sind. Dieses funktionelle System von Teilprozessen wird durch das Ziel als dem vorweggenommenen Resultat bestimmt.
Zusammenfassend läßt sich der Handlungsbegriff durch die Merkmale der Zielgerichtetheit, Gegenständlichkeit und Gesellschaftlichkeit charakterisieren. Bei der Untersuchung des Handelns stehen die psychischen Prozesse der Handlungsregulation im Mittelpunkt.

Die hierarchisch-sequentielle Handlungsorganisation

Im Modell der hierarchisch-sequentiellen Handlungsorganisation wird thematisiert, nach welchen Organisationsprinzipien die psychische Regulation des Handelns abläuft. Die wesentlichen Merkmale des Modells sind die zyklische Einheit, die hierarchische Gliederung und die hierarchisch-sequentielle Organisation.
Der Grundbaustein der Struktur ist die *zyklische Einheit.* Sie besitzt einen bestimmten zeitlichen Ablauf. Begonnen wird mit der Bildung eines *Ziels,* dann folgt die Planung von *Transformationen,* die dem Erreichen des Ziels dienlich sind. Diese werden dann der Reihe nach abgearbeitet. Danach erfolgt eine *Rückmeldung,* ob das Ziel erreicht ist. Ist dies der Fall, so ist die Einheit beendet (vgl. Volpert 1987, S. 15/16).
Wichtig für die menschliche Handlungsorganisation ist das rekursive Moment, das die Bildung von zyklischen Einheiten bestimmt. Jede der Transformationen läßt sich selber wieder als zyklische Einheit auffassen, die aus dem Ziel und einzelnen Transformationen besteht. Umgekehrt kann eine zyklische Einheit auch den Transformationsteil einer höheren Einheit bilden. Es entsteht somit eine *hierarchische Ordnung* von ineinandergeschachtelten zyklischen Einheiten.
Auch für diese Hierarchie von Einheiten ergibt sich ein bestimmter zeitlicher Ablauf. Daraus resultiert die *hierarchisch-sequentielle Orga-*

nisation des Handelns. Ziele werden so weit in Teilziele aufgegliedert, bis man zu Basiseinheiten gelangt, die direkt ausführbar sind. Diese werden dann abgearbeitet, das Ergebnis wird an die übergeordneten Ebenen rückgemeldet. Dann wird das nächste Teilziel ausdifferenziert usw. Der Prozeß wird so lange fortgesetzt, bis das Erreichen des letzten Teilziels rückgemeldet wird.

Dieses Modell bildet den Zusammenhang zwischen dem Planen und Ausführen von Handlungen ab. Es vermag zu erklären, wie auch bei begrenzter Aufmerksamkeitskapazität komplexe Handlungen ausgeführt werden können und wie Handlungsfehler unter Beibehaltung des Ziels aufgefangen werden (vgl. Volpert 1987, S. 16). Ausführlicher wird das Modell von Volpert (1983) und Oesterreich (1981) beschrieben.

Die hierarchisch-sequentielle Organisation einer Handlung ist nicht im Gedächtnis fertig abgespeichert, sondern wird im Verlauf der Handlungsplanung und -ausführung gebildet. Bei der Konkretisierung der Ziele durch untergeordnete Transformationen ist die Berücksichtigung von äußeren Handlungsbedingungen von zentraler Bedeutung. Die Ziele legen einen Bereich möglicher Transformationen fest. Die konkrete Auswahl findet dann aufgrund der äußeren Bedingungen statt.

Die Eingebundenheit des Individuums in die Umwelt soll im folgenden Kapitel noch einmal aufgegriffen und verallgemeinert werden. Damit wird der wesentliche Aspekt dessen beschrieben, was aus handlungstheoretischer Sicht unter Persönlichkeitsentwicklung zu verstehen ist.

3. *Arbeit und Persönlichkeitsentwicklung*

Im Modell der hierarchisch-sequentiellen Handlungsorganisation werden die psychischen Prozesse thematisiert, die das Handeln regulieren. Die Subjekte der Handlungen sind Individuen mit ganz bestimmten Handlungserfahrungen. Aus der Auseinandersetzung der Individuen mit ihrer Umwelt ergibt sich als überdauerndes Resultat die Entwicklung der Persönlichkeit.

Zur Beschreibung von Persönlichkeitsentwicklung wird im folgenden auf Theorien der Selbstorganisation zurückgegriffen. Vor dem Hintergrund dieser allgemeinen Ansätze läßt sich darstellen, welche Bedeutung allgemeine Umweltanforderungen und Arbeitsbedingungen für die Persönlichkeitsentwicklung besitzen. Als ein wesentliches Merkmal menschlicher Arbeit wird dabei die Kooperation zwischen Arbeitenden und die daraus erwachsenden Handlungsanforderungen bestimmt.

Entwicklung und selbstorganisierende Systeme

Die Möglichkeit zu autonomen Aktivitäten und darauf aufbauend der Weiterentwicklung des Systems ist allgemeines Kennzeichen selbstorganisierender Systeme. *Höherentwicklung* bezeichnet dabei einen Prozeß, in dem zunehmend eigene Ziele verwirklicht werden können (Volpert i. Dr.). Ein wesentlicher Gesichtspunkt ist, daß sich System und Umwelt wechselseitig beeinflussen und damit auch gemeinsam entwickeln. Dies wird in ökologischen Ansätzen als Koevolution von Organismus und Umwelt beschrieben.

Wenn es um den Entwicklungsstand der Persönlichkeit eines Individuums geht, wird die Frage angeschnitten, wie jemand seine aktive Beziehung zur Umwelt psychisch regulieren kann. Dabei interessiert gerade der Bereich, wo es dem Individuum möglich wird, vom Bestimmtwerden durch die Umstände zu einer Gestaltung dieser Umstände überzugehen (Vorwerg & Alberg 1983, S. 398). Für das Individuum bedeutet das, daß seine psychischen Regulationsprozesse differenzierter werden. Aus handlungstheoretischer Sicht wird das Resultat dieser Differenzierungsprozesse im Modell der hierarchisch-sequentiellen Handlungsorganisation beschrieben.

Die Differenzierung und Optimierung der psychischen Regulationsbedingungen vergrößern die Handlungsmöglichkeiten des Individuums. Es kann zunehmend komplexere und schwierigere Ziele verfolgen. Mit der zunehmenden Veränderung der Umwelt nach eigenen Zielen steigt aber auch der Einfluß, den die Umwelt auf das Individuum ausübt. Es handelt sich hier also um eine *reziproke* Beziehung. Größere Autonomie des Handelnden wäre dann zugleich mit einer stärkeren Eingebundenheit in die Umwelt verbunden, und diese bewirkt größere Einwirkungsmöglichkeiten auf die Umwelt (vgl. Vorweg & Alberg 1983, S. 399). Die Umwelt stellt dann einen *Kontext* für zielgerichtetes Handeln dar (vgl. Volpert i. Dr.). Die Verbindung zwischen Kontext und Individuum stellt sich durch die Handlungsmöglichkeiten des Individuums her. Gegenstände des Kontexts werden von vornherein als Objekte für die eigene Aktivität angesehen.

Handlungsforderungen und Arbeitsaufgaben

Die Handlungen menschlicher Individuen sind in den Kontext sozialer Systeme eingebunden. Autonomie im eigentlichen Sinn kann man nur menschlichen Aktoren oder Gruppen zuschreiben (Volpert i. Dr.). Das, was der einzelne Mensch vorfindet, ist das Produkt der gesellschaftlich-historischen Entwicklung. Überindividuelle Erfahrungen in Form von Werkzeugen, Verfahren, Begriffen, Bedeutungen usw. stellen den Rahmen dar für individuelles Handeln. Sie ermöglichen zielgerichtetes Handeln, stellen aber auch vermittelt über kooperative Zusammenhänge *Handlungsforderungen* an das Individuum (Volpert 1975 a, S. 143).

Im Arbeitsbereich wird der gesellschaftliche und soziale Charakter der Handlungsforderungen besonders deutlich. Der Handelnde ist hier in einen übergeordneten Handlungszusammenhang eingebunden. Die Handlungsforderungen für den einzelnen haben hier die Gestalt von *Arbeitsaufgaben.* Sie stellen den Schnittpunkt dar zwischen Organisation und Individuum (Volpert 1987, S. 14). Aus der Aufgabe ergeben sich Anforderungen an die psychische Struktur der Handlungsregulation (Hacker 1986, S. 69). Die Arbeitsaufgabe ist daher zentraler Gegenstand der Arbeitspsychologie. Sie ist der Ausgangspunkt für Arbeitsgestaltungsmaßnahmen, zugleich aber auch relevant für die Strukturierung von Qualifizierungsprozessen. Die in den Lernprozessen erworbenen Kompetenzen müssen das Individuum in die Lage versetzen, eine den Arbeitsaufgaben adäquate Form der Handlungsregulation auszubilden und sich aktiv mit den Handlungsforderungen auseinandersetzen zu können.

Für den Zusammenhang von Arbeit und Persönlichkeit bedeutet dies, daß die Komplexität von Arbeitsaufgaben die Differenzierung der Handlungsregulation ermöglichen aber auch behindern kann. Arbeitsaufgaben stellen *Regulationserfordernisse,* sie eröffnen oder verschließen einen Spielraum für komplexes Handeln, welches eigenständige Zielbildung und Wegentscheidungen des Subjekts beinhaltet (vgl. Volpert 1987, S. 19). Die Autonomie des Handelns ist also immer als eine partielle aufzufassen. Sie hängt von äußeren Bedingungen und internen

Realisierungsmöglichkeiten ab (Vorwerg & Alberg 1983, S. 402). Die Arbeitsbedingungen beeinflussen die Persönlichkeitsentwicklung über direkte Lernprozesse. Das Gelernte wird auf andere Lebensbereiche generalisiert (Kohn 1985, S. 47).

Kooperative Prozesse

Arbeit setzt immer einen übergeordneten, kooperativen Zusammenhang für die verschiedenen Arbeitstätigkeiten voraus. Für den einzelnen Arbeitenden kann die Möglichkeit einer Zusammenarbeit mit anderen jedoch eingeschränkt sein. Die betriebliche Arbeitsteilung legt das Ausmaß fest, in dem Kooperation erforderlich und ermöglicht wird.
Unter kooperativer oder *Gruppenarbeit* wird eine Arbeitsform verstanden, bei der eine Arbeitsaufgabe gemeinsam zu bewältigen ist und eine gemeinsame Zielstellung verfolgt wird (Hacker 1986, S. 92/93). Die Aufgabenstruktur bestimmt dabei im wesentlichen die Strukturen der Gruppe. Die optimale Organisationsform für kooperative Arbeit ist die flexible, situationsabhängige Selbstorganisation der Gruppenarbeit, in der die Arbeitsteilung und -koordination der Gruppe überlassen bleibt (Hacker 1986, S. 96).
Kooperation stellt Anforderungen an die individuelle Handlungsregulation. Die einzelnen Handlungen der Gruppenmitglieder müssen zeitlich und räumlich aufeinander abgestimmt werden, damit das Erreichen des gemeinsamen Ziels möglich wird. Zur Koordination der Handlungen sind *kommunikative* Prozesse notwendig. Umfang und Niveau der arbeitsbezogenen Kommunikation wird durch Regulationserfordernisse der Arbeitsaufgaben bestimmt, die kooperativ ausgeführt werden. Ist die Arbeitsaufgabe durch hohe Regulationserfordernisse gekennzeichnet und ermöglicht sie die Selbstorganisation der Gruppe, so wird über die Festlegung der individuellen Aufgaben und die Koordination von Handlungen kommuniziert. Bei Aufgaben mit geringen Anforderungen und fixierter Gruppenstruktur beschränkt sich die Kommunikation auf das wechselseitige Anpassen einfacher Handlungsteile.
Kommunikative Akte unterscheiden sich in wesentlichen Merkmalen von materiellen Handlungen. Das Resultat kommunikativer Akte besteht nicht in der direkten Veränderung von materiellen Handlungsmöglichkeiten, sondern im Angleichen und Koordinieren der Regulationsprozesse des Handelns (Oesterreich & Resch 1985, S. 276).

Kooperation setzt soziale Kompetenzen bei den handelnden Individuen voraus. Die Koordination der Handlungen bedingt, daß sie sich wechselseitig in die Lage des anderen versetzen müssen. Damit wird die *Perspektivenübernahme* anderer Personen notwendig (Geulen 1982, S. 53). Vor allem beim Übergang von individuellen zu kooperativen Arbeitsformen kann das Vorhandensein individueller Kompetenzen nicht einfach vorausgesetzt werden. Häufig sind entsprechende Trainingsmaßnahmen für soziale Kompetenzen notwendig (vgl. Orendi & Papst 1983).
Die Möglichkeiten zur Zusammenarbeit mit anderen und damit verbunden der Kommunikation bieten soziale Lernchancen, die auch außerhalb der Arbeit angewendet werden können (vgl. Meissner 1971). Kooperative Arbeitsbedingungen fördern aber auch die individuelle Handlungskompetenz der Gruppenmitglieder und reduzieren durch »soziale Unterstützung« die Auswirkungen potentieller Belastungsfaktoren (Ulich 1983). Sie stellen eine wesentliche Voraussetzung für Lernprozesse und damit individuelle Entwicklung *in* der Arbeitstätigkeit dar.

4. Lernen und Persönlichkeitsentwicklung

Handeln – Lernen

Autonomie des Handelns als zentrales Merkmal der Persönlichkeitsentwicklung wurde im vorigen Kapitel als Möglichkeit von Individuen beschrieben, sich eigenständige Ziele zu setzen und diese verwirklichen zu können. Dies hängt von den Handlungsforderungen und den inneren Handlungsbedingungen ab. Die Grundaktivitäten des Menschen sind daher auf die Veränderung von Umwelt und auf die Verbesserung der eigenen Handlungsbedingungen gerichtet (Vorweg & Alberg 1983, S. 398). Das *Kontrollstreben* von Individuen beinhaltet also auch die Tendenz zur Optimierung und Ausdifferenzierung der individuellen Handlungsstrukturen (vgl. Oesterreich 1981, S. 136).
Die gesellschaftlich produzierten Gegenstände, vor allem die Werkzeuge, stellen an das Individuum ganz bestimmte Handlungsforderun-

gen. Das Individuum entspricht ihnen, indem es eine adäquate Regulationsstruktur entwickelt. Es eignet sich damit die in den Werkzeugen vergegenständlichten Erfahrungen an. Der Aneignungsprozeß als Verinnerlichung gesellschaftlich-gegenständlicher Handlungsforderungen besteht im Ausdifferenzieren der psychischen Regulationsstruktur von Handlungen und einer entsprechenden Motivstruktur. Dieser Prozeß stellt einen wesentlichen Aspekt der Entwicklung von Persönlichkeit dar (Volpert 1975 a, S. 151).

Die Entwicklung von Handlungen und Handlungskompetenz versetzt das Individuum in die Lage, einen eigenständigen Part im übergeordneten Handlungszusammenhang zu übernehmen. Für den Arbeitsbereich bedeutet das, daß es Arbeitsaufgaben übernehmen und eigenständig bewältigen kann. Der Prozeß der individuellen Aneignung von Handlungen wird häufig als Sozialisation beschrieben (Volpert 1975 a, S. 151/152). Soweit diese Prozesse im Rahmen der beruflichen Vorbereitung und Tätigkeit stattfinden, bezeichnet man sie als *berufliche Sozialisation*.

Zeitlich abgrenzbare Prozesse der Entwicklung von Handlungen werden als *Lernprozesse* gekennzeichnet. Bestimmungsmerkmal für die Höher- und Weiterentwicklung von Handlungen ist, ob damit die Individuen zu größerer Autonomie in der Auseinandersetzung mit ihrer Umwelt in die Lage versetzt werden. In der Regel trägt das Lernen selber den Charakter einer Handlung. Es ist sozusagen Handeln in zweiter Dimension, dessen Ziel auf der Verbesserung der gegenständlichen Handlung liegt (Volpert 1975 b, S. 280). Diese ist auf eine konkrete Veränderung in der Umwelt gerichtet. Nur durch diese Ausrichtung auf Gegenstandsveränderungen erhalten Lernprozesse den Charakter des Lernhandelns.

Auch beim normalen Ausführen einer Handlung kann ein Lernprozeß sich quasi »naturwüchsig« ergeben, wenn sich die psychische Regulationsstruktur verändert. Wird diese Veränderung bewußt angestrebt, ergibt sich als übergeordnetes Meta-Ziel die Verbesserung der Handlung. Die gleichzeitige Präsenz von Meta-Ziel und Ziel der gegenständlichen Handlung kann zu Konflikten führen, wenn durch die Aufmerksamkeitsbindung die Zielgerichtetheit der gegenständlichen Handlung behindert wird.

Merkmale des Handeln-Lernens

Der Bereich des Handeln-Lernens ist aus handlungstheoretischer Sicht aus dem Gesamtbereich des Lernens auszugliedern. Er ist auf die unmittelbare Modifikation der psychischen Struktur der Handlungsregulation als der Entwicklung von Handlungssystemen gerichtet (vgl. Volpert 1975b, S. 280). Darunter fallen intellektuelle Regulationsgrundlagen, aber auch die Entwicklung von Könnensformen und Fertigkeiten.

Das Handeln-Lernen hebt sich ab vom Wissenserwerb von Fakten, Zusammenhängen, Gesetzmäßigkeiten usw. Auch das Handeln-Lernen wird mit der Vermittlung von Wissen – z. B. in der Form allgemeiner Regeln – beginnen. Dieses Wissen wird im Verlauf der Übungsprozesse im Gedächtnis so umstrukturiert, wie es für die Handlungsregulation zweckmäßig ist. Gibt man z. B. verschiedenen Personen die Informationen für die gleiche Arbeitsaufgabe auf unterschiedliche Weise, so werden sich im Verlauf des Arbeitsprozesses die davon im Gedächtnis behaltenen Teile einander angleichen. Sie werden in die Regulationsgrundlagen integriert und haben dann den Charakter von Vorstellungen über das Resultat und nicht von relativ abstrakten Informationen (vgl. Hacker 1986, S. 126).

Beim Handeln-Lernen wird also nicht primär Wissen verbessert, sondern die psychologischen Regulationsgrundlagen, aus denen die konkreten Handlungen entwickelt werden. Die Funktion der Lernprozesse besteht darin, eine den Handlungsforderungen entsprechende hierarchisch-sequentielle Handlungsorganisation zu ermöglichen. Dies geschieht mit Hilfe von *Handlungsschemata,* die flexible Grundmuster für die Handlungen bilden (Volpert i. Dr.). Sie sind die Grundlage von Handlungen zur Bewältigung verschiedenartiger Situationen. Der Könner und Geübte führt sie auf der Basis automatisierter Bewegungsprogramme (Motorikschemata) und kognitiver Operationen aus. In der beruflichen Bildung geht es weitgehend um den Erwerb von Handlungsschemata und von motorischen und kognitiven Fertigkeiten. Damit wird das Individuum in die Lage versetzt, erfolgreich unter variierenden, komplexen Situationsbedingungen zu handeln. Im Vordergrund steht die Befähigung zu *autonomem Handeln,* also die Möglichkeit, eigenständig Ziele zu planen und zu verfolgen. Dies wurde als ein wesentlicher Aspekt der *Persönlichkeitsentwicklung* gekennzeichnet.

Lern- und Trainingsmethoden können diese Zielstellung unterstützen. Bevor im nächsten Kapitel einige spezifische Methoden skizziert werden, sollen hier noch einmal einige allgemeine Prinzipien für die Gestaltung von Lernprozessen zusammengefaßt werden:

1. *Von der Ganzheit zum differenzierten Schema:*
   Beim Handeln-Lernen sollte es von vornherein möglich sein zu handeln, d. h. Zielstellungen zu verfolgen. Die psychische Regulationsstruktur kann am Anfang relativ global sein. Sie wird dann im Übungsprozeß ausdifferenziert.
2. *Reduzierung von Komplexität:*
   Zu Beginn des Lernprozesses lassen sich ganzheitliche Handlungen realisieren, indem die Komplexität der Anforderungen reduziert wird. Dazu ist es sinnvoll, »genetische Vorformen« (Volpert 1975 b, S. 287) der Handlungen zu entwickeln.
3. *Flexibilität der Anforderungen:*
   Flexible Grundmuster können nur ausgebildet werden, wenn Erfahrungen mit unterschiedlichen Anforderungen gemacht werden. Schon im Übungsprozeß sollten neuartige Anforderungen bewältigt werden.
4. *Zunehmende Autonomie:*
   Die Fremdbestimmtheit des Lernenden im Übungsprozeß muß abgebaut und in zunehmend eigenständiges Handeln überführt werden. Die pädagogische Regulation wird sukzessive in Selbstregulation des Lernenden überführt (Volpert 1975 b, S. 288).

5. *Autonomieorientierte Lernverfahren*

Im folgenden werden exemplarisch einige Methoden für Anlernprozesse skizziert, die im Bereich der Handlungstheorie entwickelt wurden. Ein wesentliches Merkmal der Verfahren besteht in der engen Verbindung von Planungs- und Ausführungsprozessen. Sie ermöglicht den Lernenden Handeln unter unterschiedlichen, variierenden Bedingungen und fördert daher die Handlungsautonomie.
Zunächst werden Methoden des Erwerbs sensumotorischer Fertigkeiten dargestellt. Daran schließen Verfahren zum Erwerb kognitiver Regulationsgrundlagen an.

Methoden zum Erwerb sensumotorischer Fertigkeiten

Sensumotorische Fertigkeiten sind Bewegungsabfolgen, die durch einen einzigen Initialimpuls ausgelöst werden (Volpert 1983 a, S. 38/39) und dann weitgehend automatisiert ablaufen. Dadurch werden Kapazitäten freigesetzt zur Bewältigung komplexerer, kognitiver Anforderungen. Sie können automatisiert unter variierenden Bedingungen ablaufen und sind vielfältig in *unterschiedliche* Handlungsschemata integrierbar. Die Flexibilität kann durch Verfahren gefördert werden, die eine Verbindung von Planungs- und Ausführungsprozessen betonen.
Beim sensumotorischen Lernen sind dies Trainingsmethoden, die Denk-, Vorstellungs- und Sprechprozesse aktivieren. Die wohl bekannteste davon ist das *mentale Training*. Dabei stellt sich der Übende die zu erlernende Bewegung wiederholt vor (Ulrich 1967). Die Bewegungsvorstellung ist nicht nur einfache Vorstellung der Bewegung, sondern ein gehemmter Impuls zum Ausführen, also gewissermaßen eine systematische Handlungsantizipation (Volpert 1983 a, S. 102). Dadurch wird die Flexibilität der Fertigkeiten erhöht. Mentales Training wirkt nur in der Kombination mit aktivem Üben. In der Regel wechseln längere Phasen des Ausführens mit kürzeren Phasen mentalen Trainings ab.
Die Effekte des mentalen aber auch des observativen und verbalen Trainings sind durch viele Experimente und Untersuchungen vor allem im Bereich des Sports nachgewiesen. Sie sind aber auch in der beruflichen Weiterbildung und beim Lernen am Arbeitsplatz eingesetzt und überprüft worden (Wunderli 1978). Bisher dominieren hier aber noch Formen des einfachen Nachvollziehens und des Drills.

Selbstinstruktion

Selbstinstruktionstraining wird beim Erlernen komplexer Tätigkeiten eingesetzt. Dabei wird auf eine Kombination von mentalem, observativem und verbalem Training unter weitgehendem Einbezug des aktiven Übens zurückgegriffen (Skell 1980). Gegenüber dem Erwerb sensumotorischer Fertigkeiten geht es hier vor allem um den Aufbau kognitiver Regulationsgrundlagen. Daher erhalten Sprechprozesse einen größeren Stellenwert. Sie ermöglichen die intellektuelle Durchdringung der Problemsituation.
Der Lernende wird aufgefordert, seine Handlungen mit Sprechprozes-

sen zu begleiten, indem er laut die für den Tätigkeitsvollzug notwendigen Handlungsimpulse mitspricht. Diese Selbstbefehle werden zunehmend verkürzt und gehen in inneres Sprechen über. Dieses Verfahren wird verbunden mit Vorschriften zur Selbstprotokollierung und Selbsteinschätzung. Damit wird der Übergang zur Selbstregulation gefördert.
Selbstinstruktionstraining wurde bei Rangieraufgaben, Mehrmaschinenbedienung und Anlagenfahrern in der chemischen Industrie eingesetzt (Rühle, Matern & Skell 1980). Es kann gezeigt werden, daß sich nicht nur die Leistungen verbessern, sondern auch die Befähigung zum selbständigen Erarbeiten von Arbeitsverfahren vermittelt wird.

Heuristische Regeln

Um planende und strategische Formen des Handelns beim Lernenden zu fördern, können *heuristische Regeln* eingesetzt werden. Bei diesen Regeln wird nicht direkt vorgegeben, was zu tun ist, sondern der Lernende soll angeregt werden, sich eigenständig eine Lösung zu Problemen zu erarbeiten.
Höpfner und Skell (1983) unterscheiden drei Arten von Regeln: Heuristische Regeln weisen auf Prinzipien und Strategien hin (»Beachten Sie die Bildung von Teilzielen!«); eine zweite Gruppe von Regeln dient der Aktivierung von Gedächtnisbesitz (»Gibt es weitere Lösungsmöglichkeiten?«); die letzte Kategorie bilden die allgemeinaktivierenden Impulse (»Greife ein, bevor etwas passiert!«).
Häufig werden diese drei Arten von Regeln kombiniert. Diese allgemeinen, tätigkeitsunspezifischen Regeln bewirken erstaunliche Erfolge. Sie können auf unterschiedliche Situationen verallgemeinert werden und tragen zur Bildung von Analogien bei. Vor allem zu Beginn der Lernphasen ergeben sich Verbesserungen im strategischen Vorgehen.
Die Wirkung heuristischer Regeln konnte in experimentellen Untersuchungen (Volpert, Frommann & Munzert 1984) und für den berufspraktischen Unterricht (Höpfner 1983) nachgewiesen werden. Krogoll und Pohl (1986) haben heuristische Regeln erfolgreich für das Erlernen von CNC-Grundfertigkeiten eingesetzt.

Aufgabenorientierter Informationsaustausch

Bei Tätigkeiten, die nicht von vornherein eindeutige Lösungsmöglichkeiten zulassen, wird die Methode des aufgabenorientierten Informationsaustauschs eingesetzt (Neubert 1980). Dabei werden Lösungsvorschläge in Gruppen unter fachlicher Anleitung diskutiert und ausgearbeitet. Wesentlich dabei ist der Bezug auf eine gemeinsame Aufgabe. Es ergeben sich sowohl Verbesserungen bei den intellektuellen Regulationsgrundlagen der Individuen als auch Veränderungen bei den sozialen Kompetenzen. Im Bereich beruflicher Bildung, und hier vor allem bei Lernprozessen am Arbeitsplatz, ergibt sich ein neues Feld der Anwendung. In Ergänzung zu den anderen Methoden können diese Verfahren gerade auch bei Tätigkeiten eingesetzt werden, für die keine eindeutigen Optimallösungen existieren.

6. *Resümee*

Als berufliche Sozialisation wird die Aneignung von Handlungen in der beruflichen Vorbereitung und Tätigkeit bezeichnet. Der Aneignungsprozeß beruht auf der Verinnerlichung gesellschaftlich-gegenständlicher Handlungsforderungen und der Ausdifferenzierung einer psychischen Regulationsstruktur. Dieser Prozeß wird als Entwicklung von Persönlichkeit bezeichnet (Volpert 1975 a).

Kennzeichen für den Entwicklungsstand der Persönlichkeit ist der Umfang, in dem Individuen nach eigenen Zielstellungen die Umwelt verändern können. Die Autonomie des Handelns hängt von den äußeren Bedingungen und inneren Realisierungsmöglichkeiten ab. Im Arbeitsbereich stellen Arbeitsaufgaben Regulationserfordernisse, sie eröffnen oder verschließen den Spielraum für autonomes Handeln. Die Aneignung innerer Bedingungen findet in Lernprozessen statt, die als Handeln-Lernen gekennzeichnet werden. Für den Bereich beruflicher Bildung wurden eine Reihe von Lernmethoden entwickelt, die das Ziel haben, die Handlungsautonomie des Lernenden zu fördern.

Geulen, D.: Soziales Handeln und Perspektivenübernahme. In: D. Geulen (Hrsg.), Perspektivenübernahme und soziales Handeln. Frankfurt a. M. 1982, S. 24–72

Hacker, W.: Arbeitspsychologie. Psychische Regulation von Arbeitstätigkeiten. Bern 1986

Höpfner, H.-D.: Untersuchungen zum Einsatz heuristischer Regeln beim Üben im berufspraktischen Unterricht. Forschung der sozialistischen Berufsbildung 17 (1983), 28–33

Höpfner, H.-D. & Skell, W.: Zur Systematisierung von Formen der Übung kognitiver Prozesse. Forschung der sozialistischen Berufsbildung 17 (1983), 161–166

Kohn, M.: Arbeit und Persönlichkeit: Ungelöste Probleme der Forschung. In: E. Hoff, L. Lappe & W. Lempert (Hrsg.), Arbeitsbiographie und Persönlichkeitsentwicklung. Bern 1985, S. 41–73

Krogoll, T. & Pohl, W.: Zur Herausbildung leistungsbestimmender Teiltätigkeiten mit Hilfe kognitiven Trainings dargestellt am Einsatz heuristischer Regeln im CNC-Grundlagenkurs. Zeitschrift für Berufs- und Wirtschaftspädagogik 82 (1986), 690–702

Meissner, M.: The long arm of the job: A study of work and leisure. Industrial Relations 10 (1971), 239–260

Neubert, J.: Aufgabenorientierter Informationsaustausch und individueller Lerngewinn. In: W. Hacker & H. Raum (Hrsg.), Optimierung von kognitiven Arbeitsanforderungen. Bern 1980, S. 252–258

Oesterreich, R.: Handlungsregulation und Kontrolle. München 1981

Oesterreich, R. & Resch, M.: Zur Analyse arbeitsbezogener Kommunikation. Zeitschrift für Sozialisationsforschung und Erziehungssoziologie 5 (1985), 87–106

Orendi, B. & Papst, J.: »Die Schere im Kopf« – Erfahrungen mit kollektiven Analysen von Kooperationsbedingungen. Psychosozial 20 (1983), 91–109

Rühle, R., Matern, B. & Skell, W.: Training kognitiver Regulationsgrundlagen. In: W. Hacker & H. Raum (Hrsg.), Optimierung von kognitiven Arbeitsanforderungen. Bern 1980, S. 223–228

Skell, W.: Erfahrungen mit Selbstinstruktionstraining beim Erwerb kognitiver Regulationsgrundlagen. In: W. Volpert (Hrsg.), Beiträge zur Psychologischen Handlungstheorie. Bern 1980, S. 50–70

Ulich, E.: Some experiments on the function of mental training in the acquisition of motor skills. Ergonomics 10 (1967), 411–419

Ulich, E.: Alternative Arbeitsstrukturen – dargestellt am Beispiel der Automobilindustrie. Zeitschrift für Arbeits- und Organisationspsychologie 27 (1983), 70–78

Volpert, W.: Die Lohnarbeitswissenschaft und die Psychologie der Arbeitstätigkeit. In: P. Groskurth & W. Volpert, Lohnarbeitspsychologie. Frankfurt a. M. 1975(a), S. 11–196

Volpert, W.: Handeln, Planen, Handeln-Lernen. In: H. Hartmann (Hrsg.), Emanzipation im Sport, Giessen 1975(b), S. 264–289

Volpert, W.: Sensumotorisches Lernen (4. Aufl.). Frankfurt a. M. 1983 a

Volpert, W.: Das Modell der hierarchisch-sequentiellen Handlungsorganisation. In: W. Hacker, W. Volpert & M. v. Cranach (Hrsg.), Kognitive und motivationale Aspekte der Handlung. Bern 1983 b, S. 38–58

Volpert, W.: Psychische Regulation von Arbeitstätigkeiten. In: J. Rutenfranz & U. Kleinbeck (Hrsg.), Arbeitspsychologie (= Enzyklopädie der Psychologie, Themenbereich D, Serie III, Band 1). Göttingen 1987, S. 1–42

Volpert, W.: Work and personality development from the viewpoint of the action regulation theory. In: H. Leymann & H. Kornbluh (Eds.), Learning processes in workplaces. Aldershot (i. Dr.)

Volpert, W., Frommann, R. & Munzert, J.: Die Wirkung allgemein heuristischer Regeln im Lernprozeß – eine experimentelle Studie. Zeitschrift für Arbeitswissenschaft 38 (1984), 235–240

Vorwerg, M. & Alberg, T.: Die Subjektfunktion der Persönlichkeit als psychologisches Problem der Widerspiegelungstätigkeit. Zeitschrift für Psychologie 191 (1983), 396–408

Wunderli, R.: Psychoregulativ akzentuierte Trainingsmethoden. Zeitschrift für Arbeitswissenschaft 32 (1978), 106–111

Horst Siebert
Das Interesse der Erwachsenenbildung an der Psychologie

Daß die Wissenschaft der Erwachsenenbildung eine Querschnittswissenschaft ist, die auf die Forschungsergebnisse und -methoden mehrerer Nachbarwissenschaften angewiesen ist, bedarf für den Leser dieses Buches keiner ausführlichen Begründung. Ähnlich trivial ist die Feststellung, daß die Psychologie eine der wichtigsten, wenn nicht gar die wichtigste Nachbardisziplin der »Erwachsenenpädagogik« ist. Da die Psychologie sich mit der Entwicklung des Menschen beschäftigt, ist prinzipiell jede psychologische Erkenntnis »irgendwie« auch für die Erwachsenenbildung relevant. Aus diesem Grund würde eine Auflistung der erwachsenenpädagogisch bedeutsamen psychologischen Wissensbestände ins Uferlose führen – abgesehen davon, daß man sich bei dieser Bestandsaufnahme nicht mit einer Darstellung der Forschungsresultate begnügen könnte, sondern jede einzelne Untersuchung methodenkritisch analysieren müßte, um ihre Reichweite und die Übertragbarkeit der Ergebnisse ermessen zu können.
Interessanter ist die Frage, welche psychologischen Theorieelemente und Befunde tatsächlich von der Wissenschaft und Praxis der Erwachsenenbildung zur Kenntnis genommen und verarbeitet worden sind. Eine solche Rezeptions- und Wirkungsforschung könnte eine Analyse psychologischer Themen in Studiengängen und Prüfungsordnungen erwachsenenpädagogischer Studiengänge, eine Analyse psychologischer Aussagen in der Erwachsenenbildungsliteratur, eine Analyse des psychologischen Handlungswissens pädagogischer Mitarbeiter und eine Analyse psychologischer Bestandteile des tatsächlichen Lehrverhaltens in der Bildungspraxis beinhalten. Auch eine solche Evaluation kann an dieser Stelle nicht geleistet werden. Es ist allerdings zu vermuten, daß die Erwachsenenbildung die Psychologie eher als »Datensteinbruch« benutzt, indem sie relativ wahllos und zufällig isolierte psychologische Erkenntnisse aufgreift und pragmatisch verwertet (Mader 1981, S. 46; Nolda 1986, S. 7).
Eine Ursache für eine solche Beliebigkeit des pädagogischen »Zugriffs« auf psychologisches Wissen könnte in einer fehlenden theoretischen Perspektive der Erwachsenenbildung liegen. Nur wenn sich theoretisch

begründen läßt, welche pädagogischen Fragen an eine Nachbarwissenschaft zu stellen sind, sind nicht nur interessante, sondern auch relevante Erkenntnisse zu erwarten. Dabei kann die Erwachsenenbildung von der Psychologie nicht die Beantwortung ihrer eigenen Fragen erwarten, vielmehr müssen psychologische Aussagen im Kontext pädagogischer Zielvorstellungen re-interpretiert werden. Da sich diese Ziele u. a. aufgrund gesellschaftlicher Veränderungen ständig wandeln, ist auch diese Suchbewegung prinzipiell unabschließbar und nie endgültig. So wird z. B. die pädagogische Interpretation der »klassischen« bildungssoziologischen Göttinger Studie (Strzelewicz u. a. 1966) heute – angesichts der »Qualifizierungsoffensive« – anders aussehen als vor 10 oder 20 Jahren.

Ich will im folgenden zwei Fragen erörtern, ohne sie abschließend beantworten zu können, nämlich: 1. wie läßt sich das verstärkte Interesse der gegenwärtigen Erwachsenenbildung an der Psychologie erklären? Konkreter: Läßt sich der Boom an psychologischen wissenschaftlichen Veröffentlichungen, an lebenspraktischen psychologischen »Ratgebern« und an Psychologie- und Meditationskursen in der Erwachsenenbildung erklären durch eine sozialstrategische Psychologisierung und Individualisierung gesellschaftlicher Krisen einerseits und andererseits durch psychologisierende und subjektivistische Reaktionsmodi vor allem der bürgerlichen Mittelschicht angesichts der Rationalisierung unserer Gesellschaft? Wenn sich diese Frage bejahen läßt, schließt sich eine weitere Frage an: 2. Ist die Psychologisierung eine Chance oder eine Gefahr für »Bildung«? Ich werde diese Frage im zweiten Teil meines Beitrags einengen auf die Frage: Was bedeuten neuere psychologische Forschungsansätze für eine bildungstheoretische Begründung der Erwachsenenbildung?

1. *Psychologisierung als eine moderne Vergesellschaftungsstrategie*

Zwar hat sich die Erwachsenenbildung zu allen Zeiten für die Psyche der Erwachsenen interessiert, aber mit verändertem Interesse und wechselnder Intensität. Nach der »realistischen Wende« Mitte der 60er Jahre wurde die Vergesellschaftung der Erwachsenenbildung, d. h. die

gesellschaftliche Notwendigkeit eines organisierten lebenslangen Lernens, forciert. Dieser Vergesellschaftung der Bildungspraxis entsprach eine »Versozialwissenschaftlichung« ihrer Theorie (Weymann 1980, S. 20). Erwachsenenbildung wurde als Funktion und Bestandteil des gesellschaftlichen Systems definiert, gesellschaftliche Bedingungsfaktoren und soziale Benachteiligungen, schichtspezifische Unterschiede und ökonomische Verwertungschancen des Gelernten rückten in den Vordergrund des Interesses. Die Soziologie, vor allem kritische Gesellschaftstheorien, wurde zur primären Bezugswissenschaft, für viele sogar zur »Leitwissenschaft« der Erwachsenenbildung. Und auch die Lern- und Motivationspsychologie wurde praktisch in einen gesellschaftlichen und theoretisch in einen soziologischen Kontext integriert. Solange die Weiterbildung gesellschaftlich relativ unbedeutend und in das Belieben des einzelnen gestellt war, blieb die Adoleszenz-Maximum-Kurve, d. h. die These biologisch bedingter, abnehmender Lernfähigkeit im Alter trotz wissenschaftlicher Gegenargumente relativ unwidersprochen und bremste als selffulfilling prophecy auch die Lernaktivitäten Erwachsener. Nicht zufällig wurde dieses Defizitmodell in der DDR energischer und öffentlichkeitswirksamer kritisiert als in der Bundesrepublik, denn die SED hatte bereits in den 50er Jahren eine berufliche und ideologische Erziehungskampagne eingeleitet (Löwe 1970, Harke 1966). Die Widerlegung der Adoleszenz-Maximum-Kurve und der Nachweis einer nur wenig begrenzten Lernfähigkeit im Alter waren wesentliche lernpsychologische Voraussetzungen für den gesellschaftlich notwendigen Ausbau der Erwachsenenbildung.
Mit dem Ausbau der Erwachsenenbildung zum quartären Bildungssektor wurde dann auch in der Bundesrepublik ein »optimistischeres« lernpsychologisches Wissen rezipiert. Die Versozialwissenschaftlichung der Psychologie bestand in der verstärkten Aufmerksamkeit für soziokulturelle und sozioökonomische Bedingungsfaktoren der Lernfähigkeit wie z. B. Schulbildung, Beruf, Schichtzugehörigkeit, Aufstiegschancen (vgl. Thomae 1971, Lehr 1977). Gelegentlich wurden nun umgekehrt biologische, neurophysiologische Variablen vernachlässigt. Eine ähnliche Entwicklung läßt sich übrigens für die Motivationsforschung der Erwachsenenbildung nachweisen. Diese soziologische Sicht betonte eine »Fremdattribuierung«: Bildungsdesinteresse und Lerndefizite wurden nicht primär der mangelnden Bereitschaft und »Begabung« des einzelnen angelastet, sondern auf Chancenungleichheiten des gesellschaftlichen Systems zurückgeführt. Gesellschaftliche Reformen

und strukturelle Veränderungen des Bildungssystems waren demnach eine Voraussetzung für erweiterte Bildungsmöglichkeiten.
Aus verschiedenen politischen und ökonomischen Ursachen gerieten die Bildungsreformen und die Vergesellschaftung der Erwachsenenbildung sowie generell die Diskussion über eine Demokratisierung der Gesellschaft Mitte der 70er Jahre ins Stocken, es erfolgte – in Schlagworten formuliert – eine Wiederentdeckung des »subjektiven Faktors«, ein Überzeugungsverlust makrosoziologischer Gesellschafts- und Zukunftsentwürfe, eine Hinwendung zum überschaubaren Alltag, zum Nahbereich des Stadtteils und zu den sozialemotionalen Prozessen der Lerngruppe. Das Interesse an Strukturmodellen des Bildungssystems und an Gesellschaftsutopien schwächte sich ab zugunsten einer Beschäftigung mit sozialpsychologischer Literatur z. B. über Gruppendynamik, Familientherapie, Gesprächstherapie, Kommunikation und »symbolische Interaktion«. Seitdem hat sich diese Tendenz zur Psychologisierung und Individuierung verstärkt, gleichzeitig wird die Rationalisierung, Computerisierung und Verrechtlichung der Lebenswelten forciert. Beide Tendenzen sind keine Gegensätze, sondern eine – allerdings widersprüchliche – Einheit, für die der Amerikaner Naisbitt die Formel »high tech – high touch« geprägt hat (Naisbitt 1984): Mit der Entzauberung der Welt durch die »high technologie« wächst das Bedürfnis nach Nähe, Intimität und Geborgenheit.
Trotz mancher Unterschiede im einzelnen sind sich Sozialwissenschaftler wie R. Sennett (1986), O. Negt (1984), J. Habermas (1985), U. Beck (1986), T. Ziehe (1985) u. a. darin einig, daß unsere Gesellschaft sich in einer »Erosionskrise« befindet, in der die traditionellen Normen an Überzeugungskraft und die sozialen Stützsysteme an Halt verlieren, in der die Subjekte auf sich selbst zurückgeworfen werden und individuell zur »Sinnsuche« genötigt sind, in der gesellschaftliche Probleme individuiert werden, in der das Interesse an Öffentlichkeit und öffentlich relevanten Inhalten verlorengeht und die intime Privatsphäre aufgewertet und gleichzeitig überfordert wird.
»Es zeigt sich, daß kulturelle Modernisierung in ihrem Gehalt für die Subjekte ambivalent ist. Einerseits eröffnet sie neue Freiräume: Pluralisierung der Lebensformmöglichkeiten, Ausdifferenzierung eigensinniger Diskurse über Fragen der Wahrheit, der normativen Richtigkeit, der Authentizität und Schönheit, Erweiterung der Verfügbarkeit über das eigene Leben und Individuierungschancen. Andererseits tritt der Verlust der Traditionen stärker in den Vordergrund, so daß die Freisetzung

als Belastung erlebt wird: Bodenlosigkeit, Verlust primärer Erfahrungsmöglichkeiten, Profanisierung der Welt, Individuierungsnötigung als Lebensanstrengung, Verlust von Intimität.« (Lorenz 1987, S. 74)
Die institutionalisierte Erwachsenenbildung ist von diesem Trend zur Individualisierung und Subjektivierung in mehrfacher Hinsicht betroffen. Einerseits wachsen der objektive Bildungsbedarf (nicht nur die Qualifikationsanforderungen!) und die gesellschaftliche Bedeutung der Erwachsenenbildung, andererseits werden ihr Aufgaben zugewiesen, die sie nicht oder nur partiell lösen kann. Einige pädagogische Beispiele für diese »Selbstattribuierung« als staatliche Sozialstrategie: Verkabelung und Satellitenfernsehen einerseits und Förderung von Medienpädagogik, um den einzelnen zum maßvollen Fernsehkonsum zu motivieren. Mangelnde Oualifikation und Qualifizierungsbereitschaft als Ursache für Arbeitslosigkeit. Globale Zerstörung der Umwelt und Appelle der Umwelterziehung an den einzelnen. Wachsende Zivilisationskrankheiten und gesundheitspädagogische Aufforderungen, sich gesund zu ernähren.
Diese Strategie der Pädagogisierung und Individuierung sei an einem niedersächsischen Beispiel demonstriert: Mit der Novellierung des Erwachsenenbildungsgesetzes 1984 hat die Landesregierung mit der »werte- und normenorientierten Bildungsarbeit« eine neue Kategorie eingeführt und diese Veranstaltungen mit 70% erheblich höher bezuschußt als die »allgemeine Bildung« (20%). Diese Regelung läßt sich auch so interpretieren: Je brüchiger die traditionellen Werte und Familienstrukturen werden, je unübersichtlicher und ungewisser die Zukunft wird, je zweifelhafter der Sinn der Modernisierung wird, desto mehr bürdet der Staat dem Individuum die Suche nach Sinn auf, und die Erwachsenenbildung soll ihm dabei behilflich sein.
Diese staatliche Privatisierungsstrategie trifft sich mit einem Subjektivierungsbedürfnis der Erwachsenen, insbesondere der bürgerlichen intellektuellen Mittelschicht. Ein Symptom für diesen »Verfall der Öffentlichkeit« und eine »neue Innerlichkeit« ist die verstärkte Nachfrage nach psychologischen Bildungsangeboten, d. h. nach Selbsterfahrungsgruppen, Meditation, Bioenergetik, Tanzkursen, Kursen über positives Denken, New Age usw. Hier gehört auch die Neigung, alle Themen nach ihrem »Betroffenheitspotential«, also nach ihrer subjektiven Bedeutsamkeit und weniger nach ihrer gesellschaftlichen Bedeutung und Wichtigkeit zu befragen (Ziehe 1982, S. 155).
Für die Erwachsenenbildung beinhaltet diese Subjektivierung Chancen

und Gefahren zugleich. Es ergeben sich neue Möglichkeiten eines Identitätslernens, einer Selbstreflexion und Selbstthematisierung, eines differenzierten Selbstbewußtseins. Gefühle, Bedürfnisse und Konflikte, die früher tabuisiert wurden, können jetzt zur Sprache gebracht und reflexiv bearbeitet werden. Neue Verbindungen eines kognitiven, affektiven und psychomotorischen Lernens werden aktualisiert. Die Erwachsenenbildung wird selbst zum »sozialen Stützsystem«. Problematisch sind dagegen wachsende Therapiebedürfnisse, der Verlust an Inhaltlichkeit und an »subjektfernen Themen« (Ziehe 1982), der Hang zur Selbstverwirklichung ohne (äußere) Wirklichkeit. Auf diesen Zusammenhang zwischen »Ich« und »Welt« verweist der Bildungsbegriff. Bildung ist immer »Arbeiten an sich selbst« (Tietgens 1981, S. 93) und gleichzeitig »der Umgang mit etwas, was außerhalb des Lernenden liegt, also mit etwas Fremdem« (Tietgens 1986, S. 113).
Zweifellos wächst der Bedarf der Erwachsenenbildung an psychologischem Wissen, und zwar vor allem an Wissen über die subjektive Verarbeitung von Wirklichkeit und über Strategien der Krisenbewältigung. Ein Beispiel für diese Aufwertung der Psychologie ist die Biographieforschung. Dieses neue Interesse an der Biographie entsteht zu einer Zeit, in der die gesellschaftlich standardisierte, »geregelte« Normalbiographie immer seltener wird. »Ironischerweise wird nun ausgerechnet zu einem Zeitpunkt, wo der Lebenslauf auch wissenschaftlich als ›Institution‹ entdeckt wird, der institutionelle Charakter in verschiedener Hinsicht fragwürdig. Die scheinbar etablierten Phasen beginnen ›auszufransen‹.« (Alheit 1984, S. 47). Nicht der kontinuierliche Lebens-Lauf ist heute die Regel, sondern die Brüche und Diskontinuitäten sind »normal« geworden. Die älteren entwicklungspsychologischen Phasenmodelle von E. Spranger bis Havighurst (Knoll 1980) unterstellten noch eine verallgemeinerbare und vorhersehbare Abfolge von biographischen Etappen. Neuere Konzepte konzentrieren sich dagegen auf die »kritischen Lebensereignisse« (Filipp 1981), zu denen nicht nur die traditionellen »Schaltstellen« (Griese 1979, S. 189), sondern auch (mehr oder weniger) selbstbestimmte Veränderungen des Lebensstils, der Bezugsgruppen, Sinnkrisen und weltanschauliche Suchbewegungen gehören. Die Frage, welchen Beitrag die Erwachsenenbildung zur produktiven und progressiven Verarbeitung kritischer Lebensereignisse leisten kann, gehört m. E. zu den wichtigen »neuen« Fragestellungen der Erwachsenenbildungsforschung.

2. *Zur bildungstheoretischen Grundlegung der Erwachsenenbildung*

Es ist einseitig, die gegenwärtige gesellschaftliche und erwachsenenpädagogische Entwicklung lediglich aus der Perspektive und Kritik der »Qualifizierungsoffensive« zu beschreiben. Zur derzeitigen Sozialstrategie gehört auch die Individuierung und Psychologisierung gesellschaftlicher Probleme. Dieser Trend erklärt auch die Aufwertung und Neuorientierung psychologischer Forschungen (Doerry 1987). Die Erwachsenenbildung hat dabei nicht nur ökonomisch relevante Qualifizierungshilfen, sondern auch normative Orientierungshilfen zu leisten. Dieser Funktionszuwachs beinhaltet Chancen, aber auch Gefahren. So droht das ganzheitliche, auf ein verantwortliches Selbst- *und* Weltverständnis angelegte Bildungskonzept in eine instrumentelle Anpassung an Qualifikationsanforderungen einerseits und eine psychologische Beschäftigung mit der eigenen Befindlichkeit andererseits auseinanderzufallen. Damit stellt sich erneut die Frage nach einer bildungstheoretischen Eigenlegitimation der Erwachsenenbildung, denn mehr denn je hat die These von V. Lühr und A. Schuller Gültigkeit: »Die Identität der Erwachsenenbildung liegt in ihrer – paradox formuliert – Identitätslosigkeit. Ihre häufig, fast allzu häufig geäußerten Schwierigkeiten der Selbstdefinition sind Ausdruck eines hohen Defizits an Selbstlegitimation. Die Erwachsenenbildung ist auf Legitimationsimport wie wenige andere Bereiche der Gesellschaft angewiesen. Das macht sie zu einem besonders sensiblen – oder auch wenn man will – fungiblen Instrument gesellschaftlicher Entwicklungen.« (Lühr/Schuller 1977, S. 227).

Das Nachdenken über eine Selbstlegitimation der Erwachsenenbildung ist wichtig, nicht etwa, um sie als »pädagogische Provinz« von dem Gesellschaftssystem abzukoppeln, sondern um ihren kritischen Beitrag zur individuellen und gesellschaftlichen Entwicklung bestimmen zu können. Es ist unstrittig, daß Erwachsenenbildung Qualifizierungshilfen angesichts der neuen Technologien zu leisten hat und daß in der Erwachsenenbildung gelernt werden muß. Dennoch reichen beide Begriffe – Qualifizierung und Lernen – ebensowenig zur Legitimation von Erwachsenenbildung aus wie der Sozialisationsbegriff. (H. Tietgens hat auf einer Tagung treffend formuliert, daß Erwachsenenbildung mehr ist als »das Tüpfelchen auf dem i der Sozialisation«.) Der Qualifikationsbegriff beinhaltet – verkürzt formuliert – eine Anpassung an funktionale Erfordernisse des Systems, und der Lernbegriff ist ziel- und inhaltsneutral – auch Unterdrückung, Ausbeutung und Zerstörung werden gelernt. Demgegenüber plädiere ich für eine Wiederentdeckung und Aktualisierung der in Vergessenheit geratenen Konzepte Bildung und Wissen, wobei ich mich hier jedoch auf Andeutungen beschränken muß (vgl. Geißler/Kade 1982; Mader 1981, S. 60; Siebert 1983; Schlutz 1984, Tietgens 1986, S. 94).

T. Ballauff schreibt zugespitzt: »Wir brauchen den Lernbegriff so gut wie gar nicht; denn er ist eine sehr vordergründige Ansicht dessen, worum es bei allem ›Lernen‹ geht. Schon das Kind soll nicht so sehr ›lernen‹ als vielmehr in die Erschlossenheit von sachlichen und mitmenschlichen Verhältnissen einbezogen werden. Das Wichtige bleibt, nicht zu meinen, Wissen sei wie vorhandene Bereiche zu erwerben und zu verwenden, sondern zu erfahren, in immer weitere Sphären der Erschlossenheit, der Offenkundigkeit, der Entdeckung und Erfindung einbezogen zu sein, die ich nicht aktiv oder passiv ›gelernt‹ habe, sondern die mir zuteil geworden sind, wie sie mich an immer anderem und Neuem teilhaben lassen. Darin geht Bildung vor sich.« (Ballauff 1977, S. 114f.)

W. Strzelewicz hat das Bildungskonzept als Lebensentwurf und Gesellschaftsmodell bezeichnet. »Bildung« ist also ein relationaler Begriff, er beschreibt ein aktives, wechselseitiges Verhältnis zwischen dem »Ich« und der »Welt«. Zur Bildung gehört deshalb eine formale (psychologische) und materiale (inhaltliche) Komponente. Zur formalen Komponente gehören u. a. die Selbstreflexion und die Offenheit des Erwachsenen, zur materialen Komponente gehört das Wissen, das mehr ist als nur Information, nämlich eine Aufklärung über das Selbst und seine Umwelt. Wissen ist als Grundlage für aufgeklärtes Handeln nicht nur eine Voraussetzung für das Überleben. Wir sind aus ethischen Gründen zur Wissenserweiterung verpflichtet. Hans Jonas entwickelt eine Zukunftsethik, in der er die Verantwortung und Verpflichtung zum Wissen begründet (Jonas 1986, S. 3ff.). Diese Verantwortung resultiert aus der historisch neuartigen Macht des Menschen, die Mitmenschen und die Natur zu beherrschen und die Lebensgrundlagen der Menschen global zu zerstören. Diese »globale Selbstgefährdung« erschließt sich nicht aus eigener Erfahrung, sondern erfordert ein umfangreiches Strukturwissen, ein Wertwissen und ein Wissen um die möglichen Folgen unseres Handelns. »In keiner früheren Ethik spielte die Pflicht zum Wissen und Vorauswissen eine so eminente Rolle.« (Guggenberger

1986, S. 53). Wir können künftigen Generationen gegenüber nicht mehr behaupten, wir hätten nicht gewußt, was passiert.
Ein Bildungsbegriff als Legitimationsbasis und Zielvorstellung der Erwachsenenbildung darf weder positivistisch noch idealistisch verkürzt werden. Die Geschichte der Bildungsidee ist reich an solchen Verkürzungen, z. B. auf das Kontemplative oder Kognitivistische. Bildung darf sich nicht beschränken auf eine Kultivierung der Innerlichkeit, auf die rein intellektuelle Aneignung von Kulturgütern, sondern sie muß das informierte und aufgeklärte Engagement für eine bessere Zukunft und damit die Bereitschaft zum verantwortlichen Handeln einschließen.
Bildung ist zwar eine Kategorie des Subjekts, aber sie darf nicht subjektivistisch und individualistisch verengt werden, sondern sie schließt ein Interesse an der außersubjektiven Wirklichkeit und eine Solidarität mit Benachteiligten, mit künftigen Generationen und mit der Natur ein. Bildung darf weder als verdinglichtes Statussymbol (Adorno 1972, S. 93) noch als Flucht aus der industralisierten und politischen Realität mißbraucht werden, sondern beinhaltet eine Auseinandersetzung mit den wissenschaftlich-technischen und politischen Entwicklungen. Insofern ist die Forderung nach einer Synthese allgemeiner, beruflicher und politischer Bildungsinhalte weiterhin aktuell.
Eine solche Bildungsidee enthält immer einen »Überschuß« über das empirisch Vorfindbare und Nachgefragte hinaus, sie verweist nicht nur auf die Faktizität der Anforderungen, sondern auch auf ungenutzte Möglichkeiten und Alternativen. Aber diese Idee benötigt auch eine empirische Grundlage, ohne die jede Theorie spekulativ bleibt. Eine Bildungstheorie erforderte eine »Realanthropologie« (Tietgens), zu der die empirische psychologische Forschung einen unverzichtbaren Beitrag leisten kann. Deshalb versuche ich im folgenden, Aussagen zur »Bildsamkeit«, zu Bildungsbedürfnissen und zu bildungswirksamen Lehr-Lernmethoden in neueren psychologischen Veröffentlichungen aufzuspüren.

3. *Die »reflexive Wende« der Psychologie*

Ein bildungstheoretisch interessanter Trend der psychologischen Forschung ist der Perspektivenwechsel von der gesellschaftlichen Determiniertheit zur *Selbst*bestimmung, so daß man auch von einer reflexiven Wende der Psychologie sprechen kann. Exemplarisch sei auf den Artikel »Bekräftigung« in dem Handbuch »Psychologie für die Erwachsenenbildung« verwiesen. Früher wurden die Bekräftigungstheorien von behavioristischen Modellen der Konditionierung und der fremdgesteuerten Verhaltensmodifikation beherrscht. Vor einer unkritischen sozialtechnologischen Anwendung solcher Forschungsergebnisse in der Erwachsenenbildung hat W. Mader nachdrücklich gewarnt (Mader 1982, S. 187). Jetzt aber rücken die Möglichkeiten der Selbstbekräftigung in den Vordergrund, unterstützt durch neurophysiologische Erkenntnisse:

»Verstärkerzentren konnten im limbischen System des Menschen nachgewiesen werden. Bereits die Informationsaufnahme aus der Umwelt geschieht immer gerichtet, d. h. aus dem Überangebot von Informationen wird nur ein Bruchteil, nämlich für den Organismus relevante Information aufgenommen: Relevante Information aber ist emotionell bedeutsame Information.« (Rollett 1986, S. 88). Der – auch pädagogisch wichtige – Begriff Relevanz ist zweifellos weiterführend, aber er bleibt inhaltsneutral. Die kognitive Relevanz einer neuen Einsicht wird nicht berücksichtigt. Positiv ist die Wende von der Lernsteuerung zum Selbstlernen: »Eines der wichtigsten neueren Anwendungsgebiete der Bekräftigungstheorie sind die Selbstmanagementprogramme. Auch die Motivänderungsprogramme führen letztlich zu einer aktiven Selbstregulation der eigenen Bildungsbemühungen der Betroffenen«; wobei die »Selbstbeobachtung« und die »Selbstbewertung« an Bedeutung gewinnen (ebda. S. 92). Die Autonomie des Lernenden wird betont, auch wenn die Verbindung des »Selbst« mit dem »Management« für den Pädagogen irritierend bleibt.

Eine Fundierung des »selbstbewußten« reflexiven Lernens ermöglichen auch neuere Untersuchungen zur »Metakognition«. »Gewöhnlich bezeichnet man mit metakognitivem Wissen das Wissen über die eigenen kognitiven Prozesse und deren Bedingungen. Insgesamt werden aber drei Bereiche metakognitiven Wissens unterschieden: Wissen über die Person, über Aufgaben und über kognitive Strategien.« (Mandl u. a.

1986, S. 210f.). Lernen ist umso effektiver, je mehr es mit einer Selbstaufklärung verbunden ist. Der Lernende muß sich seiner eigenen Lernstärken und Lernschwächen bewußt werden, er muß sich der Bedeutsamkeit der Lernaufgaben und Lerninhalte vergewissern, und er muß seine eigenen Lernstrategien kontrollieren. Bemerkenswert ist auch hier die Verschränkung kognitiver und emotionaler Komponenten. »Neben dem metakognitiven Wissen sind für den Lernprozeß auch *metakognitive Empfindungen* von Bedeutung. Flavell (1983) spricht von metakognitiven Empfindungen, wenn man den Eindruck hat, etwas sei schwer wahrzunehmen, zu verstehen oder zu erinnern.« (Mandl 1986, S. 212). Auf die Konsequenzen dieser Metakognitionsforschung für die Methodik der Erwachsenenbildung gehe ich an dieser Stelle nicht näher ein.

Ein relativ neuer Schlüsselbegriff der Lernpsychologie, der auf die reflexive Wende verweist, ist der des »Selbstkonzepts«. »Selbstkonzept (auch Selbstbild) ist ein relationaler Begriff: Er bezeichnet die Gesamtheit der Vorstellungen, die ein Individuum von sich selbst in bezug auf bedeutsame Personen seiner Umwelt oder auf Alters- und/oder Berufsgenossen, in bezug auf eigene Tüchtigkeit und Kompetenz oder in bezug auf Werte und Normen hat.« (Ewert 1986, S. 477f.). Die Nähe dieses Konzepts zur Theorie des symbolischen Interaktionismus ist offensichtlich: in sozialen Interaktionen entstehen Selbstwertgefühle und Deutungsmuster, die durch neue Kontakte verändert werden können. Auf die Gefahr einer sozialdeterministischen Betrachtungsweise weist auch O. Ewert hin: Es widerspräche »den Ergebnissen der Selbstkonzept-Forschung, wenn man eine geradezu beliebige außengesteuerte Formbarkeit und Veränderbarkeit des Selbstkonzepts annehmen wollte. Die Erfahrungen eines Individuums mit sich selbst schlagen sich in relativ überdauernden kognitiven Repräsentationen nieder, die ihrerseits wiederum die Auswahl und Interpretation von neuen Erfahrungen steuern.« (ebda. S. 479). Zugleich ist das Selbstkonzept ein Entwurf für die Zukunft, eine Suchbewegung auf ein »geglücktes Leben« hin. So erhält das Selbstkonzept eine besondere Bedeutung für die Verarbeitung »kritischer Lebensereignisse« (Filipp 1986, S. 18ff.), und auch Bildungsbemühungen können als Modus einer Identitätsfindung interpretiert werden. Zugleich können in Seminaren der Erwachsenenbildung negative Selbstkonzepte korrigiert werden. Allerdings: »Beeindruckend ist vor allem die relative Stabilität der erhobenen Selbstkonzepte über eine größere Zeitspanne hinweg.« (Ewert 1986, S. 479)

Zwischen dem Selbstkonzept und den Bildungsbemühungen besteht ein wechselseitiger Zusammenhang: ein positives Selbstkonzept begünstigt eine Weiterbildungsbeteiligung, und Lernerfolge fördern ein positives, reflexives Selbstkonzept. In jüngster Zeit wird auch auf die Bedeutung des Selbstkonzepts für die Gesundheit hingewiesen, wobei Gesundheit nicht nur als die Abwesenheit von Krankheiten, sondern als physisches, psychisches und soziales Wohlbefinden definiert wird, das durch Lernaktivitäten erheblich gesteigert werden kann.
Aus bildungstheoretischer Sicht bleibt die psychologische Selbstkonzeptforschung in einem Punkt defizitär: zum Selbstkonzept gehören auch die Wissensbestände, für die sich ein Mensch interessiert und die für ihn handlungsrelevant sind. Solche bedeutungsvollen Inhalte sind aber m. W. bisher kaum erforscht worden.
Auch der Handbuchartikel über »Interesse« bleibt in dieser Hinsicht unbefriedigend, weil formal. »In der Psychologie wird Interesse als relativ überdauernde latente Disposition definiert. Hier werden z. T. enge Beziehungen zu Begriffen wie Einstellung und Werthaltung gesehen ... In der Pädagogik wird Interesse vor allem als Zustand (Interessiertheit) definiert. Hier werden z. T. enge Beziehungen zu Begriffen wie Gefühl und Aufmerksamkeit gesehen.« (Todt 1986, S. 272f.). Bei dieser Begriffsklärung kommt zu kurz, daß das Interesse gegenstandsbezogen ist: ein Erwachsener interessiert sich *für* Geschichte, Friedenspolitik, Ökologie ... Eine Interessenforschung müßte also aus der Sicht der Erwachsenenbildung vor allem die Beziehung zwischen Persönlichkeitsmerkmalen, der sozialen Lage und den kulturellen Objektivationen sowie den gesellschaftlichen »Sorgethemen« erfassen. Wie entstehen Interessen in der Biographie eines Menschen, und was verhindert ein Interesse an überlebenswichtigen Themen?
Wenn in diesem Abschnitt Verbindungen zwischen der reflexiven Wende in der Psychologie und in der Erwachsenenbildung entdeckt werden, so ist dabei jedoch die Kompatibilität psychologischer und pädagogischer Begriffe zu überprüfen. In der Literatur zur Erforschung kognitiver Stile wird der Begriff der Reflexivität nicht im pädagogischen Sinne eines selbstbewußten, die Relevanz der Inhalte reflektierenden Lernens verstanden, sondern eher als »vorsichtiges« und »bedächtiges« Lernen im Unterschied zu einem spontanen, impulsiven Lernstil. »Reflexivität/Impulsivität ist bisher die einzige kognitive Stildimension, die ausschließlich bei Kindern und Jugendlichen untersucht wurde ... Der kognitive Stil der Reflexivität/Impulsivität ist in keiner Weise

inhaltlich bestimmt, wie etwa die Assoziation zu Selbstreflexion nahelegen könnte. Aus den Meßverfahren geht hervor, daß es sich um eine rein formale Definition durch Zeit- und Fehlerwerte handelt.« (Köstlin-Gloger 1974, S. 114). Polemisch könnte man sagen, daß die statistische Meßbarkeit die theoretische Komplexitätsreduktion bestimmt.
Den genannten neueren psychologischen Beiträgen können wir wichtige Einsichten in den subjektiven Pol der Bildungsidee entnehmen. Es fehlt jedoch der Gegenstandsbezug, d. h. die Auseinandersetzung des »Selbst« mit Lerninhalten, d. h. mit der außersubjektiven Wirklichkeit.

4. Die Aufwertung der Emotionalität des Lernens

Für die neuere Lern- und Entwicklungspsychologie scheint eine verstärkte Beachtung der Emotionalität charakteristisch zu sein. So ist der Zusammenhang zwischen der Gesundheit, der emotionalen Befindlichkeit und den Lernleistungen Erwachsener ein zentrales Thema auch der klinischen Entwicklungspsychologie, zu der aus der DDR neue Forschungsergebnisse vorliegen. Es wird kritisiert, daß kognitive Prozesse bisher isoliert untersucht wurden und daß der Einfluß emotionaler Faktoren auf die Lernbereitschaft und umgekehrt der Einfluß der Lernaktivität auf die emotionale Stabilität vernachlässigt wurden. Da in der Erwachsenenbildung der Begriff des ganzheitlichen Lernens erneut diskutiert wird und da »Bildung« neben kognitiven auch affektive Momente enthält, scheinen auch hier Parallelen zwischen der psychologischen und der pädagogischen Diskussion zu bestehen.
Ich greife an dieser Stelle nur eine der zahlreichen DDR-Untersuchungen heraus. Untersucht wurde die Abhängigkeit der Lernleistung von Persönlichkeitsvariablen bei Patienten und bei »gesunden« Kontrollpersonen. Die Leistung wurde durch verschiedene traditionelle Tests (u. a. Zahlen-Symbol-Test, Mosaiktest, Merktest) gemessen. »So zeigen z. B. Kontrollpersonen und Patienten mit offener, selbstkritischer Persönlichkeitseinschätzung einen höheren IQ und bessere Leistungen im Zahlen-Symbol-Test. Nervosität und Gehemmtheit senkt bei beiden Gruppen die Merkfähigkeitsleistung ... Im Mosaiktest und im IQ sind die Kontrollpersonen mit männlicher Selbstdarstellung erfolgreicher.« (Roether 1986, S. 60). Der Nachweis, daß die psychische Stabilität

Lernleistungen positiv beeinflußt, ist sicherlich wichtig, obgleich nicht überraschend. Dennoch fordert diese Untersuchung zur kritischen pädagogischen »Re-interpretation« heraus. Wenn nämlich »Dominanzstreben« positiv mit Ergebnissen des Merktests und »Maskulinität« positiv mit Intelligenz-, Mosaik- und Merktests korrelieren, so stellt sich die Frage nach der Validität der Tests und nach den theoretischen Prämissen. Es ist zu vermuten, daß ihnen ein »männlicher« Leistungsbegriff zugrunde liegt, bei dem Fähigkeiten wie z. B. Empathie, Phantasie, kommunikative Kompetenz u. ä. nicht berücksichtigt werden. Soll aus diesen Ergebnissen etwa geschlußfolgert werden, daß mehr »Dominanz« und »Maskulinität« in der Erwachsenenbildung nötig sind?
Doch die Untersuchungen zur emotionalen Befindlichkeit befriedigen auch aus einem anderen Grund nicht ganz. Emotionale Variablen werden entweder als Bedingungsfaktoren oder als Wirkungen von Lernprozessen untersucht. Mindestens ebenso wichtig ist jedoch die Verschränkung von Kognition und Emotionalität *im* Bildungsprozeß, z. B. die Frage, wie Lernen dadurch gefördert oder behindert wird, daß Themen und Begriffe affektiv und libidinös »besetzt« sind. Hier könnte die neurophysiologische Gehirnforschung weiterhelfen. So hat z. B. die Psychoimmunologie Zusammenhänge zwischen Trauer, Einsamkeit, Streß u. ä. und der Schwächung der Immunsystems nachgewiesen (Ornstein 1987, S. 20ff.). Umgangssprachlich formuliert: Streß und Trauer absorbieren Energien, die der Auseinandersetzung mit Lerninhalten gleichsam entzogen werden.
Ein Schlüsselbegriff, der auf den Zusammenhang von Kognitivem und Emotionalem verweist, ist »Angst«. »Angst besteht also aus denjenigen kognitiven und emotionalen Elementen, die unmittelbar im Anschluß an eine Bedrohungseinschätzung auftreten. Die kognitive Komponente wird als Besorgtheit (worry), die emotionale als Aufgeregtheit (emotionality) bezeichnet.« (Schwarzer 1986, S. 50). Mit Blick auf die Erwachsenenbildung wird jedoch lediglich die Leistungsangst untersucht, also die Frage, ob Angst die Lernleistung mindert. »Meist fällt ... bei ängstlichen Personen die Leistung schlechter aus, vor allem dann, wenn die Situation nicht vorbereitet ist.« (ebda. S. 51). Aus bildungstheoretischer Sicht ist es genauso wichtig, nach der lernmotivierenden oder demotivierenden Wirkung von Zukunftsängsten zu fragen. Eine damit verbundene Frage lautet: Welche Themen machen uns Angst? Auch hier zeigt sich, daß die Psychologie zur Formalisierung der Angst neigt.

5. *Eine Zwischenbilanz*

Aus der Lernpsychologie wissen wir, daß eine aktive, fragende, suchende Einstellung zu dem Lerngegenstand den Lernerfolg steigert. Und aus der Fremdsprachenforschung ist bekannt, daß die affektive Haltung gegenüber dem Land und den Menschen der Zielsprache die Lernleistung erheblich beeinflußt (Quetz 1985, S. 242). Beide Erkenntnisse lassen sich auf unser Thema übertragen: Ein Pädagoge, der von der psychologischen Forschung etwas lernen *will,* entdeckt eine Fülle pädagogisch relevanter Hinweise und Denkanstöße.
Wer allerdings nur nach bildungspraktisch unmittelbar verwertbarem psychologischem Wissen sucht, wird eher enttäuscht werden. Die Lernpsychologie bietet mehr Hintergrundwissen über das Lernen, Denken, Wahrnehmen und Wollen Erwachsener an als praktikables Handlungswissen. Der Wunsch nach einem isolierten Rezeptwissen – losgelöst von dem theoretischen Kontext – ist jedoch problematisch.
Die empirische Psychologie beschäftigt sich primär mit operationalisierbaren, quantifizierbaren und statistisch meßbaren Begriffen wie Lernen, Intelligenz, Merkfähigkeit, visuelle Zuordnung usw. Für die Erwachsenenbildung ist dagegen ein komplexer Begriff wie »Altersweisheit« wichtiger als die Veränderung des Intelligenzquotienten im Alter.
Die von mir gesichtete Forschung ist überwiegend eine dem normativen Paradigma verpflichtete experimentelle Testpsychologie. Das pädagogische Anwendungsfeld dieser Forschung sind deshalb auch eher lernzielorientierte Qualifizierungskurse mit meßbaren Lernergebnissen. Der Bildungs- und Identitätsbegriff entzieht sich dagegen weitgehend einer exakten Operationalisierung und damit auch einer exakten Messung, Berechnung und Planung. Hinzu kommt, daß die analytisch-statistischen Verfahren mehr Zustände als Prozesse erfassen – die Begriffe »Statistik« und »Statik« haben nicht zufällig denselben lateinischen Wortstamm (stare = stehen). Den Veranstalter von Schulungsmaßnahmen interessieren in der Tat vor allem die Ergebnisse, d. h. die Ist- und Soll-Zustände. In bildungstheoretisch konzipierten Seminaren sind dagegen die Prozesse und Suchbewegungen wichtiger.
Die Lernpsychologie erforscht vor allem reliable, objektive und d. h. verallgemeinerbare Zusammenhänge zwischen abhängigen und unabhängigen Variablen. Sie muß daher von situativen Faktoren und von den

Lerninhalten – die immer konkret sind – abstrahieren. In der Erwachsenenbildung kommt aber – insbesondere aus bildungstheoretischer Sicht – der Lernsituation und vor allem dem Bildungsinhalt eine hervorragende Bedeutung zu. Ob der Inhalt für den Lernenden und für das Bildungsziel bedeutsam oder bedeutungslos, richtig oder falsch, fundamental oder nebensächlich ist, entzieht sich meist der lernpsychologischen Forschung. Hierzu sind eher qualitative Untersuchungen erforderlich, die die interpretative Auseinandersetzung des Subjekts mit dem Lerninhalt und mit den anderen Teilnehmern rekonstruieren. Wenn die Lernpsychologie also feststellt, daß Erwachsene »sinnfreies Material« »schlechter« aufnehmen und behalten als Jugendliche, so können wir aus pädagogischer Sicht dieses Ergebnis nur begrüßen. Warum soll der Erwachsene seinen Kopf mit sinnlosen Silben oder unwichtigen Texten belasten?

Wünschenswert ist deshalb eine »ökologische Validität« lernpsychologischer Forschung, die situative (d. h. auch räumliche Faktoren und die Bedeutsamkeit der Inhalte mit berücksichtigt. Bei solchen Untersuchungen sind die traditionellen Gütestandards der Reliabilität, der Objektivität und der statistischen Signifikanz weniger relevant. Es sind kaum generalisierbare Ergebnisse, sondern eher *typische* Strukturen und Prozesse zu erwarten. Die Bildung Erwachsener ist nicht nur eine vielschichtige, sondern oft auch in sich widersprüchliche Suchbewegung, in der sich Neugier und Angst vor Neuem, der Wunsch nach Bestätigung und die Bereitschaft zur Verunsicherung, das Bedürfnis nach Selbstbestimmung und »Omnipotenzangebote« an den Kursleiter vermischen.

Einem solchen bildungstheoretischen Ansatz der Erwachsenenbildung entsprechen eher komplexe, »ganzheitliche« psychologische Modelle, z. B. der humanistischen Psychologie. Viele pädagogisch aufschlußreiche Konzepte der Psychologie aber sind von der empirischen Forschung offenbar nicht weiter verfolgt worden, z. B. die Entstehung von Bedürfnissen der Selbstverwirklichung und des Weltverstehens (Maslow), die Verarbeitung »kognitiver Dissonanzen« zwischen Wissen, Einstellungen und Handlungen (Festinger), das Entstehen einer »epistemischen Neugier« (Sarnoff/Katz), die Entstehung und Verarbeitung von Identitätskrisen (Erikson), die Unterscheidung zwischen orientierender und begreifender Erkenntnis (Holzkamp), die Phasen moralischer Urteilsbildung (Kohlberg), das Verhältnis zwischen produktiven und sinnlich-vitalen Motiven (Holzkamp-Osterkamp).

Die Notwendigkeit eines Paradigmenwechsels wird von vielen Psychologen durchaus anerkannt, zumal sich »traditionelle Entwicklungstheorien, die einem älteren mechanistisch/organizistischen Paradigma verpflichtet sind und eher Konstanz und Uniformität voraussetzen, besonders schwer getan haben, bestimmte Phänomene der Entwicklung im Erwachsenenalter zu interpretieren.« »Die Lösung dieser Schwierigkeiten, die offensichtlich von Metatheorie bis zu Methodologie und Methodik reichen und die keineswegs auf die Psychologie begrenzt sind, wird in der Einführung und Ausarbeitung eines ›dialektischen‹ oder ›Kontext‹-Paradigmas gesucht.« (Skowronek 1982, S. 89)

Allerdings sollten wir Pädagogen von den Psychologen keine didaktische Bildungsforschung erwarten, die wir selber leisten müssen. Außerdem sollten wir der Psychologie nicht unsere pädagogischen Fragen aufdrängen wollen. Wünschenswert ist jedoch mehr interdisziplinäre pädagogisch-psychologische Forschung, die sich auf die Inhaltlichkeit der Bildung Erwachsener bezieht.

Literatur

Adorno, T.: Theorie der Halbbildung. In: ders.: Soziologische Schriften I, Frankfurt 1972, S. 93ff.

Alheit, P.: Biographieforschung in der Erwachsenenbildung. In: H. Siebert, J. Weinberg (Hrsg.): Literatur- und Forschungsreport Weiterbildung, Münster 1984, Nr. 13, S. 40ff. und Nr. 14, S. 31ff.

Ballauff, T.: Zum gegenwärtigen Stand der Theoriebildung in der Erwachsenenbildung. In: H. Ruprecht, G. Sitzmann (Hrsg.): Erwachsenenbildung als Wissenschaft. Weltenburger Akademie 1977, S. 101ff.

Beck, U.: Risikogesellschaft. Frankfurt 1986

Doerry, G.: W. Sarges/R. Fricke: Psychologie für die Erwachsenenbildung. In: Literatur- und Forschungsreport Weiterbildung, Münster 1987, Nr. 19, S. 7ff.

Ewert, O.: Selbstkonzept. In: Sarges/Fricke a.a.O., S. 477ff.

Filipp, S. H.: Kritische Lebensereignisse. München 1981

Filipp, S. H.: Entwicklung von Selbstkonzepten. In: Nolda, a.a.O., S. 18ff.

Geißler, K. J., J. Kade: Die Bildung Erwachsener. München 1982

Griese, H.: Erwachsenensozialisationsforschung. In: H. Siebert (Hrsg.): Taschenbuch der Weiterbildungsforschung. Baltmannsweiler 1979, S. 172ff.

Guggenberger, B.: Für einen ökologischen Humanismus. In: T. Meyer, S. Miller (Hrsg.): Zukunftsethik und Industriegesellschaft. München 1986, S. 52ff.
Habermas, J.: Die neue Unübersichtlichkeit. Frankfurt 1985
Harke, E.: Pädagogische und psychologische Probleme der Erwachsenenbildung. Leipzig 1966
Jonas, H.: Prinzip Verantwortung – zur Grundlegung einer Zukunftsethik. In: T. Meyer, S. Miller (Hrsg.): Zukunftsethik und Industriegesellschaft. München 1986, S. 3ff.
Knoll, J. H.: Lebenslauf, Lebenszyklen und Erwachsenenbildung. In: Internationales Jahrbuch der Erwachsenenbildung, Köln 1980, S. 159ff.
Köstlin-Gloger, G.: Sozialisation und kognitive Stile, Weinheim 1974
Lehr, U.: Psychologie des Alterns. Heidelberg 1977
Löwe, H.: Einführung in die Lernpsychologie des Erwachsenenalters. Berlin (Ost) 1970
Lorenz, H.: Aspekte kultureller Modernisierung. Hannover 1987 (unveröff. Diplomarbeit)
Lühr, V., A. Schuller: Legitimation und Sinn. Braunschweig 1977
Mader, W.: Psychologische Phantasie in der Erwachsenenbildung. In: F. Pöggeler, B. Wolterhoff (Hrsg.): Neue Theorien der Erwachsenenbildung. Stuttgart 1981, S. 46ff.
Mader, W.: Didaktik als Handlungshermeneutik: Bezüge zwischen Didaktik und Sozialwissenschaften. In: H. Becker u. a.: Wissenschaftliche Perspektiven zur Erwachsenenbildung. Braunschweig 1982, S. 177ff.
Mandl, H. u. a.: Psychologie des Wissenserwerbs. In: Weidemann/Krapp a.a.O. S. 143ff.
Naisbitt, J.: Megatrends. New York 1984
Negt, O.: Lebendige Arbeit, enteignete Zeit. Frankfurt 1984
Nolda, S. (Hrsg.): Denken, Handeln, Verstehen. Bad Heilbrunn 1986
Ornstein, R., D. Sobel: Krankheit – eine a-soziale Reaktion. In: Psychologie heute. 5/1987, S. 20ff.
Quetz, J.: Lernen Erwachsene eine Fremdsprache anders als Kinder? In: E. H. Lenneberg: Biologische Grundlagen der Sprache. Frankfurt 1977, S. 238ff.
Roether, D.: Lernfähigkeit im Erwachsenenalter. Leipzig 1986
Rollett, B.: Bekräftigung. In: Sarges/Fricke, a.a.O., S. 88ff.
Sarges, W., R. Fricke: Psychologie für die Erwachsenenbildung/Weiterbildung. Göttingen 1986
Schlutz, E.: Sprache, Bildung und Verständigung. Bad Heilbrunn 1984
Schwarzer, R.: Angst. In: Sarges/Fricke a.a.O., S. 49ff.
Senett, R.: Verfall und Ende des öffentlichen Lebens. Die Tyrannei der Intimität. Frankfurt 1986
Siebert, H.: Erwachsenenbildung als Bildungshilfe. Bad Heilbrunn 1983
Skowronek, H.: Zur Dialektik einer lebenszeitorientierten Entwicklungspsycho-

logie. In: H. Becker u. a.: Wissenschaftliche Perspektiven zur Erwachsenenbildung. Braunschweig 1982, S. 88ff.
Strzelewicz, W., H. D. Raapke, W. Schulenberg: Bildung und gesellschaftliches Bewußtsein. Stuttgart 1966
Thomae u. a. (Arbeitsgruppe Alternsforschung Bonn): Altern – psychologisch gesehen. Braunschweig 1971
Tietgens, H.: Die Erwachsenenbildung. München 1981
Tietgens, H.: Erwachsenenbildung als Suchbewegung. Bad Heilbrunn 1986
Todt, E.: Interesse. In: Sarges/Fricke a.a.O., S. 272ff.
Weidemann, B., A. Krapp: Pädagogische Psychologie. München 1986
Weymann, A. (Hrsg.): Handbuch für die Soziologie der Weiterbildung. Darmstadt 1980
Ziehe, T., H. Stubenrauch: Plädoyer für ungewöhnliches Lernen. Reinbek 1982
Ziehe, T.: Nähe oder Intensität? In: Westermanns Pädagogische Beiträge Nr. 5/1985

Detlef Knopf

Über den Lernbedarf der Altenbildung, der Alterspsychologie Fragen zu stellen

1. Altenbildung und Alterspsychologie: ein einseitiges Verhältnis

Die Bildungsarbeit mit älteren Menschen als ein Teilbereich der Erwachsenenbildung verdankt der Alterspsychologie ganz wesentliche Anstöße und Hilfestellungen. Sie hat zu Beginn jenes starken Entwicklungsschubes, den sie in den siebziger Jahren durchmachte (Arbeitsgruppe Fachbericht 1982, S. 495 ff.), ausgiebig auf alterspsychologische Argumentations- und (daraus gewonnene) Legitimationsfiguren zurückgegriffen. Mit der seinerzeit insbesondere durch die »Bonner Schule« einer »Differentiellen Gerontologie« betriebene Widerlegung des sogenannten Defizitmodells der Intelligenzentwicklung im Alter, darüber hinaus der wissenschaftlichen Kritik von mit dem Alter in Verbindung gebrachten Defizitvorstellungen überhaupt (Arbeitsgruppe Alternsforschung Bonn 1971), hat die Altenbildung ein starkes Motiv aufgegriffen, das ihren eigenen Bemühungen einen soliden Grund und – was wohl noch wichtiger war – moralische Kraft zu verschaffen schien.
In der Rückschau läßt sich deutlicher ausmachen, daß die Altenbildner dabei eine vermutlich für die pädagogische Praxis (und Teile der Erziehungswissenschaft) nicht untypische Akzentverschiebung vorgenommen haben: Der von der psychologischen Altersforschung in immer differenzierterer Weise erbrachte Nachweis einer nicht zwangsläufig hohen Korrelation zwischen Lebensalter und den verschiedenen, landläufig mit dem Alter verknüpften Abbauphänomenen wurde nicht selten umdefiniert in ein mit Eifer und Entschlossenheit aufgegriffenes Mandat zur Bekämpfung des gesellschaftlichen Altersstereotyps. Die Vorstellung, eine mit pädagogischen Mitteln betriebene und der Kraft des wissenschaftlichen Arguments gerüstete »Verbesserung« des Altersbildes (zumeist der älteren Menschen selbst) trage zu einer Aufwertung des hohen Lebensalters bei, stimulierte die in diesem Feld tätigen Erwachsenenbildner in einer Weise, die glauben machen konnte, positive Wirkungen auf die Adressaten dürften wohl kaum ausbleiben.

Die Praxis der Altenbildung wie auch die auf sie bezogene erwachsenenpädagogische Reflexion kommen ohne normative und komplexitätsreduzierende Anleihen bei Bezugswissenschaften nicht aus. In unmittelbarer Nähe zur Altenhilfe und Sozialpädagogik war ihr von Beginn an ein Praxisfeld zugewiesen, das einerseits die Entwicklung eines eigenen Profils sehr erschwerte, ihr andererseits recht früh jene komplizierten Probleme einer lebenspraktisch in die Pflicht genommenen Erwachsenenbildung aufgab, die nach deren »sozialpolitischer Wende« allgemein diskutiert werden.

Bereits früher als die meisten anderen Bereiche der Erwachsenenbildung wurde die Altenbildung mit Ansprüchen wie Lebenshilfe, mit existentiellen und Sinnfragen konfrontiert, die die professionsinternen Abwehrkräfte gegen die verschiedenen Ausformungen pädagogischer Hypertrophie schwächten. Es ist nach wie vor zu beobachten, daß die Altenbildung oft dazu tendiert, implizit und gelegentlich auch einigermaßen aufdringlich Leitformeln und Muster eines »gelungenen Alters« zu propagieren, die auf die Einübung von »positive thinking« hinauslaufen (vgl. die diesbezügliche Warnung bei Bau u. a. 1986, S. 87). Solche mitunter aus Handlungsdruck erwachsenen Kurzschlüsse sind der Altenbildung von Teilen der psychologischen Altersforschung zweifellos leichtgemacht worden, die sich manchmal bei dem verdienstvollen Bemühen um die wissenschaftliche Fundierung einer differenzierteren und positiveren Sicht des Alters säkularisierter Verkündigung gefährlich annäherten.

Hier wie dort wurde – dies kann nur angedeutet werden – der sozialen Konstruktion des Alters und der Alterstypisierungen unter dem Gesichtspunkt alltäglicher Lebenspraxis zu wenig Aufmerksamkeit geschenkt. *Wie* altersbezogene Deutungsmuster gebraucht, interaktiv bestätigt oder in Frage gestellt werden oder in Selbstthematisierungen und Handlungen Ausdruck gewinnen, ist in der Sozialgerontologie bislang (unter alltagsnahen Bedingungen) kaum systematisch erhellt worden (vgl. Arbeitsgruppe Interpretative Alternsforschung 1983).

Wo sich dann die Altenbildung bei der Legitimierung ihrer Ziele immer wieder auf die schädliche Wirkung des negativen Altersstereotyps bezieht, der qua Einstellungs- und Verhaltensänderung durch Bildung »gegengesteuert« (Bau u. a. 1986, S. 81) werden müsse, ist sie stets in Gefahr, die existentiellen Paradoxien des höheren Lebensalters (vgl. z. B. Améry 1977) zu verfehlen. Die Alterspsychologie wird dadurch offenkundig auf holzschnittartige Handlungsmaximen und deren Propagierung reduziert, die vielleicht dem Orientierungsbedürfnis der Altenbildner entgegenkommen, aber erwachsenenbildnerische Verständigungsprozesse vermutlich eher erschweren. Durch die Konzentration auf zu überwindende »negative« Selbstbewertungen der Älteren zum Beispiel, die in der Literatur zur Altenbildung fast regelmäßig als von den Individuen übernommene und verinnerlichte gesellschaftliche Defizitzuschreibungen ausgelegt werden, wird das möglicherweise identitätssichernde oder widerständige Potential jener »negativen Selbstkonzepte« gar nicht in den Blick genommen. In der Konsequenz bleiben die unter Umständen emanzipatorischen Möglichkeiten einer Begegnung mit dem »Schatten« (im Sinne C. G. Jungs) unausgeschöpft.

Dieses hier nur skizzierte Beispiel führt zu der im weiteren näher entfalteten These, daß die Altenbildung erst einmal lernen muß, *ihre* Fragen an die Alterspsychologie zu formulieren. Betrachtet man das Verhältnis der beiden Disziplinen, so fällt auf, wie wenig die Altenbildung es bislang vermocht hat, eigene Problemstellungen und Einsichten in den Dialog mit der psychologischen Altersforschung einzubringen. Die Wirkungsrichtung war einseitig; Rückwirkungen der Bildungspraxis oder der erziehungswissenschaftlichen Reflexion dieser Praxis auf die Psychologie des Alters sind so gut wie nicht auszumachen. Nach wie vor muß die Altenbildung sich mit jenseits ihres Praxisfeldes ermittelten »Forschungsergebnissen« auseinandersetzen, ohne die Aussagefähigkeit und den Stellenwert solcher Ergebnisse in ihren Anwendungsfeldern offensiv im Gespräch mit der Bezugswissenschaft thematisieren zu können.

Was Lernen im und für das Alter sein und bedeuten kann, läßt sich aber nicht einseitig von der Alterspsychologie her bestimmen. Die Schwäche der Altenbildung im Verhältnis zur Psychologie des Alters ist vor allem daran zu erkennen, daß sie ihre in der Bildungspraxis gewonnenen »phänomenologischen«, erfahrungshaltigen Einsichten nicht gegenüber der Psychogerontologie ins Feld zu führen versteht. Die Kondensierung und Zuspitzung von in der Bildungspraxis gemachten Erfahrungen mag zwar eigene Forschungsarbeit nicht ersetzen, kann aber sehr wohl von einigem Wert auch für die Bezugswissenschaft sein. Denn während zum Beispiel der größte Teil psychologischer Intelligenzforschung in kommunikationsreduzierten, von subjektiven Einflüssen vermeintlich »gereinigten« (Labor-)Situationen stattfindet, »geschieht« Altenbildung in einem komplexen Handlungsfeld, in dem

bei Strafe des Scheiterns der Bildungsbemühungen die kommunikativen und interaktiven Möglichkeiten optimal ausgeschöpft werden müssen.
Ein anderer Gesichtspunkt: Für den – wie immer auch jeweils definierten – Erfolg der Bildungsarbeit kann es entscheidend sein, ob die Beteiligten sich des intergenerationellen Charakters der Begegnung zwischen den oft jüngeren »Altenbildnern« und ihren Adressaten bewußt sind, während dieser Sachverhalt, der ja auch in der sozialen Situation »Forschung« nicht selten gegeben ist, in den »Befunden« alterspsychologischer Untersuchungen gar nicht mehr aufscheint. Daß solche Begegnungsqualitäten eine nicht zu hintergehende Einflußgröße sind, können nicht nur die Erwachsenenbildner, sondern auch Personen bestätigen, die empirische Alternsforschung – insbesondere in »natural settings« – betrieben haben. Der Nestor der psychologischen Altersforschung in der Bundesrepublik Deutschland, Hans Thomae, führt dazu aus: »Vor allem aber ist die Motivationslage zu berücksichtigen, die in einer bestimmten Untersuchung gegeben war. (...) Je besser und je intensiver der Kontakt zwischen dem Untersuchungsteam und der untersuchten Population war, je größer der Grad der Vertrautheit mit den Umständen einer psychologischen Untersuchung, desto stärker trat die Altersvariable als bestimmender Faktor der Leistung, Aktivität, Steuerung, Angepaßtheit usf. zurück« (Thomae 1968, S. 194f.).
Dies ist allerdings eine Beobachtung, die gleichermaßen in der Altenbildung gemacht werden kann: Bedingungen und Motive des Lernens, günstige situative Einflüsse und erlebbares Vertrautwerden mit den beteiligten Personen und deren Lern»stilen«, tragen entscheidend dazu bei, daß »Alter« als Bestimmungsgröße oft in den Hintergrund rückt.

2. *Alterspsychologie ersetzt nicht didaktische Reflexion*

Die oben getroffene Einschätzung läßt sich dahingehend radikalisieren, daß vor allem Faktoren, die aus erwachsenenpädagogischer Sicht der Didaktik der Altenbildung zuzurechnen sind, zur Relevanzprüfung alterspsychologischer Forschung und Theoriebildung herangezogen werden sollten. Damit wird nicht der Wert zum Beispiel entwick-

lungspsychologischer Theorien als Reflexionshilfe für die Altenbildung (Olechowski 1976; Gloger-Tippelt 1986; Oerter 1978; Oerter 1981) in Abrede gestellt – hierzu besteht kein Grund.
Allerdings würde eine Altenbildung fehllaufen, die sich zwar eng an entwicklungspsychologische Modelle anschlösse (wie z. B. Veelken 1981 an Eriksons Identitätskonzept), aber nicht die Mühen der Übersetzung in einen didaktischen Bezugsrahmen auf sich nähme. Diese Auffassung bringt Mader in seiner Untersuchung der Beziehungen zwischen Psychologie und Erwachsenenbildung zur Geltung: »Insgesamt gilt, daß die entwicklungspsychologischen, lernpsychologischen und gruppenpsychologischen Erkenntnisse nicht unmittelbar auf den Unterricht mit Erwachsenen bezogen werden können, sondern einer Unterrichtstheorie und Didaktik als auswählende, ordnende und wertende Filter bedürfen, um für das Lernen von Erwachsenen unter Bedingungen der Erwachsenenbildung fruchtbar gemacht werden zu können« (Mader 1980, S. 100).
Bei der Durchsicht der vorliegenden didaktischen Literatur zur Altenbildung (s. Behrens-Cobet 1983, S. 21 ff.; Fülgraff 1985, S. 271 ff.) kann festgestellt werden, daß sich die Altenbildner keineswegs dieser Aufgabe verschließen, aber weder eine »Unterrichtstheorie« noch eine »Didaktik« in ausgearbeiteter Form vorzulegen vermochten.
Ein möglicher Grund für diesen unbefriedigenden Zustand scheint ein durchaus ehrenwerter zu sein: Die Ausarbeitung einer Didaktik der Bildungsarbeit mit älteren Menschen steht vor enormen Schwierigkeiten, wenn sie sich nicht (länger) als schlichte »Anwendung« lernpsychologischer Forschungsergebnisse verstehen mag, sondern sich der »existentiellen Grundlagen eines gerontologischen Bildungsbegriffes« (Rosenmayr 1983, S. 208 f.) zu vergewissern versucht.
Je sensibler den Fragen einer »Didaktisierbarkeit« (Terhart 1986) von Bildungsprozessen im Alter nachgegangen wird, desto skeptischer wird man gegenüber Vorstellungen einer Qualifizierung für das oder im Alter sein, auch wenn diese durchaus mit einem beeindruckenden Arsenal alterspsychologischer Befunde aufwarten.
Solche Skepsis wird genährt durch sowohl die Erfahrungen aus der Arbeit mit Adressatengruppen, deren Lebenslage sich auf die Aufrechterhaltung eines überzogenen Bildungsoptimismus erschwerend auswirkt (Knopf 1987 a), als auch durch vielfältige Aussagen in der alterspsychologischen Fachliteratur, deren Differenziertheit und

methodische (Selbst-)Zweifel allzu naive Hoffnungen auf »Praxisrelevanz« zerstreuen.
Anders nämlich als Lehrapodiktisch in Richtung der Pädagogen und Erziehungswissenschaftler befand: »Der Pädagoge selbst kann heute noch nicht zur gerontologischen Grundlagenforschung beitragen; seine Aufgabe ist es vielmehr, die Erkenntnisse der Grundlagenforschung erst einmal selbst zu verwerten und zu verarbeiten, um dann die Form seines Bemühens um den alten Menschen – d. h. die Art der Ansprache, der Themenwahl, der Unterrichtsgestaltung – danach auszurichten« (Lehr 1977, S. 347), womit sie schlichtes Transfer-Modell nahelegte, müssen die interdisziplinären Verständigungsprozesse komplexer angelegt sein.

3. *Selbstaufklärung der Altenbildung durch Auseinandersetzung mit der Alterspsychologie*

Betrachtet man den Entwicklungsweg der Bildungsarbeit mit älteren Menschen etwa im Zeitraum der letzten fünfzehn Jahre, so lassen sich unter anderem zwei Trends herausschälen:
Zum einen hat sich das Spektrum der diesem Bereich zuzurechnenden Aktivitäten sowohl ausgeweitet als auch stark differenziert. Von eher traditionellen »Angeboten« im Umfeld der offenen Altenhilfe über die verschiedensten Spielarten der Volkshochschul-Arbeit und von Organisationen Älterer selbst veranstalteten Bildungsmaßnahmen bis zur (universitären) Qualifizierung für nachberufliche Tätigkeiten reichen heute die Bildungsbemühungen älterer Menschen.
Zum anderen läßt sich – vor dem Hintergrund wohl auch des Wandels der Altenpopulationen – eine Entwicklung in Richtung intensiverer und kritischerer Selbstbeteiligung der Älteren erkennen.
Um es pointiert zu formulieren: Die Älteren machen zunehmend Gebrauch von der den Erwachsenenbildungs-Teilnehmern angesonnenen Möglichkeit »didaktischer Selbstwahl« (Raapke). Die »Ansaugeffekte«, die Anklammerung der älteren Adressaten an bestimmte Institutionen und Bildungsträger, sind schwächer geworden; Veranstaltungsformen und -inhalte einschließlich der den wissenschaftlichen Problemdeutungen zugrundeliegenden Menschen- und Weltbildern

werden auf ihre Eignung für Selbstvergewisserungs- und Orientierungsfragen der lernenden Subjekte geprüft.
Die Altenbildung wird zunehmend von Personenkreisen in Anspruch genommen, die sich mit ihren Bildungsmotiven – seien sie nun, der eingeführten Aufteilung folgend, instrumenteller oder expressiver Natur (vgl. Hiemstra 1973) – identifizieren und ihnen konsequenter nachgehen – unter Umständen mit dem Ergebnis, daß sie unbefriedigende Lernwege verlassen.
Die Altenbildung steht angesichts dieser Entwicklungen, die sich vielleicht als Folge einer Gleichzeitigkeit des Auftretens von Altenpopulationen mit zunehmend unterschiedlichen Generationserfahrungen und Interessenlagen verstehen lassen, vor der Aufgabe, angemessen differenzierte und komplexe Binnenstrukturen zu schaffen.
In diesem Zusammenhang besteht eine Chance darin, in der Auseinandersetzung mit der zweifellos entwickelteren Disziplin der Alterspsychologie (als Teil der Psychologie der Lebensspanne), das eigene Reflexionspotential zu verbessern.
Die Altenbildung hat bislang von der Alterspsychologie zwei Aufgabenkomplexe übernommen:
a) Wo Altern als irreversibler Prozeß des Verlustes von Funktionen und Kompetenzen, kurz: als Abbau beschrieben wurde, hat die Alterspsychologie durch Grundlagenforschung auf eine Vielzahl von Möglichkeiten verwiesen, Abbau zu vermeiden, hinauszuzögern, zu kompensieren und zu bewältigen. Für diesen Aufgabenkomplex hat sich die Altenbildung insbesondere in ihren Anfängen stark gemacht. Als Beispiel wäre hier zu nennen, daß dem durch die Alterspsychologie bis in die Gegenwart hinein in immer differenziertere Weise erbrachten Nachweis der Lernfähigkeit im höheren Erwachsenenalter Angebote seitens der Altenbildung folgten, die dieses Potential nutzen wollten. Die Konzeptualisierung der »Educational Gerontology« (vgl. Agruso 1978; Sherron/Lumsden 1978) schloß sich zunächst eng an dieses Motiv an.
b) Die andere Ausrichtung läßt sich beschreiben als Entwicklungsoptimierung. Die Alterspsychologie hat verdeutlicht, daß Altern eine Vielzahl von Entwicklungsmöglichkeiten und -richtungen offenhält und unter bestimmten – teilweise zu beeinflussenden – Bedingungen durch Selbststeuerung der Entwicklung Optimierungen im Sinne selbstgestellter Ziele erreicht werden können. Ganz zweifellos hat die Alterspsychologie dadurch an Profil gewonnen, daß sie als bereits etablierte

Disziplin Anschlußmöglichkeiten an die Lebenslaufpsychologie fand. Die große Bedeutung des Verhaltens und Erlebens in den mittleren Lebensjahren, der Konfrontation mit und Bewältigung von Krisen, Entwicklungsaufgaben und kritischen Lebensereignissen für die Entwicklung im höheren Alter ist erkannt worden. Im Lichte einer veränderten Bewertung von Krisen wurden auch jene, die im Alter als Verlust, Leiden und Beschränkung mit größerer Wahrscheinlichkeit und Häufung auftreten, als Entwicklungschancen – etwa im Sinne einer Vertiefung der Selbstfindung und -aktualisierung – beschrieben.

Die Altenbildung hat diesen Aufgabenkomplex als ein genuines (Selbst-)Bildungsproblem wahrgenommen. Dabei fällt auf, daß die Altenbildner zur Fundierung ihrer Arbeitsansätze besonders intensiv auf Konzepte, »Philosophien« und teilweise auch auf Methoden der Humanistischen Psychologie zurückgreifen (Bubolz-Lutz 1984; Petzold 1985), damit Anleihen bei einer einigermaßen buntscheckigen Richtung der Psychologie machen, die sich von der Sprödigkeit und Alltagsferne der akademisch etablierten Psychologie nicht zuletzt auch dadurch unterscheidet, daß sie gelegentlich vor »Instant-Weisheiten« und griffigen Lebensmaximen nicht zurückscheut.

Die Vorliebe der größeren Zahl (insbesondere jüngerer) Erwachsenenbildner, die in der Bildungsarbeit mit alten Menschen stehen, gilt zweifellos dem zweitgenannten Aufgabenkomplex. Auch wenn eine Erforschung der subjektiven Lehr- und Lerntheorien und Entwicklungsvorstellungen von Pädagogen in der Altenbildung bislang weder von erziehungswissenschaftlicher noch von psychogerontologischer Seite erfolgt ist, die folgende Annahme also nicht systematisch belegt werden kann, sprechen viele Hinweise für ihre Berechtigung: Bei dem Versuch, Älteren durch Bildungsangebote Unterstützung zur Entwicklung positiver und attraktiver Altersstile zu geben, sind neben professionellen auch starke persönliche Motive beteiligt, die sich darauf beziehen lassen, daß die Konfrontation mit den – nach landläufiger Meinung – den Altersprozeß begleitenden Restriktionen belastend und unangenehm sein kann. Die Suche nach Beispielen »erfolgreichen Alterns«, die für die eigene Lebensführung optimistisch zu stimmen vermögen, ist das Thema vieler »Hinterbühnen-Gespräche« (Goffman) von Altenbildnern.

Es kennzeichnet die Praxis der Altenbildung, daß die Lehr-/Lernsituation von den Lehrenden nur in Ausnahmefällen in Form einer Experte-Laie-Beziehung gestaltet werden kann, »denn Experte für die Lernin-

halte ist in diesem Falle der ältere Erwachsene und nicht der zumeist jüngere Dozent« (Fülgraff 1985, S. 272).
Im Anschluß an Rosenmayrs Forderungen, die Altenbildung sollte a) eine Auseinandersetzung (des Älteren) mit sich selber einleiten, b) ein gesellschaftliches Bewußtsein von den Altersprozessen entfalten und c) spezielle und konkrete Lebenshilfe unter Einschluß von Selbstbeteiligung und Selbstorganisation ausbauen (Rosenmayr 1981), kommt Fülgraff zu dem Schluß, »daß die Behandlung dieser unterschiedlichen Ziele oder unterschiedlichen Ebenen menschlicher Existenz fast unabhängig von konkreten Inhalten bleiben kann. Beinahe alle inhaltlichen Schwerpunktsetzungen, seien es Aspekte des Familienlebens, der ausreichenden gesellschaftlichen Kontakte oder Isolationsprobleme, seien es Fragen von Krankheit und Gesundheit, von Bewahren und Loslassen, eignen sich dazu, die inneren und äußeren Auseinandersetzungen einzuleiten und Entfaltungsprozesse in Gang zu setzen. In der Altenbildung sind es nicht in erster Linie die speziellen Inhalte, sondern die Formen der Vermittlung und die Beziehungen zwischen Lehrenden und Lernenden, die Erfolg im Sinne der Bedürfnisbefriedigung für Teilnehmer konstituieren« (Fülgraff 1985, S. 271).
Nach dieser Einschätzung, die für weite Bereiche in der Praxis zutreffend ist, wäre Altenbildung vorrangig »Beziehungsarbeit« in einem thematisch prinzipiell offenen Horizont. In diesem buchstäblich »weiten Feld«, in dem der Lehrende zudem noch »sein wichtigstes Werkzeug« ist, die Wirksamkeit seiner Tätigkeit davon abhängt, »wie er seine Person einsetzt, wie er sein Wissen und seine Auffassung mit seinen eigenen Möglichkeiten kombiniert und dies in die Praxis für andere umsetzt« (a.a.O., S. 273), wird die Suche nach tragfähigen Orientierungen und Handlungsmaximen dringlich.
Die Alterspsychologie in Form der Grundlagenforschung bietet solche Orientierungen auf den ersten Blick *nicht*. Eine Aufgabenbeschreibung, wie die folgende, unterscheidet sich doch erheblich von jener oben skizzierten, die Fülgraff mit einer großen Zahl von Altenbildnern teilt: »Die Psychologie könnte (im Zusammenhang mit der Altenbildung – D. K.) vor allem zwei Aufgaben wahrnehmen: 1) die *Aufklärung* über *Bedingungen* ›gesunden‹, befriedigenden Alterns und damit verbunden die Entwicklung präventiver Maßnahmen. (...) 2) Aufbauend auf Kenntnissen über Alternsprozesse kann man für die Erwachsenenbildung *Grundlagen der ›Bildbarkeit‹* im Alter und Aussagen über die Bedeutung geistiger Tätigkeit im Alter erarbeiten. Dabei sollte es

allerdings nicht nur um den Nachweis von ›Funktionalität‹ gehen, nach dem Motto: ›Wer nicht rastet, der rostet nicht‹, sondern auch um den Gesichtspunkt einer konstruktiven Sinngebung der Aktivität« (Ulich/Saup 1984, S. 712).

Statt weiterhin in der Position einer Aufzuklärenden zu beharren, täte die Altenbildung gut daran, ihre Selbstaufklärung als Handlungswissenschaft voranzubringen.

4. Die Notwendigkeit der Selbstthematisierung der Altenbildung

Dazu ist die Selbstkonfrontation mit den disziplin*internen* Verständigungsprozessen der Alterspsychologie überaus nützlich. Um diese Strategie zu illustrieren, sei auf die ambitionierte Programmatik einer Psychologie des Alters und der Entwicklung, die Baltes und Willis vorgelegt haben, eingegangen. Die Autoren setzen sich ab von psychogerontologischen Forschungsrichtungen, deren Meta-Modelle die Begriffe von Altern und Entwicklung auf einer konzeptionellen Ebene trennen, nicht selten mit dem Ergebnis, daß ihre Befunde (z. B. Altern als Verhaltensveränderung bedeutet Verlangsamung, geringere Performanz, größere Abhängigkeit etc.) eher eine Funktion ihrer theoretischen Orientierung (z. B. biologischer Behaviorismus oder personalistische Modelle) sind, als angemessene Beschreibungen jener multidirektionalen und multidimensionalen Entwicklung, als die Altern konzeptualisiert werden muß (Baltes/Willis 1977, S. 138). Die Autoren formulieren eine Reihe von Bedingungen und Ansprüchen, denen ein Meta-Modell für Altern und Entwicklung genügen muß, um seine Orientierungsfunktionen für empirische Forschung ausfüllen zu können. Sie bestehen darauf, daß solche Theorien Aspekte der Erzeugung, der Verbreitung und der Anwendung von Wissen einschließen müssen. Reichweite, Präzision und Anwendbarkeit sind Kriterien, an denen vorliegende Theorien gemessen werden (vgl. das Bündel von Forderungen und Empfehlungen a.a.O., S. 147f.).

Von besonderem Interesse für eine Handlungswissenschaft wie die Erwachsenenbildung sind Baltes und Willis' Überlegungen zum Zusammenhang zwischen Metatheorien der Entwicklung und des

Alters und Interventions- und Modifikationsmodellen (a.a.O., S. 145 ff.). Meta-Theorien bieten sowohl Richtlinien und Orientierungen wie auch Begrenzungen für Interventionsmodelle, etwa durch Aussagen über die Reichweite der Modifizierbarkeit des Verhaltens, Ziele, Strategien, Wünschbarkeiten von Interventionen. Eine Orientierung an organismischen Modellen im Anschluß an Erikson, Piaget u. a. bietet nützliche Beschreibungen möglicher Ziele der Intervention (einschließlich ihrer Bereiche und zu berücksichtigender Abfolgen). Aber – so Baltes/Willis – solche Modelle orientieren auf einen Endzustand, d. h. die Reichweite antizipierbarer Verhaltensmodifikation und damit die Entwicklungs*richtung* werden vergleichsweise eng gefaßt.
Ein mechanistisches oder behavioristisches Modell verzichtet dagegen implizit auf eine Entwicklungsvorstellung und konzentriert fast ausschließlich auf konkurrente und Umgebungsparameter und vertraut ganz auf die Technologie einer Verhaltensänderung, die das Eigenrecht und die Würde »natürlicher« Entwicklungen und Systeme geringschätzt.
Die Autoren plädieren – und dieses scheint eine interessante disziplin*interne* Entwicklungsstrategie zu sein – angesichts der Begrenzungen der Ansätze für eine Applikation *beider* Modelle im Rahmen eines konzertierten, aber konsistenten (»concerted but consistent«) Pluralismus in Theorie und Praxis. (Zum Gesamtkomplex siehe auch Baltes/Eckensberger 1979). In unserem Zusammenhang sind weniger die differenzierten fachinternen Argumente interessant, als vielmehr das Beispiel der »Selbstthematisierung« (Hahn/Kapp 1987) einer Disziplin, die nach gegenstandsadäquaten theoretischen, methodologischen und anwendungsbezogenen Orientierungen strebt. Es fällt auf, daß Baltes und Mitarbeiter, aber auch andere Entwicklungspsychologen wie z. B. Reese und Overton (1979), intensiv Fragen der Übereinstimmung und Unverträglichkeit von Modellen und ihrer vortheoretischen Annahmen erörtern. Die Verdeutlichung und Ausweitung von Fachgrenzen erfolgt durch ein *Fruchtbarmachen der Differenzen* und unterschiedlichen Perspektiven, die innerhalb der entwicklungspsychologischen Tradition ausgearbeitet wurden. Dieses führt erkennbar zu einer Dynamisierung der Disziplin, ohne daß ihre Identität gefährdet würde.
Im Vergleich mit der Gerontopsychologie, die im Rahmen einer Entwicklungspsychologie der ganzen Lebensspanne konzipiert wird, steht die Altenbildung noch auf sehr schwachen Füßen. Die verdienstvolle Arbeit von Bubolz-Lutz (1984), die die erwachsenenpädagogischen

Diskussionsbeiträge zur Entwicklung der Geragogik zusammenfaßt und systematisiert, versucht – ebenso wie Veelkens (1981) und andere Monographien – über die Identifizierung von Gemeinsamkeiten mit entwickelteren Disziplinen (insbesondere klinisch-psychologischen und therapeutischen Ansätzen) die Profilierung der Altenbildung zu fördern.

Solche Anlehnungsstrategien sind mittlerweile riskant: Angesichts der Entwicklungen im Praxisfeld, wie sie oben – zentriert um die Kennzeichnung des didaktischen Dilemmas – skizziert wurden, scheint sich die Altenbildung der Thematisierung und fach*internen* Überprüfung ihrer Identität nicht länger entziehen zu können. Dazu müßte sie ihr eigenes Lernprogramm entwickeln, dessen Ziel die Erhöhung der Binnenkomplexität durch die Identifizierung und das Fruchtbarmachen von Differenzen wäre. Ein erster Schritt in diese Richtung kann darin gesehen werden, daß Wandlungen des die veränderte Praxis begleitenden Aufgabenverständnisses – z. B. das Vertrauen auf die Leistungsfähigkeit der »Beziehungsarbeit«, das die Selbstbeschreibung und -inszenierung des Altenbildners als Experte für Lebensfragen im Alter wohl abgelöst hat – ernster als bisher zur Kenntnis genommen werden.

Um das Problem zu verdeutlichen: Ist jene Altenbildung, die ihr Profil als Bildungsarbeit dadurch zu gewinnen vermochte, daß sie die Krise der Altenhilfe, die zu lange auf Betreuung und Fürsorge gesetzt und damit den Anschluß zur »Senioren-Generation« mit ihren neuen Aktivitätsansprüchen verloren hatte, für eigene Zwecke nutzte, noch identisch mit einer Altenbildung, die sich unversehens mit Altenpopulationen konfrontiert sieht, von denen einige den Status des »Senior-Experten« für sich reklamieren (Knopf/Schmidt 1987)?

Besonders facettenreich gestalten sich die Identitätsprobleme der Altenbildung angesichts der Herausforderungen durch die neuen (Vor-) Ruhestandsgenerationen, die vor gesellschaftlich und historisch bislang unbekannten Selbstgestaltungsaufgaben (Knopf 1986 b; Kohli/Wolf 1987, S. 104 f.) stehen. Sich auf diese potentiellen Adressaten einzustellen hieße unter Umständen, sich auf einen Prozeß mit nicht vorab festzulegender Zielrichtung einzulassen. »Das ›neue Rollenfach‹ heißt unter heutigen gesellschaftlichen Bedingungen Eigentätigkeit. Zu deren Entwicklung sind Bildungsprozesse nicht nur hilfreich, sondern notwendig« (Fülgraff 1985, S. 267). Aber: Werden solche Bildungsprozesse im Rahmen der Altenbildung stattfinden oder – anders gefragt – handelt es sich dabei überhaupt um Altenbildung? Auch wenn anzunehmen ist,

daß Fragen der »Erwachsenen-Kompetenz«, ja der »Weisheit« (Holliday/Chandler 1986; Baltes/Dittmann-Kohli 1982) eine bedeutende Rolle spielen werden: könnte Altenbildung »Weisheit« befördern?
Die Forderung nach der Entwicklung eines Lernprogramms – so unser Fazit – zielt auf die Identität der Altenbildung. Vor dem Hintergrund eines rapiden Wandels der sozialen Gestalt der Altersfragen muß die Altenbildung sich selbst mit dem klassischen Thema der Gerontopsychologie, der »Kontinuität im Wandel« (Thomae), konfrontieren. In die Auseinandersetzung mit der Alterspsychologie wäre also die selbstreflexive Thematisierung dessen, der sich da auseinandersetzt, mit einzuschließen.

Literatur

Agruso, Victor M., Jr.: Learning in the Late Years. Principles of Educational Gerontology. New York, San Francisco, London 1978

Améry, Jean: Über das Altern. Revolte und Resignation. (4. Auf.) Stuttgart 1977

Arbeitsgruppe Altersforschung Bonn: Altern – psychologisch gesehen. Braunschweig 1971

Arbeitsgruppe Fachbericht über Probleme des Alterns: Altwerden in der Bundesrepublik Deutschland, Bd. II. Berlin 1982

Arbeitsgruppe Interpretative Alternsforschung: Alltag in der Seniorenfreizeitstätte. Soziologische Untersuchungen zur Lebenswelt älterer Menschen. Berlin 1983

Arenberg, David/Robertson-Tschabo, Elizabeth A.: Cognitive Performance: New »Old« Perspectives, in: Richard L. Sprott (Ed.): Age, Learning Ability, and Intelligence. New York et al. 1980, S. 139–157

Baltes, Paul B./Dittmann-Kohli, Freya: Einige einführende Überlegungen zur Intelligenz im Erwachsenenalter. Neue Sammlung, 3 (1982), S. 261–278

Baltes, Paul B./Eckensberger, Lutz H. (Hrsg.): Entwicklungspsychologie der Lebensspanne. Stuttgart 1979

Baltes, Paul B./Schaie, Warner K.: Die Forschungsparadigmen einer Entwicklungspsychologie der Lebensspanne: Rückblick und Ausblick, in: Baltes, P. B.; Eckensberger, L. H. (Hrsg.): Entwicklungspsychologie der Lebensspanne. Stuttgart 1979, S. 87–109

Baltes, P. B./Willis, S. L.: Toward psychological theories of aging and development, in: Birren, J. E.; Schaie, K. W. (Ed.): Handbook of the psychology of aging. New York 1977, S. 128–154

Bau, Michael u. a.: Einführung für Mitarbeiter in der Altenbildung. Frankfurt/M. 1986

Behrens-Cobet, Heidi (unter Mitarbeit von Monika Völker): Bildungsarbeit mit älteren Erwachsenen. Frankfurt/M. 1983

Bubolz-Lutz, Elisabeth: Bildung im Alter. (2. Aufl.) Freiburg i. Br. 1984

Merrill, Elias F. Penelope, Kelly Elias: Motivation and Activity, in: Birren, James, E.; Schaie, Warner K. (Eds.): Handbook of the Psychology of Aging. New York et al. 1977, S. 357–383

Fülgraff, Barbara: Altenbildung, in: Didaktik der Erwachsenenbildung. (Handbuch der Erwachsenenbildung, Bd. 7), hrsg. von Hans-Dietrich Raapke und Wolfgang Schulenberg. Stuttgart, Berlin, Köln, Mainz 1985, S. 260–277

Gloger-Tippelt, Gabriele: Beiträge einer Entwicklungspsychologie der Lebensspanne zur Erwachsenenbildung, in: Arnold, Rolf; Kaltschmid, Jochen (Hrsg.): Erwachsenensozialisation und Erwachsenenbildung: Aspekte einer sozialisationstheoretischen Begründung von Erwachsenenbildung. Frankfurt/M., Berlin, München 1986, S. 73–95

Gross, Ronald/Gross, Beatrice/Seidman, Sylvia (Eds.): The New Old. Struggling for Decent Aging. Garden City, New York 1978

Hahn, Alois/Kapp, Volker (Hrsg.): Selbstthematisierung und Selbstzeugnis: Bekenntnis und Geständnis. Frankfurt/M. 1987

Hiemstra, R. P.: Educational planning for older adult: a survey of »expressive« vs. »instrumental« preferences, International Journal Aging and Human Development, 19 (1973), S. 147–156

Holliday, Stephen G./Chandler, Michael J.: Wisdom: Explorations in Adult Competence. Basel et al. 1986

Hurrelmann, Klaus/Mürmann, Martin/Wissinger, Jochen: Persönlichkeitsentwicklung als produktive Realitätsverarbeitung, ZSE, 6. Jg. 1986, H. 1, S. 91–109

Huyck, Margaret H./Joyer, William J.: Adult Development and Aging. Belmont, Cal. 1982

Kimmel, Douglas C.: Adulthood and Aging. An Interdisciplinary, Developmental View. New York, London, Sydney, Toronto 1974

Knopf, Detlef: Verstehen, anknüpfen, entwickeln: Animatorische Bildungsarbeit mit sozial- und bildungsbenachteiligten älteren Menschen. Berlin 1987, 2. ergänzte Aufl. 1987 a

Knopf, Detlef: Identitätslernen für die nachberufliche Lebensphase, erscheint in: Arbeitsgruppe für empirische Bildungsforschung (Hrsg.): Wie kann Bildung auf das Alter vorbereiten? Heidelberg 1987 = 1987 b

Knopf, Detlef/Schmidt, Roland: Erfahrungswissen älterer Menschen in der High-Tech-Gesellschaft. Blätter der Wohlfahrtspflege, 1 (1987), S. 7–10

Kohli, Martin/Wolf, Jürgen: Altersgrenzen im Schnittpunkt von betrieblichen Interessen und individueller Lebensplanung. Soziale Welt, 1 (1987), S. 92–109

Lehr, Ursula: Die Thematik der Bildung in der Gerontologie. actuelle gerontologie 7 (1977), S. 343–361
Lehr, Ursula M./Weinert, Franz E. (Hrsg.): Entwicklung und Persönlichkeit. Stuttgart, Berlin, Köln, Mainz 1975
Mader, Wilhelm: Erwachsenenbildung, in: Die Psychologie des 20. Jahrhunderts. Bd. XII. Konsequenzen für die Pädagogik (2), hrsg. von Walter Spiel. Zürich 1980, S. 78–100
Nies, Henk/Munnichs, Joep: Sinngebung und Altern. Berlin 1986
Oerter, Rolf (Hrsg.): Entwicklung als lebenslanger Prozeß. Hamburg 1978
Oerter, Rolf: Entwicklung und Sozialisation. (2. Aufl.) Donauwörth 1981
Olechowski, Richard: Psychologie des Erwachsenen, in: Handbuch der Erwachsenenbildung, Bd. 3, hrsg. von Franz Pöggeler. Stuttgart, Berlin, Köln, Mainz 1976, S. 111–248
Oswald, Wolf D./Fleischmann, Ulrich M.: Getontopsychologie. Stuttgart, Berlin, Köln, Mainz 1983
Oswald, Wolf D. u. a. (Hrsg.): Gerontologie. Medizinische, psychologische und sozialwissenschaftliche Grundbegriffe. Stuttgart, Berlin, Köln, Mainz 1984
Petzold, Hilarion (Hrsg.): Mit alten Menschen arbeiten. München 1985
Reese, Hayne W./Overton, Willis F.: Modelle der Entwicklung und Theorien der Entwicklung, in: Backes, P. B.; Eckensberger, L. H. (Hrsg.): Entwicklungspsychologie der Lebensspanne. Stuttgart 1979, S. 55–86
Rogers, Dorothy: The Adult Years. Englewood Cliffs, N. J., 1979
Rosenmayr, Leopold: Altersvorbereitung – ein Weg zu sich selbst?, in: Pro Senectute (Hrsg.): Vorbereitung auf das Alter im Lebenslauf. Paderborn, München, Wien, Zürich 1981, S. 25–28
Rosenmayr, Leopold: Die späte Freiheit. Berlin 1983
Sarges, Werner/Fricke, Reiner (Hrsg.): Psychologie für die Erwachsenenbildung/Weiterbildung. Göttingen, Toronto, Zürich 1986
Sherron, Ronald H./Lumsden, Barry D. (Eds.): Introduction to Educational Gerontology. Washington, London 1978
Terhart, Ewald: Überlegungen zu den Grenzen der Didaktisierbarkeit von Bildungsprozessen, in: Siebert, H.; Weinberg, J. (Hrsg.): Literatur- und Forschungsreport Weiterbildung, Heft 17, Juli 1986, S. 112–125
Thomae, Hans: Persönlichkeit und Altern, in: Schubert, R. (Hrsg.): Herz und Atmungsorgane im Alter. Psychologie und Soziologie in der Gerontologie. Darmstadt 1968, S. 191–203
Thomae, Hans: Alternsstile und Altersschicksale. Bern, Stuttgart, Wien 1983
Ulich, Dieter: Kriterien psychologischer Entwicklungsbegriffe, ZSE, 6. Jg. 1986, H. 1, S. 5–27
Ulich, Dieter/Saup, Winfried: Psychologische Lebenslaufforschung unter besonderer Berücksichtigung von Krisenbewältigung im Alter. Zeitschrift für Pädagogik, 5 (1984), S. 699–714
Veelken, Ludger: Soziale Geragogik. Soziologische und sozialpädagogische

Hilfen zur Altersvorbereitung und zur Daseinsbewältigung im Alter. Frankfurt/M. 1981
Voges, Wolfgang (Hrsg.): Soziologie der Lebensalter. Alter und Lebenslauf. München 1983

Herbert Gerl

Wahrnehmung und Gespräch

Zur Relevanz psychologischer Konzepte für die Mitarbeiterfortbildung

1. Sachlogik und Psychologik in Lerngruppen

In Lerngruppen unterliegen alle Aktivitäten ihrer Mitglieder psychologischen Gesetzmäßigkeiten.[1] Sie folgen einer allem Psychischen eigenen Logik. Dieser Satz ist, bezogen auf Lerngruppen mit Kindern (beispielsweise Schulklassen), unbestreitbar (vgl. etwa die zusammenfassende Darstellung entsprechender Forschungen bei Peters 1972). Er gilt aber gleichermaßen für Lerngruppen Erwachsener. Der Erwachsenenstatus der Beteiligten vermag in diesem Zusammenhang keinen grundsätzlichen Unterschied zu konstituieren, etwa in dem Sinn, daß man sagen könnte: Hier herrsche eine »reine Sachorientierung«, alle Aktivitäten folgten einer »Logik der Sache«.
Aus zwei Gründen ist, wie ich denke, eine solche einfache Gegenüberstellung von Sachlogik und Psychologik in Lerngruppen nicht möglich. Zunächst sprechen lernpsychologische Überlegungen dagegen. »Lernen« (in Lernsituationen) ist eine besondere Form menschlichen Handelns. Es ist ein Vorgang der Auseinandersetzung, der Assimilation, in gewissem Sinn der Integration eines Lerngegenstandes in ein Subjekt; ein Vorgang, durch den sich der Lernende auf einen Lerngegenstand, letztlich aber auf sich selbst bezieht. Etwas »assimilieren« heißt nämlich: Etwas Unähnliches, Fremdes mir ähnlich machen, mir anverwandeln, mir aufschließen und verwertbar machen (vgl. hierzu insbesondere Perls u. a. 1979, Kap. I). Solche Prozesse sind für uns in physiologischen Zusammenhängen selbstverständlich: Ein Organismus wächst, indem er aus der Umwelt assimiliert, was er zu seinem Wachstum braucht. In analoger Weise müssen die Prozesse psychischer Assimilation und Integration beim Lernen vorgestellt werden: Wir lernen, indem wir die mit Hilfe unserer Sinne wahrgenommene soziale und materielle Umwelt in uns aufnehmen und intern verarbeiten. Ein solcher Vorgang innerer Verarbeitung und Angleichung aber ist kein bloßes Addieren, es ist ein Prozeß der Einarbeitung neuer Elemente in

ein vorhandenes psychisches System. Das aber heißt: die gesamte innere Struktur gerät in Bewegung. Für das Neue müssen Anknüpfungen, Anpassungen, Einordnungen, auch Neu-Bewertungen der alten Bestände vorgenommen werden. Es muß ein neues inneres Gleichgewicht austariert werden.

Wer Lernprozesse organisiert, muß folgerichtig aufseiten der Lernenden mit zwei unterschiedlichen Tendenzen oder Bestrebungen rechnen: Zum einen mit der Tendenz, Neues integrieren, psychisch wachsen, sich als Person entwickeln, größere Handlungsspielräume und Kompetenzen gewinnen, kurz: lernen zu wollen. Zum andern aber mit der genau gegenläufigen Tendenz, nämlich mit der Bestrebung, sich nicht allzusehr verändern, die Effekte kleinhalten zu wollen, sich nicht allzusehr berühren zu lassen, die Anstrengung des Lernens und Umarbeitens zu meiden. Letzteres aber – und hierauf kommt es in unserem Zusammenhang an – wird insbesondere dann der Fall sein, wenn ich als Lernender »allein« bin, d. h. wenn ich keine Möglichkeit der Rückkopplung, des Austauschs, des Gesprächs mit anderen, der Orientierung über Sinn und Zweck meiner Lernanstrengung habe. Lernen wird angsteinflößend, wenn ich isoliert bin oder durch den Vorgang des Lernens, des Mich-Veränderns mich selbst isoliere. In diesem Sinn ist die persönliche Beziehung zu andern Menschen nicht nur eine Begleiterscheinung, ein angenehmer Rahmen des Lernens, sondern ein konstitutives Moment für die Möglichkeit von Lernen. Diese Beziehung zu anderen Menschen muß dabei nicht unbedingt innerhalb der jeweils gegenwärtigen Lerngruppe realisiert werden (können). Die Möglichkeit der Rückkopplung kann auch in anderen sozialen Kontexten gegeben sein. Die jeweilige Lerngruppe bildet aber im Regelfall das soziale Feld, in dem ich mich als Lernender der Sinnhaftigkeit meines Veränderungsprozesses vergewissere. Dabei leuchtet ein: Je »personnäher« das Lernen ist, desto wichtiger wird dieser Kontakt zu den Mitlernenden, diese Möglichkeit der Vergewisserung.

Diese lernpsychologischen Überlegungen zur Bedeutung des sozialen Kontextes des Lernens müssen spätestens seit dem Erscheinen des Buches »Gruppendynamik und Erwachsenenbildung« (Brocher 1967) durch gruppenpsychologische Hinweise ergänzt werden. Es ist unabweisbar, daß, wo immer sich eine kleinere oder größere Zahl von Menschen zum Zwecke des Lernens zusammenfindet, eben dieser deklarierte Zweck Gefahr läuft, durch unbewußte interpersonale Dynamiken in den Hintergrund gedrängt, durch themenunabhängige

Impulse von Kampf, Flucht oder Liebe (vgl. hierzu die »Grundannahmen« über Gruppenleben bei Bion 1971) zur Nebensache gemacht werden. Als Hauptsache muß dann das jeweilige Inszenieren und Agieren bestimmter problematischer, meist frühkindlich erlittener und seither unbewältigter familiärer Konstellationen gelten.[2] Auch jenseits des offiziellen, gesellschaftlich gebilligten und geforderten Lernzwecks stellen also Lerngruppen Erscheinungen dar, deren Realität durch die psychologische Dynamik der zwischenmenschlichen Beziehungen aller Beteiligten bestimmt wird.

Stellt man sich diese zweifache psychologische Bestimmung von Erwachsenenbildung (lernpsychologisch und gruppendynamisch) vor Augen, dann muß es überraschen, daß Psychologie als Wissenschaft von der Struktur und den Funktionen menschlicher Psyche zwar allenthalben als wichtige Bezugswissenschaft für eine Theorie der Weiterbildung genannt wird, daß sie in der Ausbildung und (folgerichtig) in der täglichen Praxis von Erwachsenenbildnern aber nur eine untergeordnete Rolle zu spielen scheint. Zwar wird jeder Mitarbeiter in der Erwachsenenbildung aufgrund der massiven Präsenz psychologischer Phänomene und Probleme in einer Lerngruppe gezwungen sein, sich zumindest alltagstheoretisch mit der Logik des Psychischen auseinanderzusetzen und sich nach Maßgabe seiner Alltagstheorie im psychologischen Feld handlungsfähig zu halten. Wünschenswert, ja notwendig wäre es aber, daß Mitarbeiter ihr erwachsenenpädagogisches Handeln auch im Umgang mit der psychologischen Problematik als theoretisch bestimmtes, im Sinne psychologischer Konzepte angeleitetes Handeln verstehen könnten. Nur dann wären sie auch in der Lage, sich über ihr Handeln in der psychologischen Dimension des Lerngruppengeschehens kollegial auszutauschen und Möglichkeiten der Weiterentwicklung einer praxisnahen Lerngruppenpsychologie wahrzunehmen.

Wie eine solche mehr als alltagstheoretische Kenntnis und Auseinandersetzung mit der in Lerngruppen allgegenwärtigen Logik des Psychischen im Rahmen von Mitarbeiterfortbildung aussehen könnte, soll weiter unten skizziert werden. Zuvor soll im Rahmen dieses Aufsatzes ein kritischer Blick auf etwas geworfen werden, was zur Zeit innerhalb der sich konstituierenden Wissenschaft der Erwachsenenbildung beobachtet werden kann. Ich meine jene »Abgrenzungsdebatte«, in der versucht wird, pädagogisches von professionell psychologischem, insbesondere therapeutischem Handeln zu scheiden. In deutlichem Kontrast zur durchgängig freundlichen Erwähnung von Psychologie als

wichtiger Bezugs- oder Hilfswissenschaft für die Entwicklung einer Theorie der Erwachsenenbildung sind in dieser Debatte bislang überwiegend Stimmen zu hören, die versuchen, die Unterschiede zwischen erwachsenenpädagogischem Handeln einerseits und therapeutischem Handeln andererseits hervorzuheben, z. T. sogar gegensätzliche Perspektiven für beide Arten von Handeln annehmen.
Meine These hingegen ist: Diese Abgrenzungsdebatte läuft, so wie sie zur Zeit geführt wird, fehl; sie schafft falsche Fronten; die vorgetragenen Argumentationen sind nicht immer stringent. Eine Mitarbeiterfortbildung, die für eine angemessene Handhabung von Lerngruppensituationen qualifizieren will, tut gut daran, sich offen und lernbereit mit professionell psychologischen, auch therapeutischen Handlungskompetenzen zu beschäftigen.

2. *Abgrenzungsversuche zwischen therapeutischem und erwachsenenpädagogischem Handeln*

Zunächst muß eingeräumt werden: Daß es solche Abgrenzungsversuche gibt, hat nicht nur die behaupteten theoretischen Gründe (auf die gleich näher einzugehen ist), sie beruht auch auf praktischen Motiven. Es gibt legitime, aus der Erfahrung abgeleitete Abgrenzungsbedürfnisse von Mitarbeitern der Erwachsenenbildung. Zum einen können sie gegenüber einzelnen therapiebedürftigen Teilnehmern auf die Grenzen ihrer Kompetenz stoßen. Zum anderen ist Erwachsenenbildung heute vielfach zu einem Instrument geworden, was gemeinhin »Sozialpolitik« heißt. Durch Bildungs-»Maßnahmen« sollen alle die psychischen, insbesondere motivationalen Verluste aufgefangen und ausgeglichen werden, die viele Mitmenschen durch Prozesse beruflicher Dequalifizierung und Arbeitslosigkeit (in einer auf Konsum, Verschwendung und persönlichen Profit eingeschworenen Gesellschaft) erleiden. Die gestellten Aufgaben sind also ebenso weitreichend wie prekär.
Angesichts dieser Zumutungen ist es kein Wunder, daß sowohl Theoretiker wie Praktiker der Erwachsenenbildung zur Zurückhaltung neigen. Letztere sehen sich – verständlicherweise – überfordert; sie sehen wohl die Größe und Dimension der ungelösten Fragen und Probleme, mit denen sie durch die Teilnehmer in ihren Veranstaltungen konfrontiert

werden. Aber sie wissen nicht, wo ihre Aufgabe anfängt und wo sie endet. Sie können ihre »Zuständigkeit« nicht abgrenzen.
Dem entspricht auf Seiten der Theoretiker der Versuch – nachdem das Problem praktisch unabweisbar geworden ist – eine begründete und schlüssige Arbeitsteilung und Abgrenzung zwischen Erwachsenenbildung auf der einen und Formen sozialpädagogischer Intervention bis hin zur Therapie auf der anderen Seite zu formulieren. Das Anliegen ist, Erwachsenenbildung als einen eigenständigen pädagogischen Bereich neben oder zwischen Beratung, Betreuung und Therapie zu umschreiben.
Ich will die Schwierigkeiten der bisherigen Diskussion dieses Themas im Rahmen der Erwachsenenbildung exemplarisch an zwei neueren Beiträgen erhellen, die sich ausdrücklich mit der Frage der Abgrenzung zwischen Erwachsenenbildung und Therapie beschäftigen. Zum einen an einem Beitrag von Wilhelm Mader »Lernen oder Heilen? Zur Problematik offener und verdeckter Therapieangebote in der Erwachsenenbildung«, zum andern an dem Beitrag von Enno Schmitz »Zur Struktur therapeutischen, beratenden und erwachsenenpädagogischen Handelns«. Beide Beiträge erschienen in dem von Erhard Schlutz herausgegebenen Sammelband mit dem programmatischen Titel »Erwachsenenbildung zwischen Schule und sozialer Arbeit« (1983).
Beiden genannten Beiträgen ist gemeinsam die Überzeugung, daß es um der Sicherheit und Kompetenz des erwachsenenpädagogischen Handelns willen notwendig sei, zu einem klareren, womöglich »typischen« (vgl. Schmitz 1983, S. 61) Bild von Erwachsenenbildung einerseits, Therapie andererseits zu gelangen. Beide kommen meines Erachtens jedoch zu keinem schlüssigen, weiterführenden Ergebnis. Beide betrachten – und damit treten wir bereits in die inhaltliche Diskussion und Auseinandersetzung ein – die Psychoanalyse als das Paradigma therapeutischen Handelns, ja, als »Prototyp« professioneller Interaktion überhaupt (Schmitz 1983, S. 69). Wie aber sehen dann die Abgrenzungen und Zuordnungen im einzelnen aus? – Verfolgen wir zunächst den Gedankengang bei Schmitz. Schmitz räumt einleitend ein, daß er »sicherlich noch keine irgendwie griffige definitorische Abgrenzung« der verschiedenen Handlungsfelder (S. 60) gefunden habe, spricht aber von einem Überwiegen bestimmter Elemente entweder therapeutischen oder erwachsenenpädagogischen Handelns in den jeweiligen Feldern.[3] Für ihn ist die in der psychoanalytischen Therapie typischerweise gegebene bzw. hergestellte Struktur der Interaktion vor allem dadurch

gekennzeichnet, daß sie »im Verlauf des therapeutischen Prozesses« (noch nicht im Erstinterview, für das besondere Regeln gelten) zu einer Interaktion »diffusen« Charakters führt. Diese Interaktion »kann deshalb diffus genannt werden, weil die von außen gesetzte Auswahl legitimer Themen fortfällt und es dem Patienten freisteht, Gegenstände anzusprechen, die ihm in den Sinn kommen« (S. 71). Im gleichen Gedankengang betont Schmitz jedoch, daß eben »solche diffus strukturierten Interaktionen« sich auch »in den sogenannten Primärgruppen, wie wir sie aus familialen Beziehungen oder solchen zwischen Freunden und Verliebten ... kennen«, finden können (S. 71). Mit dieser Erweiterung (deren sachliche Richtigkeit allerdings noch zu diskutieren wäre[4]) verliert das von Schmitz eingeführte Unterscheidungsmerkmal jedoch an klärender Kraft. Denn die Diffusität selbst kann ja nun nicht mehr das Prototypische des therapeutischen Dialogs sein. Aber was ist es dann? Diese Frage gewinnt noch an Dringlichkeit, wenn Schmitz etwas später auch bestimmte Veranstaltungen, die er selbst eindeutig dem Feld der Erwachsenenbildung zuordnet, mit diesem Merkmal diffuser Interaktion versieht. So spricht er von »thematisch nicht ausgerichteten Selbsterfahrungsgruppen« als Bestandteil der Erwachsenenbildung (S. 73) und macht ausdrücklich für viele Sprachkurse die Möglichkeit »primärgruppenähnlicher Interaktionen«, in denen »die Chance besteht, die eigene Persönlichkeit und Lebensgeschichte zum Thema zu machen« (S. 75) als Teilnahmemotiv geltend. Ja er fordert Erwachsenenbildner auf, »mittels äußerer Vorkehrungen und professioneller Kunst primärgruppenähnliche Interaktionsstrukturen zu schaffen« und schlägt hierfür die Anwendung »spezifischer Interventionsverfahren« der Gruppendynamik vor (S. 75).

Damit aber verwischen sich die ursprünglichen Unterscheidungen. Das einleitend von Schmitz selbst formulierte Anliegen, »Gegenstand und Handlungsstruktur der Erwachsenenbildung analytisch schärfer zu fassen« (S. 60), geht verloren. Auch räumt er ein, praktische »Lösungsrezepte« weder anbieten zu können noch anbieten zu wollen (S. 76).

Diese (im übrigen auch Brochers grundlegende Schrift kennzeichnenden) Schwierigkeiten können m. E. als Hinweise gewertet werden, daß die aus psychoanalytischer Sicht bemerkbaren, genauer: die aus dem psychoanalytischen Setting stammenden, durch dieses Setting (in gewissem Sinn) »hergestellten« Probleme in Lerngruppensituationen nicht zureichend bearbeitbar, auflösbar sind. Für Brocher wie für Schmitz ist es der für viele Teilnehmer typische und (im Rahmen psychoanalytischer Denk- und Handlungsweisen) bis auf weiteres unaufhaltsame Drang von Teilnehmern zur Herstellung primärgruppenähnlicher Verhältnisse, also der Mechanismus von Regression und Übertragung, der die entscheidende Komplexität in den Verhältnissen und Beziehungen sowohl in Lerngruppen wie in Therapiesituationen ausmacht. Der Unterschied besteht nur darin (aber eben darin), daß diese Übertragung im Zuge einer Psychoanalyse in einem langwierigen und schwierigen Arbeitsprozeß zwischen Arzt und Patient aufgelöst werden kann, während für eben diese Arbeit in Lerngruppensituationen alle zeitlichen, motivationalen und professionellen Voraussetzungen fehlen. Was bleibt, ist also eine wohlbegründete, aufgeklärte Ratlosigkeit oder die Suche nach wie immer gearteten ›mittleren Wegen‹. Deutliche Unterscheidungen sind so aber nicht möglich.

Von daher gesehen erscheint der Vorschlag, den Mader macht, einleuchtend: er besteht auf einem (zumindest begrifflichen, aber auch in der Realität des praktischen Handelns in der Erwachsenenbildung aufrechtzuerhaltenden) klaren Entweder-Oder, entweder Lehren/Lernen oder Heilen. Wie ist dies aber möglich, da Mader ja ebenfalls dem psychoanalytischen Ansatz verpflichtet ist und dies ausdrücklich hervorhebt? Finden sich in seinen Gruppen nicht die Phänomene von Regression und Übertragung?

Mader verdankt seine Abgrenzung einem bestimmten Begriff von Lernen, der es ihm nahelegt, für diesen Prozeß eine andere Perspektive, eine andere Blickrichtung anzunehmen als für den Prozeß des Heilens:

> »Lernen gleicht dem beständigen Um-, Aus- und Weiterbau eines nie fertigen Hauses. Heilen gleicht der Erschütterung eines Hauses (wie bei einem Erdbeben bis zum Einsturz), so daß ein Neuaufbau mit alten und neuen Materialien und neuer Statik notwendig wird ... Lernen ist progressiv orientiert ... Eine Therapie bleibt risikoreicher als Lernen, das schon riskant genug ist, weil sie frühere Weichenstellungen und scheinbar abgeschlossene Entwicklungen nochmals verfügbar machen muß. Heilen ist regressiv orientiert« (S. 190).

Mader spitzt diese Gegenüberstellung von Progression und Regression an anderer Stelle noch zu, indem er gerade Lernen (die progressive Bewegung) als möglicherweise »mitbeteiligt« beim Aufbau eben jener »Sackgasse« bezeichnet, aus der ein Mensch ohne Therapie (ohne heilende Regression) keinen Ausweg mehr finden kann. »Gelerntes und erfolgreiches Problemlöseverhalten« führt dann den leidenden Menschen »nicht nur zu keiner Lösung des Knotens, sondern scheint ihn fester zu zurren, als er vordem war« (S. 188).

Hier ist die Frage unausweichlich, wie denn im einzelnen dieses »gelernte und erfolgreiche Problemlöseverhalten« beim Aufbau neurotischer oder gar psychotischer Symptome (z. B. »plötzliche Weinkrämpfe beim Einkaufen«, S. 188) beteiligt gewesen sein kann. Welches typische Problemlöseverhalten liegt vor bei einer Person, die sich selbst soweit entfremdet ist, daß sie ihr eigenes Verhalten nicht mehr versteht und nicht mehr steuern kann? Daß sie »sich als wehrlos sich selbst ausgeliefert erfährt« (S. 191)? Ich denke, die Antwort kann nicht schwerfallen. Es wird nicht das Problemlöseverhalten sein, das dem »Um-, Aus- und Weiterbau eines Hauses« gleicht, das sich mit »neuen Erfordernissen, Vorstellungen und Wünschen« auseinandersetzt, das sich durch persönliches Wachstum auszeichnet. Es wird in diesem Fall vielmehr ein ganz bestimmter Vorgang stattgefunden haben, der nur in einem sehr weiten (ich möchte sagen: formalen) Sinne noch als Lernen, als Grenzfall von »Problemlösen« angesprochen werden kann: es wird exakt das stattgefunden haben, was psychoanalytisch »Verdrängung« heißt. In einer mir unverständlichen Sicht gerade der psychoanalytischen Therapiearbeit ordnet Mader das »Erinnern« als fundamentale menschliche Fähigkeit typischerweise dem Lernen, aber gerade nicht der Therapie zu. Für letztere sei Regression, ein »Zurückgehen«, ein »Wiederaufleben früherer Erfahrungen« kennzeichnend. Aber wo verlaufen da die Abgrenzungen? Wie anders als durch »Erinnern« könnte denn das »Zurückgehen« bewerkstelligt werden? Der Versuch, durch eine Gegenüberstellung von Progression und Regression zu einer Abgrenzung von Lernen und Heilen zu kommen, ist für mich so nicht nachvollziehbar.

Der lernende Umgang mit Problemen ist nicht pathogen. Nur ein um seine (wie ich meine) wichtigsten Dimensionen verkürzter Lernbegriff läßt sich dem gegenüberstellen, was an Prozessen der Entwicklung und des Wachstums einer Person in einer gut verlaufenden Therapie stattfindet.

Wenn dem aber so ist, dann sollten wir versuchen, dieses Denken in Gegensätzen (auch wenn sie bildungspolitisch auf kurze Sicht nützlich zu sein scheinen) aufzugeben und mit Nachdruck zu fragen, welche Begriffe, Konzepte und Erfahrungen aus therapeutischen Situationen – als Situationen besonders intensiven und nachhaltigen Lernens – für

eine Weiterentwicklung der Theorie und Praxis von Erwachsenenbildung und für eine sinnvolle Qualifizierung ihrer Mitarbeiter aufgenommen und assimiliert werden können. Daß dabei ein bestimmtes Konzept von Therapie, die Psychoanalyse, bislang nur schwer und nur in Ansätzen für eine solche Weiterentwicklung fruchtbar gemacht werden konnte, mag z. T. an den bisher vorgelegten Versuchen zu einer solchen Adaption liegen. Ich meine allerdings, daß es auch Gründe gibt, die in der Logik des psychoanalytischen Ansatzes selbst liegen, die eine solche Adaption erschweren, sie jedenfalls bislang haben scheitern lassen.[5]
Ich möchte daher versuchen, ein anderes Konzept therapeutischer Arbeit, die von C. Rogers begründete »klientenzentrierte Gesprächstherapie«, für diesen Versuch heranzuziehen. Ich gehe dabei davon aus, daß die wichtigsten Begriffe, die diesen Ansatz und das therapeutische Geschehen zufolge dieses Ansatzes beschreiben, zugleich geeignet sind, Lernsituationen in der Erwachsenenbildung aufzuschlüsseln und transparent zu machen.
Damit soll keineswegs die Arbeit in Lerngruppen rundweg mit Therapie gleichgesetzt oder verwechselt werden. Es gibt Unterschiede der Intensität, des Grades, es gibt Abstufungen, es gibt Übergänge. Aber deswegen bleibt doch die Blickrichtung dieselbe und es bleibt möglich, Erfahrungen aus therapeutischer Arbeit für die Handhabung pädagogischer Situationen nutzbar zu machen. Rogers selbst geht jedenfalls davon aus, daß alles, was er in Bezug auf den therapeutischen Prozeß in vielen Jahren gelernt hat, »in allen mitmenschlichen Beziehungen – nicht nur im Umgang mit problembeladenen Klienten – anwendbar ist« (1976, S. 46).

3. *Ein personzentriertes Konzept für Mitarbeiterfortbildung*

Es ist nach allem bisher Gesagten unabweisbar, daß Mitarbeiter in der Erwachsenenbildung (sofern sie praktisch pädagogisch tätig werden), in ihren Kursen mit einer großen Bandbreite psychologischer Realität konfrontiert werden. Sie können dieser Realität und Logik des Psychischen nicht ausweichen. Die Mitarbeiter haben daher einen Anspruch darauf, für einen angemessenen Umgang mit dieser Realität und Logik qualifiziert zu werden.
Ein solcher Anspruch berührt das Konzept der Erstausbildung von

Mitarbeitern, es betrifft aber – da ein solcher angemessener Umgang eine ständige, lebenslange Herausforderung bleibt und nicht ein für allemal abschließend gelernt werden kann – in erster Linie das Konzept (die Inhalte und Formen) von Mitarbeiterfortbildung.
Meine These ist, daß das Konzept der klientenzentrierten (oder, wie es in unserem Zusammenhang besser heißen müßte, »personzentrierten«) Gesprächsführung bzw. Gesprächstherapie geeignet sein könnte,

(a) Mitarbeiter so zu qualifizieren, daß sie mit den angesprochenen psychologischen Problemkonstellationen in Lerngruppen angemessen umgehen können; daß sie durch ihr Verhalten in Lerngruppen das Entstehen solcher Problemkonstellationen (wenigstens bis zu einem gewissen Grad) vermeiden können,
(b) Formen von Mitarbeiterfortbildung zu entwickeln und zu praktizieren, die die eben genannten Qualifikationen zu vermitteln vermögen.

Was heißt das im einzelnen? Ich muß mich auf die Skizzierung einiger weniger Grundlinien beschränken. Ich möchte zunächst den ersten der beiden Punkte aufgreifen. Das personzentrierte Konzept richtet seine Aufmerksamkeit auf die Gegenwart einer Lernsituation. Es soll eine erfahrbare und bewußte »Gegenwärtigkeit« aller Beteiligten hergestellt werden. Hierzu soll möglichst die Realisierung dreier Grundhaltungen beitragen, die das personzentrierte Konzept kennzeichnen. Es ist dies zum einen eine grundsätzliche, nicht an Bedingungen geknüpfte Akzeptanz und Wertschätzung der beteiligten Interaktionspartner. Es ist dies zweitens der Versuch des Erwachsenenbildners, alle (verbalen wie nonverbalen) Äußerungen seiner Interaktionspartner so genau wie möglich zu verstehen, sie emphatisch nachzuvollziehen, ihre Welt mit ihren Augen zu sehen (ohne sich damit persönlich zu identifizieren). Es ist drittens sein Bemühen im Umgang mit seinen Interaktionspartnern echt, genauer: kongruent zu sein, d. h. seine Äußerungen und sein inneres Empfinden möglichst übereinstimmend, deckungsgleich zu halten, den andern Beteiligten nicht fassadenhaft, sondern als reale Person in der Gegenwart der jeweiligen Situation zu begegnen.
Das personzentrierte Konzept legt großen Wert darauf, diese drei Grundhaltungen genau zu beschreiben, sie nicht nur als Appell vorzutragen, sondern sie – soweit das möglich ist – zu operationalisieren und ihre Realisierung überprüfbar zu machen. Es geht in dieser Bemühung um Genauigkeit und Nachprüfbarkeit soweit, daß das Mißverständnis

naheliegt, es handele sich hier um die Realisierung einer bloßen Gesprächs-»Technik«.[6] Wer sich näher damit beschäftigt, wer die genannten Haltungen realisieren will, wird sehr bald bemerken, daß mit Technik allein nichts gewonnen werden kann, daß im Gegenteil die Interaktion durch Gesprächs-»Techniken« zerstört wird.

Werden aber diese drei Haltungen in Lerngruppensituationen von den Beteiligten real erfahren, dann sind sie in der Tat geeignet, sowohl die (im engeren Sinne) lernpsychologischen wie die gruppendynamischen Lernhindernisse kleinzuhalten oder zu vermeiden. Erfahrene Akzeptanz und Empathie machen die Angst vor dem lernenden Sich-Verändern überflüssig, geben Mut zur Weiterentwicklung der eigenen Person.[7]

Kongruenz macht das unvermerkte Inszenieren und Agieren frühkindlicher Problemkonstellationen in Lerngruppen schwierig und unwahrscheinlich: es macht die Empfindungen bewußt und transparent, es »vergegenwärtigt« sie und verlagert damit die Begegnung von Person zu Person insgesamt in die Gegenwart. Es konfrontiert mit der Realität dieser jeweils anderen und einmaligen Person. Es macht die Interaktion zwischen den Beteiligten kommunizierbar und handhabbar, macht Übertragungen aus anderen, früheren Konstellationen auflösbar.

Damit komme ich zur zweiten der oben genannten Fragen: Wie könnte eine Mitarbeiterfortbildung aussehen, die die erforderlichen Qualifikationen vermitteln kann? Ich denke, es ist selbstverständlich, daß die herkömmliche Form von Mitarbeiterfortbildung als fachliche bzw. fachdidaktische Fortbildung ihre Berechtigung und ihren Stellenwert behält. Fach und Fachdidaktik sind in der Grundausbildung von Mitarbeitern unverzichtbar und sie stellen Daueraufgaben von Mitarbeiterfortbildung dar.

Die Vermittlung der Grundhaltungen Akzeptanz, Empathie und Kongruenz kann den herkömmlichen Formen von Mitarbeiterfortbildung nicht einfach eingefügt werden. Das Lernen und Einüben dieser personzentrierten Einstellungen bedarf anderer Formen der Kommunikation und Interaktion, als sie bislang in Mitarbeiterfortbildung üblich waren; solches Lernen und Einüben wird beispielsweise nicht in der Form von Referat und Diskussion, auch nicht in der Form traditioneller Kleingruppenarbeit u. ä. gelingen. Es bedarf daher neuer, anderer Formen, die wohl am besten mit dem Begriff der Supervision gekennzeichnet werden können. Es bedarf also solcher, aus Mitarbeitern in der Erwachsenenbildung zusammengesetzter Gruppen, die sich in methodisch angeleiteten Gesprächen mit den problemhaltigen Interaktionssituationen ihres eigenen beruflichen Alltags auseinandersetzen und in der Form und Methode dieses Austauschs eben das zu realisieren versuchen, worauf es für einen angemessenen, lernförderlichen Umgang in Lerngruppen ankommt.

Wie könnte das praktisch aussehen? – Es könnte beispielsweise in der Form von »Fallbesprechungen« realisiert werden (vgl. hierzu Gudjons 1978, S. 42ff.), in deren Ablauf es möglich und – wenn das Gespräch erfolgreich sein soll – auch notwendig sein wird, die genannten Grundhaltungen so gut wie möglich zu praktizieren. Die einzelnen Schritte eines solchen Gesprächs könnten etwa folgendermaßen aussehen:

(1) Ein Mitarbeiter erzählt von einer bestimmten Schwierigkeit. Die anderen Gruppenmitglieder hören konzentriert und »aktiv« zu (nach Maßgabe etwa der folgenden Fragen: Verstehe ich das Problem? Sind mir die Beziehungen zwischen den beteiligten Personen klar? Welche Empfindungen nehme ich beim Erzähler wahr? Welche Empfindungen nehme ich bei mir selbst wahr? – Sie notieren sich evtl. Stichworte, unterbrechen aber den Erzähler nicht).

(2) Die Mitglieder der Gruppe erbitten evtl. ergänzende Informationen, fragen bei Unklarheiten nach (stellen aber keine bohrenden Fragen, geben auch keine vorschnellen Ratschläge, verstecken solche Ratschläge oder Vermutungen oder Interpretationen auch nicht in klug gestellten Fragen, machen keine Vorwürfe, bewerten nicht, warten nicht mit eigenen Erfahrungen auf).

(3) Der Mitarbeiter gibt ergänzende Informationen entsprechend den Rückfragen der Gruppenmitglieder.

(4) Die Gruppenmitglieder geben dem Erzähler Rückmeldungen entsprechend den Fragen in Schritt 1.

Der Mitarbeiter hört zu (er kann wiederum Verständnisrückfragen stellen, Rechtfertigungen oder Entschuldigungen bezüglich des eigenen Tuns sollten aber in jedem Fall überflüssig sein).

(5) Schließlich mündet das Gespräch ein in ein gemeinsames Erarbeiten von Handlungsmöglichkeiten für das betreffende Problem. Sofern die Schritte 1 bis 4 in personzentrierter Form abgelaufen sind, sollte in Schritt 5 deutlich und transparent werden: Welches sind die eigenen, persönlichen Anteile des Erzählers am geschilderten Problem? Wie kann der Erzähler damit fernerhin umgehen? (– dabei steht es den anderen Mitgliedern der Gruppe keinesfalls zu, hier Bewertungen vorzunehmen oder Veränderungen zu fordern). Welche anderen Perso-

nen spielen im Zusammenhang des Problems eine Rolle? Was könnte hier geschehen? Welche Komponenten des Problems sind nicht oder nicht kurzfristig veränderbar?
Nach aller Erfahrung fällt vielen Beteiligten diese sehr persönliche und intensive Art der Arbeit leichter, wenn sie in einer solchen Gruppe mit Kolleginnen und Kollegen aus anderen, nicht aus der eigenen Einrichtung zusammenarbeiten. Diese Scheu ist keinesfalls durch Druck oder Überredung auflösbar und muß respektiert werden. Sie kann sich nur im Zuge persönlicher positiver Erfahrungen auflösen.
Wahrnehmung und Gespräch: das personzentrierte Konzept will darauf hinweisen, daß sich beide Arten von Handlungen gegenseitig befördern. Wer es – als Mitarbeiter in der Erwachsenenbildung oder schlicht als lernender Mitmensch – damit versucht, wird bemerken, daß es, wenn Lernen und persönliche Entwicklung auf dem Spiele stehen, nicht auf Abgrenzungen zu therapeutischen Konzepten ankommt, sondern darauf, wichtige Einsichten über Bedingungen solchen Lernens aus solchen Konzepten zu gewinnen und in die erwachsenenpädagogische Praxis zu integrieren.

Anmerkungen

1 Vielleicht gibt es einige wenige Ausnahmen von dieser Regel. Wer niest, weil er erkältet ist, könnte behaupten, daß diese seine Aktivität nicht psychologisch bestimmt ist.
2 Ich habe mich ausführlich und kritisch mit Brochers gruppendynamischem Konzept auseinandergesetzt in meinem Aufsatz »Übertragung und Lernen. Zur Dynamik interpersonaler Beziehungen in Lerngruppen«, 1984. Ich kann im Rahmen dieses Aufsatzes meine dort vorgetragene Argumentation nicht wiederholen.
3 Der dritte Typus von Handlungen, auf die Schmitz kurz eingeht, die beratenden, kann für unsere Zwecke unberücksichtigt bleiben.
4 In welcher Familie gibt es keine »Auswahl legitimer Themen«? In welcher Familie steht es den Kindern frei, alle »Gegenstände anzusprechen, die ihnen in den Sinn kommen«?
5 Ich kann hier der Kürze halber nur nochmal auf meinen Aufsatz 1984 verweisen.
6 Rogers legt großen Wert darauf, seinen Standpunkt in dieser Frage zu verdeut-

lichen; einen Standpunkt, »wonach ich keineswegs eine hölzerne Technik des Pseudoverstehens befürworte, bei welcher der Berater lediglich ›widerspiegelt, was sein Klient soeben gesagt hat‹. – Die Ausdeutungen meines Ansatzes, wie sie sich mitunter in der Ausbildung und Fortbildung von Beratern eingeschlichen haben, muß ich aufs Schärfste mißbilligen.« (Rogers 1983, S. 218)

7 Paradoxerweise können Einstellungen, Einschätzungen, Bewertungen gerade dann überprüft und auch revidiert werden, wenn sie nicht länger bekämpft oder unterdrückt werden, sondern – von anderen wie von und vor sich selber – akzeptiert sind.

Literatur

Bion, W. R.: Erfahrungen in Gruppen. Stuttgart 1971

Brocher, T.: Gruppendynamik und Erwachsenenbildung. Braunschweig 1967

Gerl, H.: Übertragung und Lernen. Zur Synamik interpersonaler Beziehungen in Lerngruppen. In: Gruppendynamik, Heft 3, Upladen 1984

Gudjons, H.: Praxis der Interaktionserziehung. Bad Heilbrunn 1978

Mader, W.: Lernen oder Heilen? Zur Problematik offener und verdeckter Therapieangebote in der Erwachsenenbildung. In: Schlutz, E. (Hg.): Erwachsenenbildung zwischen Schule und sozialer Arbeit. Bad Heilbrunn 1983

Perls, F., Hefferline, R., Goodman, P.: Gestalt-Therapie. Lebensfreude und Persönlichkeitsentfaltung. Stuttgart 1979

Peters, O.: Soziale Interaktion in der Schulklasse. In: Ingenkamp, K. (Hg.), Handbuch der Unterrichtsforschung, Teil 2, Kap. 13. Weinheim 1972

Rogers, C.: Klientenzentrierte Gesprächspsychotherapie. München 1972

Rogers, C.: Therapeut und Klient. Grundlagen der Gesprächspsychotherapie. Frankfurt 1983

Rogers, C.: Stevens, B.: Von Mensch zu Mensch. Paderborn 1984

Schmitz, E.: Zur Struktur therapeutischen, beratenden und erwachsenenpädagogischen Handelns. In: Schlutz, E. (Hg.): Erwachsenenbildung zwischen Schule und sozialer Arbeit. Bad Heilbrunn 1983